河北经贸大学学术著作出版基金资助

我国终身监禁制度研究

WOGUO ZHONGSHEN JIANJIN ZHIDU YANJIU

赵 东◎著

人民出版社

自　序

　　本书是在我的博士学位论文基础上，结合近几年来笔者的研究重点和取得的相关学术成果，整理、修改、完善而成的，也是我从事学术研究以来的第一部学术专著，可以说是我学术生涯的起步之作，也是对我自攻读博士学位以来的阶段性学术总结。

　　肇始于17—18世纪的欧洲，以"理性崇拜"和"天赋人权"为核心的思想启蒙运动，宣告了近代人权思想的崛起，资产阶级所倡导人权、自由、民主、平等观念开始深入人心。以此为契机，意大利法学家切萨雷·贝卡里亚以社会契约论作为理论基础，基于人道主义刑罚观，在批判死刑的基础上，宣告了终身监禁时代的到来。其后的杰里米·边沁从功利主义刑罚观出发，认为执行死刑的代价与所收获的效果不成正比，而终身监禁比死刑更加符合"最大多数人的最大幸福"的功利主义原则，由此形成了终身监禁的两大理论支柱。在此思想的影响下，全世界范围内的死刑废除运动得到了迅猛的发展，终身监禁在很多国家的刑罚体系中都得到了确立，形成了风格迥异的不同模式。在全球化浪潮的席卷下，以废除死刑为"靶向"的终身监禁制度必然要影响到保留和适用死刑的中国刑法，从这个意义上说，终身监禁制度的引入，是有其阶段的历史必然性的。但是，以马克思主义意识形态作为指导的社会主义中国，根据我国经济社会发展的现实状况、"少杀慎杀"的刑事政策和党的十八大以来反腐倡廉的形势发展要求，并没有亦步亦趋地完全照搬国外的终身监禁制度，而是在《刑法修正案（九）》中设置了具有中国特色的终身监禁制度。像大多数新生事物一样，这种与众不同的"独树一帜"，也就有可能意味着问题、疑难与缺陷，需要从理论上进行思考、解决与完善。最终使终身监禁制度在我国的刑罚体系中从存在变为合理，从萌芽走向成熟，并对我国未来的刑罚改革提供有益的启示。本书从刑法学、哲学、社会学三个维度上对我国的终身监禁制度展开研究，以本体—历史—现实—未来的逻辑线索构成全书的整体框架，具体的论述思路沿着本体概念与特征、历史源流、理论价值、现实意义、对话与探讨、协调与审思、问题与重构、启示与展望的进路展开。在上述论述过程中，有对话、有反思、有建构；有借鉴、有启示、有展望，最终形成我国终身监禁制度的国际视野、中国视角和自己方案的格局。

当然，在本书的写作过程中也面临着很多困难和障碍，可谓历尽艰辛。首先，现代终身监禁制度是一个舶来品，由于法律文化和刑罚体系的差异性导致的"水土不服"，是研究过程中必须正视的问题；其次，我国终身监禁制度在刑罚性质定位上存在一定的模糊性，给理论研究造成了一定的前提障碍；再次，作为一种新设置的刑罚措施，刑事司法适用的经验尚嫌不足；最后，自我国刑法设置终身监禁制度以来，一直争议不断，这一具有中国特色的刑罚制度未来命运会如何，学术界和实务界包括笔者都不敢妄下断言，进一步深入理论研究的前景尚未可知。针对上述困难和障碍，笔者试图从比较法、国际刑法以及哲学、社会学等多维度、多学科的视角，在现有的制度和理论框架下去寻求解决和突破，也许还无法给出一个完满的答案，但力争提出自己的一家之言。尽管从收集资料、动笔写作到最后成稿，笔者下了苦功，付出了极大的努力和精力，但由于论题本身的难度、涉及的学科领域广泛，加之本人学术水平所限，所以难免会存在疏漏之处，敬请学术界同仁和广大读者予以批评指正。

目　录

前　言

一、选题背景与缘起

从国家层面来看，党的十八大以来，党中央提出了坚持运用法治思维和法治方式反腐败的思想，在全国范围内掀起了反腐倡廉的新高潮，形成了对腐败分子的高压态势。如果说《刑法》在这场反腐败斗争中担负着"桥头堡"角色，那么，在这个"桥头堡"里坚守的"卫兵"一定程度上讲就是终身监禁。对我国终身监禁制度进行全面、深入、系统的研究，是时代赋予中国刑事法学研究者的重要课题；从刑法学的层面来看，随着全球一体化的深入，中国刑法学也将会逐渐融入到刑罚轻缓化、去死刑化的国际刑罚改革的大潮中去，中国终身监禁制度的确立，可以说是我国刑罚改革的一个标志性事件。

二、研究目的

从《刑法修正案（九）》的出台至今，终身监禁在我国刑罚体系中的确立也有近六年的时间。但是，无论是在理论上还是在实践中，终身监禁一直都备受各方关注，造成这种现象的原因，主要有以下几点：首先，适用效果的严厉性。不同于同样借鉴于域外的社区矫正、刑事禁止令等刑罚制度，我国在引进终身监禁制度时，采取的是不得减刑、假释的绝对的终身监禁，从适用效果来看，对犯罪人的冲击是巨大的、影响是深远的。其次，适用范围的独特性。与国外的终身监禁制度相比较，应该说，目前我国的终身监禁制度在适用范围上仅限缩为某一种特定的犯罪，在适用的犯罪类型上是独特的，仅限于重大的贪污受贿犯罪。再次，与我国现有刑罚的体系协调性有待完善。在国外的刑罚体系中，终身监禁都是作为主刑与其他刑种并列存在的，而我国刑法是将其作为依附于主刑的一种刑罚执行措施，同时肩负了主刑的执行效果，由此带来了与刑罚体系中其他刑种和刑罚执行制度之间的不协调性。最后，终身监禁制度问题本身的复杂性。为了贯彻"少杀慎杀"的刑事政策而设置的终身监禁制度不仅仅是一个刑法学中的刑罚论问题，而且是一个涉及哲学、社会学和伦理学的多维度、多视角的问题。

如何解决上述问题呢？笔者认为，应当从刑法学、哲学、社会学多个维度对终身监禁制度本身的性质，如何引进西方的终身监禁制度，采取何种模式确立中国特色的终身监禁制度，我国现有的终身监禁制度所存在的问题，未来我国终身监禁制度的走向，以及终身监禁能够对我国的刑罚改革带来哪些启示等一系列问题展开系统深入的研究。

三、研究资料综述

（一）国内研究现状

就笔者掌握的资料来看，国内有关终身监禁制度的研究大体可以分为两个阶段，即以《刑法修正案（九）》颁布实施为界，分为前后两个阶段。

第一阶段的研究状况。最早在 2006 年，谢原望就在《法学家》上发表了《欧陆刑罚改革成就与我国刑罚方法重构》一文，系统梳理了有关废除死刑的国际条约，认为在现阶段我国尚不能完全废除死刑的情况下，应当顺应国际刑罚改革的潮流，借鉴国外"三振出局"的立法经验，设置不得减刑、假释的绝对监禁刑，甚至极具前瞻性地指出可以首先在重大的贪污受贿犯罪中实施。[1] 但是，

---

[1]　参见谢望原：《欧陆刑罚改革成就与我国刑罚方法重构》，《法学家》2006 年第 1 期。

随后高铭暄、楼伯坤指出"不得假释的终身监禁不符合'人总是可以改造的'的基本理念，也不符合'废除或限制死刑'的目的"①。林彦和李立丰则对美国青少年不得假释的终身监禁制度进行了系统的梳理与介绍。袁彬通过大量的实证数据分析，最终得出结论，在我国有高达62%的民众能够接受死刑的替代措施，其中，永远剥夺自由的终身监禁和20年以上的有期徒刑分别位居第一和第二。②这一时期对这一论题有所涉及的还有张秀玲的《无期徒刑研究》，提出设置废除减刑只保留假释的无期徒刑，作为死刑的替代措施。张新甦的《终身自由刑替代死刑制度研究》，系统论证了终身自由刑的相关理论。

第二阶段的研究状况。《刑法修正案（九）》颁布实施以来，随着终身监禁制度在我国刑事立法中的正式确立，国内形成了一股研究终身监禁的热潮，代表性的学者有黎宏、赵秉志、黄永维、袁登明、黄京平、张明楷、王志祥以及车浩等。

纵观上述国内有关终身监禁研究的两个阶段，第一阶段由于缺少刑事立法的实践，因此，这一时期学者们关于终身监禁的论述和研究，还主要集中在介绍、分析国外终身监禁制度的模式和适用等方面，虽也试图对我国的刑罚改革尤其是死刑改革提出一些借鉴思想，但是，由于立法的滞后，导致理论研究浅尝辄止。在第二阶段上，随着《刑法修正案（九）》的出台，掀起了一阵研究终身监禁的热潮，出现了很多观点、理论，其中不乏很有道理的创新性观点，但是，对终身监禁的本体性思考和整个刑罚体系的全面反思，包括对司法实践中已经出现的终身监禁判例进行细致、深入的分析研究并不多见。

（二）国外研究现状

英国哲学家约翰·穆勒认为，从个人的体验来说，终身监禁与死刑没有什么真正的不同，甚至从延续痛苦的程度上来看，终身监禁比死刑更加剧烈。德国学者汉斯·约阿希姆·施奈德指出："确切地讲，终身监禁也是一种死刑，

---

① 高铭暄、楼伯坤：《死刑替代位阶上无期徒刑的改良》，《现代法学》2010年第6期。
② 参见袁彬：《我国民众死刑替代观念的实证分析——兼论我国死刑替代措施的立法选择》，《刑法论丛》2009年第4期。

一种'分期'执行的死刑，它损害了犯人的个性。"[1]日本学者团藤重光则认为，与死刑相比，终身刑更残酷。[2]罗吉尔·胡德指出，相比较而言，在学术和司法实践中，终身监禁在英国虽历经曲折，但却有自己的特色。与其他国家相比，其特色在于将立法与司法融合为一体考虑，以解决终身监禁固有的缺陷，具体做法是，在立法上设置了可以假释的终身监禁，但是被假释的终身监禁的犯罪人，在司法上却要受到政府的终身监管。胡德认为，无论是从适用效果、痛苦程度还是人道性等方面考虑，以不得减刑和假释的终身监禁取代死刑，对那些已经没有实质危害性的犯罪人来说，这种绝对的终身监禁过于严厉。此外，也会造成年老护理、医疗等诸多监狱管理成本问题。美国的终身监禁制度始于1972年的福尔曼案，此后经过发展，现在美国大多数州都设置了终身监禁制度。弗洛伊德·菲尼在总结美国司法统计局的数据后，发现支持终身监禁的公众逐年上升，在20世纪80、90年代，35%左右支持不得假释的终身监禁，到了2006年，赞同终身监禁不得假释的支持率增加至48%，首次超过了支持死刑的47%。[3]Catherine Appleton和Bent Graver两位学者曾在《英国犯罪学期刊》上撰文指出，在美国，相对来说死刑并不多，采取不得假释的终身监禁，就会出现有减刑情节而不应判处死刑的犯人和论罪当死的犯人在刑罚的严厉性上没有差别的问题。美国也是世界上唯一一个对未成年人规定了不得假释的终身监禁的国家。但是也有不少法官和学者认为，其违反了"标志着一个成熟社会进步的不断演进的尊严标准"。[4]

从国外对终身监禁研究的总体状况来看，有以下几个特点：第一，由于英美法的判例法传统，因此比较注重终身监禁案例和实际适用状况的研究，较少理论的思辨；第二，对终身监禁的研究基本都是伴随着死刑问题展开的；第三，理论上基本都对没有减刑、假释可能的终身监禁持否定态度；第四，不少学者虽反对没有减刑、假释可能的终身监禁，但是，与此同时，也提出了相应的政府监管措施。

---

[1] [德] 汉斯·约阿希姆·施奈德：《犯罪学》，吴鑫涛、马君玉译，中国人民公安大学出版社1990年版，第984页。

[2] 参见 [日] 团藤重光：《死刑废止论》，有斐阁2000年版，第323页。

[3] 参见 [美] 弗洛伊德·菲尼：《2010年美国死刑状况》，《刑法论丛》2010年第2期。

[4] 这是由首席大法官沃伦于1958年创立的判断标准。

四、研究意义与价值

（一）理论意义

本书从历史的角度厘清了长期以来模糊不清的关于终身监禁的刑罚源流、理论源流和文化源流等基础理论问题，创新性地提出我国古代也存在实质意义上的终身监禁制度的观点。从刑法教义学角度，通过学术对话和理论探讨，致力于我国终身监禁的刑罚体系性协调和法哲学的本体性思考，对于正确认识我国终身监禁的性质，探索我国终身监禁在司法实践中的适用，并"以小见大"地思考我国未来的刑罚改革实践都有重要的理论意义。

（二）实践价值

在刑事司法实践层面，本书通过对已有的终身监禁判例的实证分析研究，揭示了目前我国终身监禁制度在司法实践中存在的诸如数额标准、司法逻辑、适用模式、立功情节的认定等问题，并有针对性地提出了解决方案，对司法实践具有启发意义；在刑事立法实践层面，提出从观念、成本、管理、诉讼、刑期、刑种、适用范围七个方面重构我国的终身监禁制度，为未来我国终身监禁的刑事立法实践提供了理论思考。另外，通过本书的研究，提出了一系列刑罚改革的具体措施以期对当前的反腐败工作进一步走向深入提出学者的思考。

五、研究方法与创新

（一）研究方法

1. 文献研究法。通过查阅、整理、分析、研究有关文献资料，梳理有关终身监禁的历史源流、模式类型，全面掌握有关终身监禁的刑法学、哲学、社会学的思想、学说和观点，并在此基础上进行深入研究。

2．比较研究法。现代终身监禁制度是一个"舶来品"，通过将不同国家所采取的终身监禁模式与我国的终身监禁模式进行横向比较，以期对我国终身监禁的未来建构提供有益的借鉴和启示。

3．思辨研究法。运用哲学、社会学等跨学科知识，对与终身监禁本体有关的人性、人的本质、自由与生命等问题进行思辨研究。

4．实证研究法。对终身监禁的司法判例和《刑法修正案（九）》颁布实施以来被判处无期徒刑以上刑罚的贪腐官员的刑罚适用情况进行实证分析研究，从客观的实证分析中发现问题、解决问题。

5．系统研究法。将刑罚体系作为一个整体系统，将终身监禁置于整个刑罚体系系统中，发现终身监禁与其他刑种和刑罚执行措施之间存在一定的待完善之处，促进终身监禁引入后我国刑罚的体系性协调。

（二）研究创新

在系统、深入研究的基础上，本书的可能创新之处主要有以下几点：第一，从刑法史的角度，传统观点认为中国古代自由刑始终处于边缘的非主流地带，[1] 因此，刑法理论上，一般认为终身监禁最早的源头是在西方，中国并没有终身监禁的历史，但是，笔者通过对法制史资料和相关历史资料的收集、整理和梳理，首次提出，起源于明盛行于清中期的，针对封建皇子和宗室子弟的"永远圈禁"制度，就是中国终身监禁最早的源头。第二，对于犯罪分子终身服刑而带来的监狱管理成本和社会成本过高的问题，以往的研究虽有所论及，但基本都是基于对绝对终身监禁制度本身批判的基础上的，造成了有批判、无建构，无视现有的立法状态，无法解决现实问题的局面。笔者提出了余刑终身的社区矫正制度，并从五个方面对其进行限定，以期能够解决我国终身监禁制度所存在的成本问题。第三，在我国终身监禁的具体适用上，本书通过对相关司法判例的实证分析，提出了情节整合下的"数额＋情节"的终身监禁的适用模式，提出了"大情节"的概念，并首次深入分析了"立功"对终身监禁适

---

[1]　参见马克昌主编：《刑罚通论》，武汉大学出版社 2006 年版，第 126 页。

用的影响。第四，从征询公众意见、立法机关的预估、论证，监管和服刑人员的实证调研、考察制约因素等几个方面，提出建立增设新刑种和刑罚执行措施的评估机制。

第一章　终身监禁制度概述

第一节　终身监禁的概念及其分类

一、终身监禁的概念和特征

（一）历史词源学视角下的终身监禁

从词源学的角度考察，"终身监禁"一词本身属于舶来品，来源于英美法律词汇中的"life imprisonment"，直译为汉语"终身监禁"。根据《剑桥英语词典》对该词的解释为"将某人关入监狱长期监禁，不规定释放时间，或在美国，将某人关押监禁直至死亡"。即在英语法律词汇的原意中，"life imprisonment"一词指的是不确定释放时间的自由刑，只是在美国通常指的是关押犯罪人直至死亡的终身自由刑，这种解释与当今西方各国终身监禁制度的现实状况是基本符合的，转换成刑法学语言，前者指的是相对的终身监禁，后者则指的是绝对的终身监禁。在英美法律词汇中还有"life sentence"一词，从汉语翻译的角度来说，与"life imprisonment"含义相同，也译为"终身监禁"。但是，二者在英美法律适用的具体场景还是有所区别的。具体而言，"life sentence"指的是法官的判决，"life imprisonment"是指犯人的刑期。换言之，从词源学的角度来看，在英美法律体系中，终身监禁的判决与终身监禁的服刑期限是两个并不完全等同的概念，法官可以判决"life sentence"，但是罪犯在被实际执行"life imprisonment"刑期时，有可能因为减刑、假释或者特赦等原因，实际上并没有终身服刑。

（二）外国比较法视角下的终身监禁

根据《布莱克法律词典》的解释："终身监禁是一种关押罪犯终身的刑罚，尽管在一些司法管辖区罪犯因为好的行为或者改善等有可能获得释放资格。"[①] 不同国家刑法典中，对终身监禁有不同表述和规定。例如：《德国刑法典》称之为"终身自由刑"，其中绝对的终身自由刑适用于谋杀罪和种族灭绝行为、战争罪；《日本刑法典》称之为"无期禁锢、无期惩役"；《俄罗斯联邦刑法典》将其规定为"终身剥夺自由"；英国和荷兰刑法规定的"绝对终身监禁"只适用于谋杀罪；《澳大利亚联邦刑法典》中所规定的"绝对终身监禁"只适用于谋杀警察和其他公务员，劫持飞机行为。从上述不同国家刑法典的规定来看，"终身监禁"这一概念，大致有以下几个特征：其一，终身监禁一般适用于严重的暴力犯罪；其二，将犯罪人关押于固定的场所，无限期剥夺人身自由；其三，在剥夺自由的同时，犯罪人被强制劳动或者监禁；其四，终身监禁是作为独立的刑罚种类规定在刑法典中的。

（三）我国教义学视角下的终身监禁

我国自 2015 年 11 月 1 日起实施的《中华人民共和国刑法修正案（九）》在第 383 条第 4 款增设了针对重大贪污受贿犯罪的终身监禁制度。[②] 同时，《最高人民法院、最高人民检察院关于办理贪污贿赂刑事案件适用法律若干问题的解释》（以下简称《解释》）第 4 条也针对终身监禁的适用作出了具体的司法解释。[③] 综合我国《刑法》和司法解释的规定，我国目前的终身监禁制度具有如

[①]　Bryan A. Garner, *Black's Law Dictionary*, West Group, 2009, p.1513.

[②]　《刑法》第 383 条第 4 款规定："犯第一款罪，有第三项规定情形被判处死刑缓期执行的，人民法院根据犯罪情节等情况可以同时决定在其死刑缓期执行二年期满依法减为无期徒刑后，终身监禁，不得减刑、假释。"

[③]　《最高人民法院、最高人民检察院关于办理贪污贿赂刑事案件适用法律若干问题的解释》第 4 条规定："贪污、受贿数额特别巨大，犯罪情节特别严重、社会影响特别恶劣、给国家和人民利益造成特别重大损失的，可以判处死刑。符合前款规定的情形，但具有自首、立功，如实供述自己罪行、真诚悔罪、积极退赃，或者避免、减少损害结果的发生等情节，不是必须立即执行的，可以判处死刑缓期二年执行。符合第一款规定情形的，根据犯罪情节等情况可以判处死刑缓期二年执行，同时裁判决定在其死刑缓期执行二年期满依法减为无期徒刑后，终身监禁，不得减刑、假释。"

下特点：第一，终身监禁的适用对象是重特大贪污受贿的犯罪分子；第二，终身监禁的适用情形，主要针对那些判处死刑立即执行过重，判处一般死缓又偏轻的重大贪污受贿犯罪分子；第三，终身监禁适用的前提条件是被判处死刑缓期执行，且二年考验期满后依法减为无期徒刑；第四，终身监禁的性质是刑罚执行措施而非独立刑种；第五，终身监禁的适用效果是不得减刑、假释；第六，终身监禁的适用时间是在死刑缓期二年执行判决的同时决定是否适用。综上所述，根据我国刑法和司法解释的规定，我国的终身监禁，指的是对重特大贪污受贿的犯罪分子，依法被判处死缓减为无期徒刑的同时，决定采取的不得减刑、假释的刑罚执行措施。

通过比较词源学、比较法和教义学不同视角下终身监禁的概念和特征，我们可以得出如下结论：

第一，在终身监禁的原始词源学含义中，其并非是指终身服刑，而是指不确定释放时间的长期监禁。在英美法律词汇中，将法官判决的终身监禁与罪犯实际服刑的终身监禁相区别，也从另一角度说明，罪犯终身监禁的实际刑期并不一定是判决所确定的"终身"。因此，就"终身监禁"一词本身的原始含义来讲，其既包括绝对的终身监禁，也包括相对的终身监禁。

第二，世界上大多数采取终身监禁的国家，其绝对的终身监禁主要适用于少数严重的极端暴力犯罪，对其他犯罪以相对的终身监禁作为最高期限的自由刑。

第三，基于上述第二点，我国的终身监禁基本等同于国外的绝对终身监禁，而国外的相对终身监禁又与我国的无期徒刑相类似。

第四，基于上述第三点，我国的终身监禁制度在适用对象、适用条件、适用效果等方面，具有不同于其他国家的独特特点。

二、终身监禁的分类

（一）基于刑罚创制的分类：绝对的终身监禁与相对的终身监禁

基于各个国家创制终身监禁的不同特点，可以将其分为绝对的终身监禁和相对的终身监禁。所谓绝对的终身监禁，指的是立法机关在创制终身监禁这一刑罚制度时，赋予其剥夺犯罪分子终身自由直至死亡的刑罚效力，不具有恢复自由的可能。相对的终身监禁，则指的是立法机关所创制的终身监禁，只具有相对的"终身"意义，犯罪分子在服刑期间符合法律规定的条件或者基于特定的事由，有可能恢复自由的一种相对终身自由刑。从世界各国创制终身监禁的模式选择来看，绝大多数国家在创制终身监禁制度时，都采取的是相对终身监禁的模式，即被判处终身监禁的犯罪分子，服刑达到一定年限后，符合法定减刑、假释或者赦免条件的，可以经过法定程序予以减刑、假释、赦免，终身变有期，予以恢复自由，或者犯罪分子在服刑期间具有年老、疾病等特定的事由也可以有条件、有限制地恢复自由。从这个意义上说，相对的终身监禁在性质上类似于我国的无期徒刑，只不过设定了比无期徒刑更高的服刑年限，更加严格的恢复自由的条件。少数国家采取的是绝对的终身监禁模式。我国的终身监禁制度就属于绝对的终身监禁，根据我国刑法规定，一旦被判处终身监禁就失去减刑、假释的可能。此外，我国目前还没有针对终身监禁设立专门的赦免制度，因此，我国的犯罪分子一旦被判处终身监禁，就意味着可能终身服刑直至死亡。

另外，关于绝对的终身监禁和相对的终身监禁这种分类模式，有两点需要予以特别说明：其一，就笔者所掌握的材料来看，关于终身监禁的分类，以往的学者从刑罚创制的角度，将终身监禁划分为可以减刑、假释的终身监禁和不得减刑、假释的终身监禁，这种分类仅仅是考虑到了我国终身监禁制度的特点，因而并不全面和严谨。很明显，这种分类的依据是终身监禁的实际服刑期限。但是，影响终身监禁实际服刑期限的，除了通常的减刑、假释外，还有赦免、保外就医等情况，而且对判处终身监禁的服刑人员进行赦免，还是很多国家的普遍做法，因此，从刑罚创制的角度，以实际服刑期限为标准对终身监禁进行划分，应当分为绝对的终身监禁和相对的终身监禁比较准确。其二，以往的学者关注点都在法官是否具有自由裁量权这个意义上，将终身监禁分为绝对的终身监禁和相对的终身监禁，在笔者看来，这种分类标准并不妥当。绝对和相对是针对终身监禁本身服刑期限作出的划分，法官的自由裁量权是法官对刑种的主观选择适用的问题，不应当从法官是否具有选择适用不同刑种的角度，对终身监禁本身作出分类。法官是否能够自由选择适用终身监禁的前提，是对某一具体犯罪，是否配置了除了终身监禁以外的其他刑种，从这个意义上说，以法官的自由裁量权为依据划分终身监禁，实际上是属于刑罚配置的问题。

（二）基于刑罚配置的分类：不得自由裁量的终身监禁和可以自由裁量的终身监禁

如前所述，基于对具体犯罪的刑罚配置，可以将终身监禁划分为不得自由裁量的终身监禁和可以自由裁量的终身监禁。前者在刑事立法上，对某一具体罪名只配置了单一的终身监禁，没有其他的法定刑种可选择适用，如此一来，就限制了法官的自由裁量权。从积极的角度来说，对于某些社会影响恶劣，挑战社会伦理道德和人类善良风俗底线的极重罪，可以保证司法审判和刑罚适用的公平性，防止人为因素导致国民对极端暴力犯罪进行严厉处罚期盼的失落。从消极的角度来说，这种刑罚配置下的终身监禁过于呆板，没有考虑到千差万别的个案情节，由于在配刑上对法官自由裁量权的限制，在这种刑罚配置的罪名下，刑罚的变通性很小，容易造成个案的相对不公平；后者则是在刑事立法上，对某一具体罪名配置了多种可以选择的法定刑种，终身监禁只是其中一种。法官在具体审判过程中，可以基于个案的不同情况进行自由裁量，决定是否选择适用终身监禁。由于上述分类是以刑事司法前的刑事立法阶段的刑罚配置为前提的，而刑罚的配置则是基于犯罪本身的性质和社会危害程度所决定的，因此，不可自由裁量的终身监禁一般是针对某一种或者某几种最严重的极端暴力犯罪的，例如：英国就只针对谋杀罪规定了不可裁量的终身监禁，而其他绝大部分普通法罪名所规定的终身监禁都是可以裁量的终身监禁。具体到我国的终身监禁制度，由于终身监禁在我国并非独立的刑种，而只是刑罚执行措施，在具体适用上要以判处死刑缓期二年执行为前提条件，而根据《刑法》第383条第1款第3项的规定，对重大贪污受贿犯罪可以选择适用死刑或者无期徒刑，既然如此，根据《刑法》第383条对重大贪污受贿犯罪适用的终身监禁，也就理所当然属于可以裁量的终身监禁。

（三）基于刑罚执行的分类：强制劳动的终身监禁和不强制劳动的终身监禁

根据执行终身监禁的过程中是否强制劳动，可以分为强制劳动的终身监禁和不强制劳动的终身监禁。从终身监禁名称的表面含义来看，其是属于监禁刑，而监禁刑与徒刑的区别就在于前者不强制犯罪分子劳动，后者则强制犯罪分子劳动。在自由刑单一化的思潮下，很多学者认为，从犯罪人的角度来看，被判处监禁的人事实上大多数也是申请劳动的，而且罪犯无需服劳役是蔑视劳动的思想的体现，长期单纯的监禁会给受刑人精神和肉体造成极大的创伤，不符合刑罚人道主义，从这个意义上说，自由刑的单一化就是取消监禁而只保留徒刑。但是，也有学者反对取消监禁，主张监禁刑和徒刑应当并存。① 对于终身监禁来说，由于其剥夺犯罪分子终身自由的特殊性，因此，对其是否应当强制劳动就会产生争议，有人认为，强制服刑人员劳动的目的，是为了通过劳动对其进行教育改造，使其自食其力并教会其谋生的技能，以便于将来更好地融入社会，而剥夺犯罪分子终身自由，使犯罪分子丧失了再社会化的可能，无论从犯罪分子本人还是刑罚教育改造的目标来看，强制犯罪分子劳动都是没有意义的。笔者认为，上述观点并不妥当，其完全是从功利主义的角度去考量强制劳动的效果和意义的。作为终身自由刑的终身监禁与死刑一样，对犯罪人来说，其刑罚效果的最终结局是注定的和可以预见的，强制劳动的功利主义效果也许对服刑人员来说确实没有多大意义，但是，人毕竟是一种精神存在的个体，长期的单纯的监禁会给服刑人员的精神和心理造成巨大的冲击，给监狱管理造成困难，从刑罚人道主义考虑，强制劳动也是解决长期被关押的犯罪人心理问题的有效手段之一。再有，从世界各国的立法现实来看，绝对剥夺犯罪人终身自由的终身监禁并不多见，绝大多数终身监禁的服刑人员事实上是有回归社会的可能的，在这种情况下，上述反对强制劳动的理由实际上是不能成立的，这也是为什么目前除了极少数国家以外，② 绝大多数国家都对终身监禁规定了强制劳动的原因。

第二节　终身监禁制度源流纵横考

从历史的角度来看，中西方古代刑法都是以"刑"为核心逐渐萌芽发展起

---

① 德国学者李斯特就持反对自由刑单一化的观点，认为自由刑本来就是对自由的约束，没有理由取消监禁。日本也有很多学者认为，对于某些特定的犯人，例如：国事犯人和过失犯人，没有必要强制劳动，只需要约束自由就够了，从刑罚个别化的要求来看，监禁与徒刑应当并存。

② 日本对政治类犯罪、官员犯罪的罪犯就规定不对其强制劳动。他们认为这些犯罪，罪犯的犯罪动机不邪恶，因此可以给予这种特殊待遇。

来的。刑事古典学派针对封建刑法的干涉性、恣意性、身份性、残酷性的批判，也基本都是围绕着刑罚而展开的，与之相比，犯罪行为的类型化和犯罪构成理论的提出只是近代启蒙运动以来的事情。从这个意义上说，对任何一种刑罚制度的源流进行考察，通过历史的梳理，勾勒出某种刑罚制度萌芽、形成、发展和演变的历史脉络，对于深刻认识此种刑罚的本质，并在此基础上指导其现代形态下的性质与适用，具有特别重要的意义。就终身监禁制度而言，从过往的相关研究来看，应该说，其真正的历史源流并不清楚，理论上的研究基本处于空白状态。就终身监禁制度本身来讲，笔者认为，可以从古代和现代两个历史阶段，中国和西方两条纵横线索对终身监禁的源流进行考察，而考察所要解决的问题主要有：第一，现代的终身监禁制度起源于西方，那么中国古代是否有与终身监禁相似的刑罚制度存呢？如果有，其又具备哪些特点？第二，西方现代终身监禁制度是以启蒙运动的发展和人权思想的崛起为背景而产生的，以社会契约、功利主义为理论基础的现代终身监禁制度，不仅是一种刑罚制度，也是一种文化现象，因此，要全面厘清现代西方终身监禁的源流，就必须进行刑罚源流、理论源流和文化源流三个不同维度的考察。第三，通过对中西方终身监禁的源流考察，对终身监禁制度本身能够带来哪些启示？这些启示对我们正确认识终身监禁制度的本质具有什么意义？

一、中国古代终身监禁制度源流考

终身监禁属于自由刑的一种，从我国刑罚发展的历史来看，在中国古代的刑罚体系中，自由刑始终处于边缘的非主流地带。① 从夏朝的五刑（辟、膑、宫、劓、墨）到商朝的苦役刑、劓刑和流刑，基本上是死刑和肉刑。一般认为，中国古代的自由刑萌芽于西周，② 命名"徒"于北魏，确立"徒刑"于北周，

---

① 马克昌曾指出："我国古代自由刑一般具有确定的刑期，晚于生命刑和身体刑，作为两者的补充，在刑法体系中地位较低。"马克昌主编：《刑罚通论》，武汉大学出版社 2006 年版，第 126 页。

② 我国西周时期的自由刑包括圜土之制、嘉石之制和肉刑后的劳役刑三种形式。其中，"圜土之制"属于劳役刑性质，是限制或剥夺罪犯自由并强制其从事劳役、接受改造的一种刑罚，相当于后世的徒刑；"嘉石之制"是轻于圜土刑的一种短期自由刑；肉刑后的劳役刑则是作为肉刑附加刑，对受过肉刑的人处以"守囿""守积""守门""守关""守内"等强制剥夺自由的服劳奴的内容。

南北朝的北周时期正式确立以强制劳动为内容的自由刑制度，北周刑律中规定了"杖、鞭、徒、流、死"五刑体系，徒刑被规定为刑罚主刑，其徒刑分为一年至五年五个等级，并规定不同的期限施以不同的鞭刑，[①] 此为中国自由刑制度正式确立的标志。[②] 其后的隋唐对北魏五刑进行了改造，确立了"笞、杖、徒、流、死"五刑体系，并为宋、元、明、清各朝所沿用，直至清末颁布的《大清新刑律》将发遣、充军、流刑、徒刑合为徒刑，并且将徒刑正式区分为有期徒刑和无期徒刑，并在第 66 条规定："受徒刑之执行而有悛悔实据者，无期徒刑逾十年后，有期徒刑逾二分之一后，由监狱官申达法部，得许假释出狱。但有期徒刑之执行未满三年者，不在此限。"标志着我国近代自由刑制度的确立。虽然由于历史的原因，《大清新刑律》并未能正式施行，但是，在自由刑中与终身监禁性质类似的无期徒刑由此第一次正式登上了历史舞台。到了民国时期，无期徒刑与有期徒刑和拘役并列成为独立的刑种。那么，在中国古代到底有没有类似终身监禁的刑罚制度呢？从历代刑法志的记载来看，在古代中国终身刑是存在的，例如：《秦律》中的"隶臣妾"、《隋书·刑法志》和《金史·刑法志》中均规定在脸上刺字涂墨后的终身刑；[③] 明代《充军条例》中规定仅次于死刑的，强迫性屯种和充实军伍的本人"终身流放"和由子孙亲属接替的"永远流放"；《大清新刑律》规定"无期徒刑惩役终身，以当旧律遣军"等等。但是上述终身刑都是与封建残虐的奴役、流放和肉刑结合在一起的，对自由的剥夺不过是这些封建刑罚的附带效果而已，因此，还不能称其为是具有单纯自由刑性质的终身监禁。而在笔者看来，源于明盛行于清中期的，针对皇子、宗室、觉罗的"圈禁"制度，特别是针对犯有重罪的皇室成员的"永远圈禁"可以看作是中国终身监禁制度的源头。例如：康熙皇长子允禔，废太子允礽分别被圈禁，剥夺自由至死；雍正朝的允禩、允禟也都被圈禁，直至病逝。[④] 从"永远圈禁"的实际执行效果来看，其是将犯重罪的宗室人员羁押于特定的场所，

---

① 参见群众出版社编著：《历代刑法志》，群众出版社 1988 年版，第 250 页。

② 参见张德军：《中国自由刑制度改革研究》，中国政法大学出版社 2014 年版，第 13 页。

③ 《隋书·刑法志》："遇赦降死者，黥面为劫字，髡钳，补冶锁士终身"；《金史·刑法志》："天会七年，诏凡窃盗，但得物徒三年，十贯以上徒五年，刺字充下军，三十贯以上徒终身，仍以赃满尽命刺字于面"。

④ 参见徐瑞苹：《雍正朝兄弟圈禁的赏与罚》，《中国档案报》2016 年 10 月 21 日。

理论上是剥夺其终身自由，[①] 圈禁期间，其父母、亲人可以在每月固定日期进行探视，如遇至亲病故，可以申请暂时释放回家奔丧，待服丧百日期满后继续关押圈禁。在刑罚性质上，嘉庆皇帝就曾明确指出，圈禁除了适用对象的身份特殊外，被圈禁的犯罪人与普通的刑事罪犯羁押于监狱并没有什么区别，[②] 但并不附加肉刑和强制劳役，有些类似于当今日本针对政治类犯罪和官员犯罪的"无期禁锢"。因此，从刑罚执行的实际效果来看，"永远圈禁"可以认为是中国终身监禁制度的萌芽。综上所述，作为中国终身监禁制度萌芽的"永远圈禁"有如下特点：第一，适用对象具有特殊性。永远圈禁的一般针对的是犯有重罪的皇子、宗室、觉罗等具有特殊身份的成员。第二，适用的期限是终身的。第三，基于封建礼法的要求，给予服刑人员一定的人性化待遇。第四，行刑过程只是单纯的拘禁，并不强制劳动。

二、西方现代终身监禁制度源流考

（一）刑罚源流考

在西方法制史上，终身监禁作为一种独立的刑罚种类，其源流尚不太清楚，目前学术界对此进行过系统梳理的几乎没有。就笔者收集和查阅的资料来看，在最早的两河流域楔形文字成文法集大成者，古巴比伦王国的《汉谟拉比法典》中尚没有监狱的形式，当然也就没有监禁刑，[③] 其后的希伯来法系在晚些时候才出现监禁刑，其中作为成文法的《摩西律法》虽没有明确规定监禁刑，但圣经时代和王国时期已经有一些监禁的记录了。[④] 而作为判例法的《塔木德》则第一次明确规定了没有期限的监禁，实为终身监禁这一刑罚

---

① 某些被前朝皇帝判处"永远圈禁"的皇室人员，在新皇登基后可以予以赦免，恢复自由甚至爵位。另外，除了一些罪行严重的政治犯以外，一般的宗室、觉罗犯罪，有应该永远圈禁于空房的，每三年可以询问所属族族长，如果愿意将其释放，上奏禀明后重打三十板后便可释放。如不愿释放，继续圈禁。

② 嘉庆帝曾对宗室"圈禁高墙"现象做过诠释："凡系宗室获罪之人，原以其派属天潢，未便与寻常人犯一体在刑部拘系，是以圈禁高墙，即与监狱无异。"杨珍：《皇子开释与圈禁高墙：康雍宫廷史事辨析》，《历史档案》2015 年第 1 期。

③ 参见何勤华、夏菲主编：《西方刑法史》，北京大学出版社 2006 年版，第 42 页。

④ 参见《旧约·民数记》第 15 章第 32—36 节和《旧约·列王记上》第 22 章第 26—28 节。

制度的最早起源，彼时的终身监禁是一种虐待致死的剥夺终身自由刑。[1]古希腊时期的刑法将监禁刑分为有期和无期两种，具体适用由法官进行裁量。到了中世纪教会法的早期，由于教会基于教义认为应当给予有罪者以教育、悔改的机会，进而主张减少死刑，对缓和刑罚的严厉性起到了一定作用。13世纪教会刑法中的监禁已经成为补赎之后宗教裁判所适用的最普遍的刑罚形式，其中1231年罗马教皇格利高里九世在位期间颁布的《绝罚敕谕》中，明确将终身监禁作为对补赎的极端形式，对补赎的异端分子判决终身监禁，[2]并且进一步将监禁的形式分为普通监禁（统牢）和严格监禁（单人小牢）。[3]欧洲封建制早期日耳曼法系的《撒利克法典》规定，如果一个姑娘具有自由人的身份，而非被强迫地跟随奴隶，就必须被褫夺终身自由，[4]《伊尼法典》对未经领主同意而在星期日劳动的自由人，也做出了类似的规定。[5]近代以来，伴随着启蒙运动的发展和刑罚人道主义思想的盛行，作为最古老刑罚的死刑在全世界范围内受到了挑战。法国在1791年刑法典短暂停止使用终身监禁刑后，在1810年法国刑法典中又规定了无期惩役和无期禁锢作为独立的刑罚种类，标志着近代终身监禁刑罚制度的诞生。此后，1871年德国刑法典以"终身自由刑"，1880年的日本刑法典以"无期禁锢、无期惩役"对终身监禁加以明确规定。而以终身监禁的名称作为独立刑罚，并大量适用的是英美刑法，英国1965年法令所确定的终身监禁没有规定关押的期限，但是终身监禁的服刑者被假释的概率还是很高的。美国除了阿拉斯加州以外，其他各州都规定了终身监禁，随着大多数州开始缩减假释的适用，以及针对累犯的"三振出局"法案的出台，美国已经成为目前世界上适用无假释的终身监禁最多的国家。

从西方终身监禁的源流来看，作为一种刑罚制度，在监禁刑被明文规定的早期，实际上已经出现了没有期限的监禁，但是由于古代奴隶社会刑罚的残酷

---

① 参见何勤华、夏菲主编：《西方刑法史》，北京大学出版社2006年版，第88页。

② 参见何勤华、夏菲主编：《西方刑法史》，北京大学出版社2006年版，第139页。

③ 普通监禁，即统牢，由各自分开又相互连接的小监室组成，类似于现代的监狱形式，主要用于等候审判的嫌疑犯和大部分已经被定罪的招供者；严格监禁，即单人小牢，单独关押，不得与任何人接触，食物通过监室的小口传递。

④ 参见由嵘等编：《外国法制史参考资料汇编》，北京大学出版社2004年版，第155、164页。

⑤ 参见何勤华、夏菲主编：《西方刑法史》，北京大学出版社2006年版，第187页。

性，身体刑、肉刑盛行，因此，彼时的终身监禁不仅仅是单纯的关押，还伴随着残酷的虐待和折磨，在这种情况下的犯人并不是被关押至生命的自然终结，而是被监禁至虐待致死。到了中世纪教会法时代，终身监禁虽然已经被明确规定，但是更多的是一种类似补赎的宗教刑罚的补充，只是到了近代启蒙运动以来，伴随着废除死刑的思潮，现代的终身监禁制度才开始在西方各国刑法典中被确立为一种独立的刑罚制度，而具有代表意义和广泛适用的，则是英美刑法中的终身监禁制度。纵观终身监禁的刑罚流变，其作为一种刑罚现象，从残酷走向文明、从补充走向独立，是伴随着刑罚的文明化、人道化和死刑废除的思想，开始在现代刑罚体系中占有一席之地的。

（二）理论源流考

如前所述，无论是在中西方，还是在以残虐的生命刑和身体刑为核心的奴隶社会和封建社会，监禁刑从来都不是刑罚的主流。理论的发展总是建立在实践的基础之上的，在刑罚理论发展史上，终身监禁是伴随着死刑的废除和自由刑地位的提升而被提出来的，相较于终身监禁作为刑罚的历史，关于终身监禁的理论研究还只是近代自由刑快速发展以来的事。具体而言，近代启蒙运动以来贝卡里亚的人道主义刑罚观和边沁的功利主义刑罚观，可以认为是终身监禁的两大理论来源。

1. 贝卡里亚的人道主义刑罚观

一般认为，在理论上真正全面阐述终身监禁制度的是意大利刑事古典学派的创始人贝卡里亚。贝卡里亚反对一切酷刑，极力倡导刑罚人道主义，认为"只要刑罚的恶果大于犯罪所带来的好处，刑罚就可以收到它的效果。……除此之外的一切都是多余的，因而也就是暴虐的"[1]。而"严峻的刑罚造成了这样一种局面：罪犯所面临的恶果越大，也就越敢于逃避刑罚。为了摆脱对一次罪行的刑罚，人们会犯下更多的罪行"[2]。在其传世名著《论犯罪与刑罚》中，贝卡里亚基于其人道主义的刑罚思想，从废除死刑的角度第一次比较全面地论述了终身监禁的思想。其主要内容包括：第一，在一个合法、有序的政府中，相

---

[1] ［意］切萨雷·贝卡里亚：《论犯罪与刑罚》，黄风译，北京大学出版社 2008 年版，第 63 页。

[2] ［意］切萨雷·贝卡里亚：《论犯罪与刑罚》，黄风译，北京大学出版社 2008 年版，第 62 页。

较于自由刑，死刑是没有必要的。[1] 第二，从特殊预防的角度来看，刑罚对个人的影响，终身苦役长期的延续性要优于死刑短暂的强烈性。[2] 第三，从一般预防的角度来看，与死刑相比，终身苦役更能让人望而生畏，成为制止犯罪最强有力的手段。"同人们总感到扑朔迷离的死亡观念相比，它更具有力量"。[3] 第四，从功利主义的角度来看，终身苦役的强度足以改变任何犯罪的决意，因为久远、彻底地失去自由要远远大于任何犯罪所带来的好处。[4] 第五，相对于某些极端犯罪人在面对死刑时的安详与麻木，终身苦役对犯罪人精神上的打击是长期的、反复的。第六，从国家通过刑罚的适用为犯罪树立借鉴的角度来看，死刑的短暂性决定了每树立一次借鉴都需要一次犯罪，而终身苦役刑的长期延续性，则可以通过一次犯罪就为国家提供无数常存的鉴戒。[5] 第七，如果说终身苦役刑与死刑一样痛苦和残酷，那么，死刑就是将这种痛苦集中于一时，而终身苦役刑则将苦难平均分配于人的整个生活，在同等痛苦的情况下，后者更能够使旁观者感到畏惧。[6] 第八，从刑罚的教育功能来看，死刑短暂的残酷场面起不到教人悔过的作用，反而会让人的心灵变得残酷，而终身的苦役则让人有足够的时间在确定失去终身自由与成败未定的犯罪成果之间权衡利弊，从而给其带来深刻的教训。[7] 正如法国文学家维尔曼所说，贝卡里亚有"一颗敏感宽容的心"[8]，其将废除死刑的思想推上历史舞台，并以终身监禁替

---

[1]　参见［意］切萨雷·贝卡里亚：《论犯罪与刑罚》，黄风译，北京大学出版社 2008 年版，第 65—66 页。

[2]　参见［意］切萨雷·贝卡里亚：《论犯罪与刑罚》，黄风译，北京大学出版社 2008 年版，第 66 页。

[3]　参见［意］切萨雷·贝卡里亚：《论犯罪与刑罚》，黄风译，北京大学出版社 2008 年版，第 66—67 页。

[4]　参见［意］切萨雷·贝卡里亚：《论犯罪与刑罚》，黄风译，北京大学出版社 2008 年版，第 67 页。

[5]　参见［意］切萨雷·贝卡里亚：《论犯罪与刑罚》，黄风译，北京大学出版社 2008 年版，第 68 页。

[6]　参见［意］切萨雷·贝卡里亚：《论犯罪与刑罚》，黄风译，北京大学出版社 2008 年版，第 68 页。

[7]　参见［意］切萨雷·贝卡里亚：《论犯罪与刑罚》，黄风译，北京大学出版社 2008 年版，第 69 页。

[8]　转引自何佳馨：《论贝卡里亚与近代酷刑和死刑的废除——兼评〈论犯罪与刑罚〉》，《政治与法律》2006 年第 3 期。

代之，开启了现代终身自由刑理论之先河。

2．边沁的功利主义刑罚观

英国功利主义法学家杰里米·边沁在系统研究了前人的思想，特别是休谟的著作后，提出了一个衡量一切法律价值的通用标准，作为其功利主义法学的第一哲学原理，即"趋乐避苦"的人性功利主义原理，其在《道德与立法原理导论》中说道："自然将人类置于两位主公——快乐和痛苦——的主宰之下。只有它们才指示我们应当干什么，决定我们将要干什么。"[①]以功利主义为指导，边沁认为，死刑在刑罚效果上确实能够制止某些犯罪，但是刑罚效果的有效并不等于刑罚效益的最优，即要以最低的刑罚成本换取最大的刑罚效果。[②]基于此，边沁认为，与死刑相比，终身监禁在以下几点上更加符合"最大多数人的最大幸福"的功利主义原则。其一，就特殊预防而言，与死刑相比，终身监禁同样可以起到剥夺再犯可能性的作用，并且剥夺自由相较于剥夺生命而言，是一种较小"恶"，以较小的代价取得同样的效果，符合功利主义；其二，就一般预防而言，死刑给人短暂威慑的效果远不如终身监禁的长期威慑；其三，就刑罚的补偿效果而言，死刑明显不能产生收益从而补偿被害人，而在边沁设计的全景式监狱中，终身监禁可以通过附加劳役的收益补偿被害人和其本人；其四，不同世界观和价值观的人对"死亡"的感受是不一样的，而人们对自由价值的追求具有一致性，从这个意义上，终身监禁与死刑相比更具有刑罚痛苦的等价性。

从上述终身监禁的理论来源来看，它是通过与死刑这种和自由刑具有本质区别的生命刑的比较，从而得出终身监禁的两大理论基础，即刑罚的人道性和刑罚的功利（效益）性。换言之，在理论上提出终身监禁这一刑罚制度之初，就被认为是一种比死刑更加人道，在特殊预防和一般预防上更加能够实现刑罚效益最大化的刑罚制度。自从250多年前贝卡里亚和边沁提出了废除死刑，代之以终身监禁的理论以来，在实践中，世界上大多数国家都设立了终身监禁。当然，我们也应当看到，彼时这种观念是建立在自由刑的刑罚种类、裁量规则、执行方式并不发达，以及财产刑、非监禁的社会化处遇措施等尚处于初级

① [英]边沁：《道德与立法原理导论》，时殷弘译，商务印书馆2000年版，第58页。
② 参见邱兴隆：《刑罚理性导论——刑罚的正当性原论》，中国政法大学出版社1998年版，第38—40页。

阶段的时代，那么，在现代刑罚理论中终身监禁的上述理论基础是否还具有现实的合理意义呢？在后死刑时代，终身监禁的理论根基又在哪里？在自由刑受到挑战的今天，是否需要为终身监禁重新确立理论基础？等等，一系列问题值得我们思考。

（三）文化源流考

西方刑罚文化的源头最早可以追溯到西亚地区两河流域的美索不达米亚和希伯来地区。① 作为古代犹太人的希伯来人是世界上少有的不是基于地缘或者血缘，而是基于遵守宗教律法而形成的民族共同体，正是由于这一文化特征，希伯来法具有一定的轻刑观念和人道思想，② 在此基础上，才打破了西方古代奴隶社会一直以来以极端残虐身体为特征的死刑和肉刑的单一刑罚文化，在作为希伯来判例法的《塔木德》中第一次明确规定了监禁刑，并且是没有期限的监禁刑，是为终身监禁最早的文化源头。到了古希腊、古罗马时期，基于哲学思想的发达，西方法律文化中对法的理解明显不同于同时期的中国。无论是柏拉图、亚里士多德还是西塞罗，都不是从人性的善恶本身出发去理解和选择法律，而是在人性善恶与法律之间加入了理性和正义的观念，③ 这样，对犯罪的惩罚就第一次摆脱了人类文明早期那种只是对暴行在情感上的本能反应的原始状态，开始以理性的视角和正义的观念去重新理解刑罚的意义，例如：柏拉图的刑罚价值二元论：矫正和威慑，盖尤斯的刑罚价值三元论：矫正、威慑、安抚。在这一时期，作为上述观念体现的监禁刑也进一步得到了发展，区分为法官根据不同的刑罚需要，可以自由裁量的有期监禁和无期监禁。随着古希腊文化的衰落，基督教文化的兴起，欧洲中世纪的教会法对西方刑罚制度的形成和后世的刑罚思想都产生了重要影响。而由于教会法将宗教意义上的"罪孽"与

---

① 参见何勤华、夏菲主编：《西方刑法史》，北京大学出版社 2006 年版，第 8 页。这里所说的"西方"，不仅是一个地理概念，而且是一个包含了政治、经济、法律等文化内容的范畴。

② 在希伯来人的宗教观念中，只有创造了人的生命的上帝，才有资格剥夺人的生命，人类并没有惩罚同类的资格，人们执行死刑不过是在执行上帝的意志。因此，《摩西律法》中虽然规定了死刑，但是拉比们在《塔木德》中却对这些死刑设置了很多限制，使其几乎不可能得到施行，甚至有些拉比直接反对死刑。

③ 参见刘守芬、叶慧娟：《哲学对刑法文化之影响研究》，《政法论丛》2005 年第 4 期。

世俗意义上的罪孽相区分，教会刑法中的"犯罪"特指的是专属于教会法所管辖的"罪孽"中的"刑事罪孽"，[①] 这种"犯罪"实际上也就被理解为对作为"上帝的法律"的违反，因此，在对其刑罚处罚上，设定了适用广泛的、极具宗教色彩的"补赎"制度，[②] 而终身监禁实际上是作为对宗教异端分子的一种极端的补赎形式而存在的，从这个意义上说，教会法中的终身监禁是带有宗教赎罪意味的一种刑罚制度。因为早期的教会法基于宽恕、悔过、改造的基督教文化，对死刑基本是持否定态度的，主张减少死刑率，因此，事实上，终身监禁也就成为早期教会法中最严厉的刑罚措施了，从刑罚的严厉性上来说，早期教会法时期，是以终身监禁替代死刑的最初实践。近代欧洲以文艺复兴的人文主义、启蒙运动的理性主义和宗教改革挑战神权统治为内容的思想解放运动，唤起了人们对自由、民主和人权的觉醒，在这样的文化背景下，刑事古典学派的学者提出了罪刑法定、罪刑相适应、刑罚的人道性、反对残虐刑罚等一系思想，为以自由刑为核心的现代刑罚体系的建立奠定了基础，以此为契机，贝卡里亚、边沁分别从刑罚的人道性和功利主义刑罚观的角度，提出了废除死刑而以终身监禁代替之的思想，至此，终身监禁第一次作为一种替代死刑的独立刑种走上了历史舞台，并在司法实践中被广泛运用。

通过对终身监禁与刑罚文化关系的梳理，我们发现终身监禁是与人类社会的轻刑和人道文化的发展一脉相承的，尽管在奴隶社会和封建社会的很长一段时期内，轻刑和人道文化并不是整个刑罚文化的主流，但是，作为自由刑的终身监禁还是在与死刑和肉刑的"较量"中"若隐若现"，直到思想文化解放的大潮以不可阻挡之势席卷全世界，终身监禁终于进入大众的视野，站在了历史和时代发展的潮头。

三、中西方源流对终身监禁制度的启示

从刑罚源流来看，中西方终身监禁都是作为自由刑的一种与死刑、肉刑并

---

① 教会法将"罪孽"区分为一般罪孽和刑事罪孽。

② 补赎的基本意思是满足一些因某些行为而产生的合理的要求。广义而言，凡一切为赔补所犯的罪过或错误而做的事工总称为补赎。传统神学把因罪而赔补天主所做的善工或满全天主正义的要求称为补赎，教会刑法中所规定的简单补赎刑罚包括诵读祷词、朝圣、戒律约束、斋戒、罚款等。

列存在的，这里固然有古代奴隶和封建社会残虐的刑罚文化传统的影响，但是，也从另一个侧面说明终身监禁与死刑并不是完全不能并立的，直至现代的一些国家同样在保留死刑的情况下设置了终身监禁。从刑罚源流来看，既然终身监禁在历史上是与死刑并列的，那么在自由刑的体系内，实际上终身监禁是依附于无期徒刑而实施的，无论是中国古代徒刑中的无期徒刑、圈禁，还是西方奴隶社会希伯来法系判例法《塔木德》中的"无期限的监禁"和中世纪教会法中针对异端分子的"补赎"都是如此。易言之，从对刑罚源流的考察来看，终身监禁是依附于无期徒刑而实施的自由刑的一种，这种自由刑在一定阶段、一定期限内与死刑是可以并列存在的。

从理论源流来看，现代终身监禁制度的崛起是伴随着死刑存废之争展开的，具体而言，是伴随着启蒙思想家对死刑的质疑与批判展开的，这种批判主要是两方面：一方面是基于法哲学的思考对死刑的合理性、残酷性和非人道性进行猛烈的抨击；另一方面是基于功利主义，对死刑的刑罚效用提出质疑。因此，现代终身监禁制度从一开始就是建立在废除死刑的刑罚思想之上的，是在理论上论证死刑的缺陷和终身监禁的优越性的基础上，将终身监禁作为死刑的替代措施进行研究的，从这个意义上说，在现代社会里，一个国家一旦在立法上设立了终身监禁这一刑罚制度，那就意味着原有的死刑刑罚将会有逐步萎缩直至走向消亡的趋势。

从文化源流来看，我们发现在西方文化中，终身监禁总是伴随着宗教的宽恕、救赎和悔过的人道文化，进而引导世俗的轻刑思想，古代犹太人的《摩西律法》是如此，欧洲中世纪的教会法同样如此，特别是早期教会法基于宽恕、悔过和改造的基督教文化主张减少死刑，对终身监禁的发展产生了深远的影响，近代启蒙运动与人权思想将这种中世纪残虐的世俗刑罚中非常"隐晦"的宗教轻刑文化，通过系统的人道思想和轻刑理论发扬光大，开启了现代刑罚文明之路。在我们的社会中，始终存在着挑战整个社会秩序和人类道德良知底线的极端犯罪，对这部分犯罪，从过去基于报复和同态复仇的原始本能和朴素的正义感，而直接剥夺犯罪人的生命，到今天基于对人权思想的尊重和人道主义的深刻理解，而采取剥夺终身自由的方式将其与社会隔离，不能不说是在遏制极端犯罪维护社会稳定和尊重生命的人道主义之间做出的平衡选择。由此，我们得出结论，终身监禁制度是人道和轻刑化思想的产物。

第三节 域外终身监禁立法模式考察

现代意义上的终身监禁制度无论是从理论还是立法实践上，都是源自于西方，因此，有必要对西方各国的终身监禁制度进行全面的考察，在此基础上吸取成功的经验，为我国终身监禁制度的发展提供有益的指导。现代终身监禁源于英美法系，发展于大陆法系，但是，从立法模式的角度来看，终身监禁制度打破了两大法系的划分。一方面，在英美法系中，美国的终身监禁制度独树一帜，明显区别于其他英美法系国家，形成了自己独特的立法模式；另一方面，其他英美法系国家与大陆法系各国在终身监禁的立法模式上逐渐融合，趋于一致。基于上述两点原因，笔者认为，对终身监禁的立法模式，很难从法系的角度而只能从地理的角度进行分析，据此，笔者按照"美国模式"和"欧洲模式"两种具有典型代表的类型，展开对终身监禁立法模式的分析。

一、美国模式：限制死刑基础上的绝对终身监禁模式

美国是当今世界上为数不多的广泛适用不得假释的绝对终身监禁的国家，但是这一模式的确立也经历了一个长期过程。在早期的殖民地时期，美国的死刑适用罪名极为广泛，20 世纪 60 年代以来，受到废除死刑国际思潮的影响，一些民间的非官方团体开始发出了废除死刑的呼声，此时关于死刑的存废还只是思想上的争鸣，集中于死刑是否具有道德或宗教上的价值。[1] 但是，始于 1972 年的福尔曼案改变了这种现状，[2] 美国联邦最高法院最终裁决该案中死刑适用违宪，但是死刑立法本身并不违宪，由此开启了各州改革死刑立法的进程，在严格限制死刑的基础上，终身监禁制度也由此应运而生，并得到了广泛

---

[1]　参见于志刚、曹晶：《美国的死刑保留政策与新死刑保留主义——当前死刑存废之争的域外答案》，《政法论坛》2013 年第 1 期。

[2]　福尔曼案是美国联邦最高法院针对福尔曼诉乔治亚州案，杰克逊诉乔治亚州案和布兰驰诉得克萨斯州案三个不同的案件作出的共同的判决。参见于志刚、曹晶：《美国的死刑保留政策与新死刑保留主义——当前死刑存废之争的域外答案》，《政法论坛》2013 年第 1 期。

的适用。美国联邦最高法院就福尔曼案作出判决时就宣称"死刑立即执行是过于残酷的刑罚，为限制死刑的适用，有必要增设终身监禁制度"[①]。美国的终身监禁立法模式主要有如下特点。

第一，终身监禁的刑罚理念被定位为死刑的替代措施。从美国终身监禁制度的确立过程来看，其是源于对死刑的存废之争，通过美国联邦最高法院对司法案例的判决，认定死刑适用违宪（但死刑立法并不违宪），最终确立了终身监禁制度。而且依据判例严禁对非暴力犯罪和未满十八周岁的罪犯适用死刑，而是用终身监禁代替之，美国联邦最高法院也认为相较于终身监禁，死刑更残酷，适用终身监禁可以弥补死刑过重的不足。[②]

第二，终身监禁大多不得假释，美国大部分州都规定了不得假释的终身监禁。目前，美国有43个州确立了不得假释的终身监禁制度，罪犯一旦被判处终身监禁就失去了获得假释的可能性。与此同时，美国有部分州也规定了可以假释的终身监禁，分别设置了10年、15年、25年等不同的最低关押期，其中，至少有14个州的刑法规定了最低关押期为25年的可以假释的终身监禁制度。[③]从刑罚的效果上看，这种终身监禁已经类似于我国的无期徒刑了。

第三，终身监禁的适用范围和人数极为广泛。美国的终身监禁制度，从适用的罪名上看，除了谋杀罪等严重的暴力犯罪以外，还包括毒品犯罪以及部分非暴力性犯罪；从适用人数上看，截至2012年，有49081名罪犯被判处不可假释的终身监禁。[④]

第四，终身监禁的立法模式多样化。由于美国是联邦制国家，各州均按照自己的立法模式对终身监禁进行设置，因此，法官对终身监禁是否具有选择适用的自由裁量权并不统一。

第五，终身监禁的实际执行效果有变通。虽然在立法上，美国的绝大多数州采取的是不得假释的终身监禁，但是仍然保留了重大立功减刑的可能性，同

---

① 彭中遥：《我国终身监禁制度适用中的若干问题及其应对》，《湖南农业大学学报（社会科学版）》2018年第1期。

② 参见 Nadia Bernaz："Life Imprisonment and Prohibition of Inhunman Punishments International Human Righrs Law"，Moving the Agenda Forward，*Human Rights Quarterly*，Volume 35，Number 2，May 2013，pp.478-480。

③ 参见储槐植：《美国刑法》，北京大学出版社1996年版，第334页。

④ 参见 Ashley Nellis，"Life Goes On：The Historic Rise in Life Sentences in America"，The Sentencing Project of United States of America，23（1）2013，p.6。

时，可以通过总统或者各州州长签署特赦令予以赦免。

第六，终身监禁的适用途径并非单一。美国终身监禁的适用途径，除了根据立法的罪名和量刑规则适用终身监禁外，美国还存在着针对累犯的"三振出局"法案，即对有过两次严重犯罪前科的罪犯，再次犯重罪，则法官通常必须适用不得假释的终身监禁。①

第七，终身监禁的适用对象特殊化。美国的终身监禁在适用对象上不同于其他国家的特殊性主要表现在对未成年人的适用上，2005年的Roper v.Simmons案确立了对未成年人不得适用死刑，而以不得假释的终身监禁替代之的原则，这也是美国终身监禁制度所独有的特色。

二、欧洲模式：废除死刑基础上的相对终身监禁模式

自从贝卡里亚、边沁等思想先行者提出了废除死刑的思想以来，近代欧洲大陆受其影响至深，而且将废除死刑从思想理论变为立法实践，提出了建立"没有死刑的欧洲"的口号，因此，作为死刑替代措施的终身监禁制度在欧洲大陆得到了普遍的认同，但也正因为在废除死刑思想影响下对人权问题的重视，使得欧洲各国采取了相对于美国的终身监禁制度而言，比较缓和的立法模式。

在德国刑法中，终身监禁被称为"终身自由刑"。在德国《联邦基本法》第102条废除死刑后，终身自由刑就成为德国最重的刑罚。1977年德国联邦宪法法院确认了终身自由刑的合宪性，"在死刑被废除后，终身自由刑可以被理解为国家决意的象征，它是有意识地侵害最重要法益的犯罪行为的断然回答"②。目前，德国可以适用终身自由刑的共有17个罪名，其中对谋杀罪、个人的战争罪、危害人类罪、种族灭绝罪四个罪名规定了不可裁量的终身监禁，其他的严重犯罪的终身监禁由法官选择适用。德国的刑法学者和司法人员虽然也承认终身监禁有可能对监狱管理、服刑人员包括亲属产生诸多的负面问题，但是，仍然认为其刑罚的执行是有效的，因为能够使犯罪人"在将来负责任地

---

① 例如：1994年10月24日由克林顿总统签署的《暴力犯罪控制与执行法案》中就明确规定了"三振"的处罚原则，即"对于三次或三次以上严重暴力犯罪或毒品交易犯罪的犯罪人，必须处以无假释机会的终身监禁刑"。

② ［德］汉斯·海因里希·耶赛克、托马斯·魏根特：《德国刑法教科书》（下），徐久生译，中国法制出版社2017年版，第1031页。

生活，不再犯罪"①。德国终身自由刑的刑期也从最初的不可变更，到第 20 部刑法修正案规定的，服刑满 15 年后，根据罪犯的罪行程度和服刑表现，设置为期 5 年的考验期，对通过考察的罪犯可以予以假释、恢复自由。此外，《刑罚执行法》第 13 条第 3 款还规定了终身自由刑的服刑者有休假的权利，而根据《少年法院法》第 106 条第 1 款的规定，针对未成年人的犯罪，应判处终身自由刑的，可以以 10 年到 15 年的有期自由刑替代之。

从地理位置上看，日本虽处亚洲，但众所周知，其属于典型的大陆法系国家，尤其是在刑事法律领域，德、日刑法历来是被并称于世的。日本的终身监禁制度是参照了德国的规定，但又有自身的特点，其最大的特色在于将终身监禁区分为监禁和徒刑两类，前者成为无期监禁，只是单纯的关押而无需强制劳动，一般适用于国事犯、政治犯和职务犯罪，后者称为无期惩役，必须附加强制劳动，但是无论哪种终身监禁在服刑满 10 年后，都可以提出假释申请。

法国在废除死刑后终身监禁成为最严厉的刑罚，也有专门针对政治犯的，无需强制劳动的终身拘役，其他的终身监禁在服刑达到一定年限后，经过 1 年到 3 年的"半释放期"后有可能获得假释。意大利最高刑罚也是终身监禁，不过其终身监禁既可以假释也可以进行减刑，相对比较灵活。②

英国的终身监禁规定在各个单行刑法中，包括不可裁量的终身监禁、可裁量的终身监禁和自动适用的终身监禁，主要适用于严重危害社会安全和侵害人身财产的暴力犯罪，但无论哪一种，实际的服刑期限事实上都不是终身的，达到一定的服刑期限后符合条件的服刑人员可以申请减刑和假释，但是即便是终身监禁被假释后，也必须在相关部门的监管之下，违反规定就有被收监关押的可能，因此，"英国被判处终身拘禁的犯罪分子将在政府的监管之下度过一生"③。

加拿大自 1976 年建立终身监禁制度以来，对终身监禁的假释管控比较严格，对谋杀罪规定了"最低 10 年，最高 25 年"的最低服刑期限。值得一提的是，加拿大在终身监禁的服刑人员重归社会的措施上独树一帜，让服刑期限很长（通常是满 25 年以上）的终身监禁罪犯通过在监管之下的"义工"社

---

①　德国《刑罚执行法》第 2 条第 1 款。

②　根据意大利刑法的规定，终身监禁的罪犯实际服刑 26 年后，经过 5 年的假释考验期，即可获得假释。终身监禁的罪犯每参加 6 个月的改造活动减刑 45 天。

③　［英］罗吉尔·胡德：《英国死刑的废止进程》，《刑法论丛》2008 年第 1 期。

区服务，实现从监狱到社会的"渐进式"适应再社会化过渡，称之为"生命线"项目。

俄罗斯事实上已经废除了死刑，作为最高刑罚的终身监禁与原死刑适用的罪名基本一致。在立法层面，俄罗斯刑法虽然保留了终身监禁假释的可能性，但是司法实践中却对终身监禁的假释从严掌握，据有关资料统计，在俄罗斯大概只有30%的终身监禁服刑人员获得了假释，这可能跟近年来俄罗斯民意普遍要求恢复死刑作为最高刑罚有关。①

纵观日本和欧洲各国的终身监禁制度，其具备以下几个特点：

第一，具有国际公约的限制性规定。《欧洲人权公约》第3条规定，不得对任何人施以酷刑或者是使其受到非人道的或者是侮辱的待遇或者是惩罚。正是基于此条约的限制性规定，在欧洲一体化的推动下，整个欧洲在死刑的废除上走在了世界的前列，而对终身监禁的态度也同样受到该条约的影响。欧洲人权法院就曾认为，不仅没有释放可能的永久关押，而且设置极其严苛的条件和极少数特定情况，才能予以释放的终身监禁，都违反了《欧洲人权公约》第3条的规定。

第二，在终身监禁的性质上，基本都属于可以假释的终身监禁。基于对死刑的废除和国际公约的限制，欧洲各国基本都规定了可以假释的终身监禁，部分国家还同时规定了终身监禁的减刑制度，不过无一例外的是，所有国家都对终身监禁的减刑和假释设定了最低的服刑年限和条件，部分国家还规定了一定的考验期。

第三，在终身监禁的适用罪名上，欧洲各国的终身监禁基本都集中在严重危害社会和人身、财产安全的暴力犯罪和部分政治犯罪上。

第四，在终身监禁的类型上有强制性与选择性之分。欧洲的多数国家都将终身监禁分为强制性的终身监禁和选择性的终身监禁，前者主要集中在谋杀、种族灭绝、恐怖主义等少数极端暴力犯罪上，对这些犯罪采取的是不可裁量的终身监禁予以强制适用；后者则适用于其他的一般性严重暴力犯罪，由于立法规定了几种不同的刑罚，因此，法官可以自由裁量，决定是否适用

---

① 中国新闻网2017年2月9日报道：据俄罗斯卫星网9日报道，俄罗斯列瓦达民调中心的调查结果显示，44%的俄罗斯人声称，有必要在本国恢复死刑。http://www.chinanews.com/gj/2017/02-09/8145014.shtml，2018年11月21日访问。

终身监禁。

第五，在终身监禁的救济渠道上具有一定广泛性。凡是规定了终身监禁的欧洲各国绝大多数都规定了赦免制度，实施赦免的主体包括总统、总理、州长、司法部长、议会、国会等。

此外，在国际刑法中，终身监禁的适用有两个原则：其一，仅指出适用自由刑，而不明确说明是否包括终身监禁；其二，明确指出国际刑法的自由刑依照有关国家的量刑惯例来确定具体自由刑的适用。[①] 由此可见，国际刑法中的终身监禁既可能是绝对的也可能是相对的、既可能是强制的也可能是非强制的，具体适用要基于国内法的规定。

比较上述各国终身监禁的模式，我国刑法所规定的终身监禁制度有自身独特的特点。首先，从期限上看，我国的终身监禁属于绝对的终身监禁；其次，从裁量权上看，我国的终身监禁属于可以裁量的终身监禁；再次，从适用对象上看，我国的终身监禁主要是针对重大贪污受贿犯罪的终身监禁；最后，从前提条件上看，我国的终身监禁是被判处死缓，依法减为无期徒刑后的终身监禁。

三、域外模式对我国终身监禁制度的启示

第一，在刑罚理念上，应当将终身监禁定位为死刑的替代措施。无论是美国模式还是欧洲模式，从其设立终身监禁制度的初衷和历程来看，都是基于对死刑的反思和替代死刑的需要而建立的。上述大多数国家在立法上或者事实上已经废除死刑，在终身监禁实施多年的情况下尚且持此刑罚理念，而在我国现阶段立法上还存在死刑的情况下，将终身监禁作为死刑的替代措施，以承载起未来进一步取代死刑的任务，符合终身监禁的演化规律。

第二，终身监禁应当以独立刑种的形式进入刑罚体系。首先，从世界各国终身监禁制度的现状来看，基本都是将终身监禁作为一种独立的刑种规定到刑法中；其次，从我国的刑罚体系和结构来看，目前我国的终身监禁与其他刑种和刑罚执行措施之间存在矛盾、冲突和不协调的情况，很大程度上，是因为我国的终身监禁制度是作为一种刑罚执行措施而存在的；最后，从死刑废除和立

---

① 黄风等：《国际刑法学》，中国人民大学出版社 2007 年版，第 103—104 页。

法技术上考虑，一方面，终身监禁作为独立刑种可以对死刑形成更强大的"压迫感"，更加有力地推进废除死刑的进程；另一方面，终身监禁一旦成为独立刑种，就摆脱了其作为刑罚执行措施对其他刑种的依附，从而具有独立的意义，对于解决终身监禁与其他刑种和整个刑罚体系之间的协调问题，从立法技术上讲，更加便捷和有效。

第三，终身监禁的适用范围应当根据其定位进行调整。既然将终身监禁定位为死刑的替代措施，那么，在死刑退位之后，未来终身监禁要填补死刑的空缺，作为最严厉的刑罚措施，就要以原来死刑的适用罪名去划定终身监禁的适用范围。① 基于此，根据我国原来的死刑适用情况，既考虑到了我国的实际，又基本符合国际终身监禁制度设置范围的惯例，有利于开展国际刑事司法合作。

第四，终身监禁的类型应当予以多样化。既然终身监禁是作为死刑的替代措施的，而死刑又有死缓的执行方式，因此，终身监禁也不能只有绝对的终身监禁一种执行方式，在立法上可以规定绝对的终身监禁和相对的终身监禁，在司法上可以规定强制的终身监禁和裁量的终身监禁。

第五，终身监禁的救济渠道应当畅通。刑罚除了惩罚，还有教育改造的功能，如同死刑的废除一样，任何具有绝对意义的刑罚措施都注定为现代文明社会所不取，从这个意义上说，所有自由刑都是国家对危害社会秩序的犯罪人所进行的一种"隔离保护观察"，通过刑罚的隔离教育改造，观察到犯罪人已经弃恶从善，不会再实施危害社会的行为后，使其重新回归社会，也正因为如此，任何刑罚都应当为犯罪人保留救济渠道，终身监禁同样如此。例如：对于绝对的终身监禁可以基于宪法的规定，设立专门的刑事特赦制度予以救济，还可以采取余刑终身的社区矫正进行变通，等等。

第六，建立有效的终身监禁罪犯再社会化措施。由于被判处终身监禁的罪犯普遍服刑期限都很长，与社会脱节的同时，会产生各种各样的心理和精神健康问题，如何通过各种救济途径使恢复自由的终身监禁罪犯予以顺利地再社会化，是维护社会稳定的重要内容。

---

① 借鉴国外的立法例，可以考虑先将法定的八类严重犯罪即故意杀人、强奸、抢劫、绑架、放火、爆炸、投放危险物质和有组织的暴力性犯罪纳入到终身监禁制度中来。

第二章　终身监禁制度的价值分析

第一节　不同国家观视野下各种形态
终身监禁的价值旨趣

从近代终身监禁制度诞生的历史来看，贝卡里亚在《论犯罪与刑罚》中，第一次在批判死刑的基础上提出终身监禁的刑罚理念，是以社会契约论作为其理论基础的，认为国家是由公民与政府签订的社会契约而形成的，公民基于社会契约让渡给国家的有限权利是国家权力存在的根据，而这也正是西方自由主义国家观所主张的"小政府"的理论基础。换言之，终身监禁制度从其诞生之初，就与西方自由主义国家观具有理论的同源性。此后，伴随着死刑废除运动的发展，终身监禁从刑罚理念走向立法现实，又在不同的国家演变成形态各异的不同模式。

根据马克思主义基本原理，一方面，国家和法都是上层建筑的一部分，而在整个上层建筑中，国家又处于核心地位。法律是由国家制定或认可的强制性规范，作为上层建筑的一部分，一个国家的法律体系的建构和法律制度的设计，必然是在立足于本国的经济基础之上，在国家意识形态的指导和影响下进行的，因此，法是从属于国家的，是国家意志的体现。另一方面，由于现实的物质生活中，个人利益与普遍利益的冲突，取得统治地位的集团（阶级），采取虚幻的共同体的形式（国家）去维护自己的统治，刑法作为国家制定和认可的法律，由国家强制力保证实施，其当然代表了统治阶级的意志。正是在上述意义上，国家意志与统治阶级的意志在本质上具有一致性。作为国家对犯罪分子适用的，限制或者剥夺其某种权益的强制性措施的刑罚，正是代表统治阶级的国家意志对犯罪行为进行否定性评价的具体手段和显性表现。在马克思主义看来，国家是阶级统治的工具，不同的阶级立场其所代表的国家观具有本质的差别，这就决定了，立足于不同阶级立场下的国家观对终身监禁这一与死刑具有同等价值的刑罚制度，有着各自完全不同的认识，梳理这些认识，揭示不同国家观视野下各种形态的终身监禁所具有的价值意蕴，有助于我们深刻认识终身监禁的本质，并进一步回答在具有中国特色的社会主义刑法体系中，该如何去认识终身监禁这一源自于西方的刑罚制度，从国家意识形态的高度去把握终身监禁在我国刑罚体系中的定位。

一、西方自由主义国家观——个人主义视野下的相对终身监禁

（一）古典自由主义国家观

约翰·洛克（1632—1704），英国哲学家和政治思想家，西方近代自由主义的奠基人，其国家观思想主要集中在《政府论》（下篇）一书中。关于国家起源的思想，洛克认为，国家起源于自然法。在国家产生之前，人们处于完美无缺的自然状态，享受平等和自由的自然权利。但是，自然状态不能长存，个人权利常遭侵犯，因为在每个人都是自己的裁判官和执行官的情况下，有些人或者基于利害而心存偏私，或者不识自然法，就会用强力侵犯他人自由，彼此冲突、战争，以致最终走向毁灭。于是，人们互相订立契约，让渡自己的裁判权和执行权，交由他们中间被指定的人，并在人们的一致同意下行使，从而由自然状态进入政治状态，于是国家就成立了，"这就是立法和行政权利的原始权利和这两者之间之所以产生的缘由，政府和社会本身的起源也在于此"[1]。从这种观点出发，洛克认为，国家的本质在于保护人身和财产安全，最高权利"未经本人同意，不能取去任何人的财产的任何部分"[2]。关于国家的形态，洛克提出"议会主权"的概念，指出社会契约基础上的优良政体是议会集体意志约束下的君主立宪制，国家是自然权利基础上人们订立社会契约的结果。可

---

[1] ［英］洛克：《政府论》下篇，叶启芳、瞿菊农译，商务印书馆 1964 年版，第 78 页。

[2] ［英］洛克：《政府论》下篇，叶启芳、瞿菊农译，商务印书馆 1964 年版，第 86 页。

见，古典自由主义思想家把国家视为没有价值偏向的中立物。在国家职能上，古典自由主义认为，私人领域中个人的平等、自由和财产权神圣不可侵犯；在公共领域，国家的职能仅是充当维护秩序的"守夜人"角色，以亚当·斯密为代表的古典自由主义经济学家在经济领域则主张自由放任，认为管得最少的政府就是最好的政府。

（二）新自由主义国家观

19 世纪末 20 世纪初，随着自由资本主义向垄断资本主义的过渡，特别是 1929—1933 年资本主义经济危机的爆发，古典自由主义的消极国家观受到挑战。现实社会的发展要求转变国家的角色，强化国家对整个社会的管控能力。于是，反对自由放任、主张政府干预的新自由主义应运而生。新自由主义的开创者格林明确提出"积极自由"和"消极自由"两种国家观，并以"积极自由"作为其主张建立"积极国家"的理论基础，他认为："民众应当对国家的必要干预作出主动、积极、热烈的回应，提高对国家干预认识的自觉性"[1]。新自由主义在经济学中的代表人物是英国的凯恩斯，凯恩斯极力主张国家对经济生活的干预，并为此提供理论论证，由此带来了风行西方的"凯恩斯"革命。及至 20 世纪 50 年代后，新自由主义的最后一位旗手罗尔斯，不断发文阐述自己的社会正义理论，论证福利国家的必要性，阐释了自由主义的基本原则，其政治哲学的集大成之作《正义论》的发表，代表着 20 世纪自由主义发展的顶峰。新自由主义固然坚持自由的优先性，但多主张个人自由与公共利益、社会发展的协调统一，主张建立一个秩序良好的福利国家，"扩大国家的职能与作用，希望国家对社会经济生活进行更多的干预，为个人自由的发展扫除障碍"[2]。

（三）新古典自由主义国家观

到了 20 世纪 70 年代，随着西方资本主义国家经济发展陷入"滞胀"，新自由主义倡导的国家干预和福利国家政策遭遇危机，社会矛盾不断显现。作为

---

[1]　徐大同主编：《当代西方政治思潮》，天津人民出版社 2001 年版，第 13 页。

[2]　徐大同主编：《当代西方政治思潮》，天津人民出版社 2001 年版，第 18 页。

自由主义的保守派和新自由主义的对立面，新古典自由主义（保守自由主义）乘势而起。在国家观上，新古典自由主义继承了古典自由主义的消极国家观，倡导自由市场和社会自治，主张"小国家"和"弱政府"。新古典自由主义最著名的代表人物是哈耶克。在哈耶克看来，人类社会的发展无外乎两种秩序，即自生自发的"自发秩序"和刻意设计的"人造秩序"，前者是人类社会自由的真正根基，计划经济和福利国家等诸如国家干预的行为都是违背"自发秩序"的反常行为，最终只能走向极权和奴役之路，而对社会经济秩序进行人为设计和整体架构的行为也只能是人类理性一种"致命的自负"。当代新自由主义的另一位代表人物诺齐克则主张建立一种"最弱意义的国家"。古典自由主义认为国家是一种"必要的邪恶"，国家虽然不能被取消，但必须对其进行约束和限制，依靠自发秩序，社会就可以实现自治，没有必要进行过多的国家干预，况且国家干预也有缺陷，政府也会出现失灵。因此，诺齐克认为，政府越弱越好，最弱的政府就是最好的政府。

（四）否定之否定国家观逻辑下相对终身监禁的必然选择

自由主义是近代资产阶级革命反对封建专制王权的产物，是西方社会的主流政治思想。纵观上述西方自由主义国家观思想的流变，从古典自由主义国家观到新自由主义国家观再到新古典自由主义国家观，经历了"弱政府"到"强政府"再到"弱政府"的否定之否定的过程。在有关国家的看法上，自由主义始终坚持以个人主义为中心，维护现存的社会秩序。西方自由主义国家观的这种个人主义，是以限制国家权力作为基本论调，以促进个人的自由与福利为核心，剥夺个人的生命显然不符合这种个体主义的自由主义国家观，这也是贝卡里亚为什么要将自由主义国家观的理论基础——社会契约论，作为其废除死刑主张的理论基础的原因所在。但是，促进个人自由与限制国家的权力二者之间并非绝对界限分明的，而是相互纠缠的，一方面，要促进个人自由就必须限制国家权力，防止国家权力过度侵入个人权利的领地；另一方面，在保障自由的前提下，国家权力又必须在一定程度上对社会实行管控，为个人自由的发展扫除障碍。如果说废除死刑是限制国家权力，那么对于严重破坏社会秩序和挑战伦理道德底线的极端犯罪，就需要国家权力的强力介入，因此，替代死刑的终身监禁制度也就成为这种折中的国家观念的产物登上了历史舞台。但是，绝对的终身监禁显然已经突破了自由主义国家"守夜人"的角色，于是，以社会契约为理论根基，以个人主义为中心的自由主义国家观必然要为剥夺公民终身自由的基本权利寻求救济出口，因此，可以减刑、假释或者特赦的终身监禁制度就成为现代西方自由主义国家观之下的必然选择，并以此作为现代西方自由主义国家政治合法性证明的注脚。

二、黑格尔理性主义国家观——国家主义视野下的绝对终身监禁

众所周知，在抽象法、道德、伦理三个环节所组成的黑格尔法哲学体系中，伦理是前两个环节的统一，而国家则是伦理实体的最高阶段，是理性的完美化身。黑格尔接受了古典时代柏拉图开创的关于伦理城邦的整体主义国家观，以及近代以来卢梭的关于公共意志构成主权的思想，认为法的本质是自由意志，而国家则是主观意志和客观意志的统一，"国家是具体自由的现实"[①]，"自在自为的国家就是伦理性的整体，是自由的现实化"[②]。在国家、伦理、善、自由的关系上，黑格尔认为，国家是伦理观念的现实，而伦理则是实现了的善，而善则是被实现了的自由，归根结底，国家是自由的实现。在国家本质的问题上，黑格尔是从伦理、善、自由等范畴推演出国家的本质，即国家是伦理的现实、自由的实现和实现的善，国家对私利性的扬弃，是伦理普遍性与个体私利性的统一，是普遍与特殊的统一。黑格尔的理性主义国家观将国家推到了一个崇高的地位，正如黑格尔所说"国家是在地上的精神……神自身在地上的行进，这就是国家"[③]，在黑格尔理性主义国家观看来"国家是绝对的自在自为的理性的东西"[④]，是理性的化身，是最高的，它不仅要决定立法权，而且要高于国家中的个人。正是基于此思想，黑格尔坚决反对自由主义国家观关于国家生成的社会契约论，他指出"国家根本不是一个契约，保护和保证作为单个人的生命财产也未必就是国家的实体性的本质，反之，国家是比个人更高的东西，它甚至有权对这种生命财产本身提出要求，并要求其为国牺牲"[⑤]。

---

① [德] 黑格尔：《法哲学原理》，范扬、张企泰译，商务印书馆 1961 年版，第 260 页。
② [德] 黑格尔：《法哲学原理》，范扬、张企泰译，商务印书馆 1961 年版，第 258—259 页。
③ [德] 黑格尔：《法哲学原理》，范扬、张企泰译，商务印书馆 1961 年版，第 294 页。
④ [德] 黑格尔：《法哲学原理》，范扬、张企泰译，商务印书馆 1961 年版，第 288 页。
⑤ [德] 黑格尔：《法哲学原理》，范扬、张企泰译，商务印书馆 1961 年版，第 103—104 页。

黑格尔的理性主义国家观，将国家置于个人之上，要求为了国家利益而无条件地牺牲个人利益，很明显不同于自由主义国家观以个人主义为中心的，基于社会契约的国家生成论。正是因为如此，黑格尔反对贝卡里亚基于社会契约论废除死刑的观点，而主张在严格限制死刑的基础上保留死刑。虽然接下来，黑格尔并没有像贝卡里亚那样继续去讨论终身监禁的问题，但是，延续黑格尔理性主义国家观的思想脉络，我们可以得出绝对终身监禁合理性的结论。在黑格尔理性主义国家观看来，"成为国家成员是单个人的最高义务"①，个体必须遵照国家立法权所确定的义务去生活。正如施特劳斯所指出的，在黑格尔看来，"通过国家，个体懂得了将自己的愿望普遍化，亦即将这些愿望化作法律，并根据法律而生活"②，因此，个人必须无条件地服从国家，包括剥夺其生命和终身的自由。在刑罚论领域，由于近代以来启蒙主义和人权思想的崛起，剥夺终身自由的绝对终身监禁与剥夺生命的死刑，在人权价值上具有了可比性。如果说基于个人主义"守夜人"角色的自由主义国家观，无权以社会契约为依据去剥夺公民的生命和终身自由，进而只能在促进个人自由与限制国家的权力之间折中地选择相对的终身监禁，那么，基于国家主义的理性主义国家观则有权通过立法权去剥夺个人的生命和终身自由，进而在"成为国家成员是单个人的最高义务"的名义下实施绝对的终身监禁。在理性主义国家观看来，国家有权对公民最基本的权利提出任何要求，而个人在履行国家的义务中也实现了特殊利益与普遍利益的统一，获得了实体性的自由。

三、马克思主义国家观视野下重大贪污受贿罪的终身监禁

在马克思主义看来，国家是从人群共同体中分化出来的政治共同体，国家不是"君权神授论"或者"社会契约论"的产物，而是阶级矛盾不可调和的结果。正如恩格斯所说："国家是承认：这个社会陷入了不可解决的自我矛盾，分裂为不可调和的对立面而又无力摆脱这些对立面。而为了使这些对立面，这些经济利益互相冲突的阶级，不致在无谓的斗争中把自己和社会消灭，就需要有一种

---

① [德] 黑格尔：《法哲学原理》，范扬、张企泰译，商务印书馆1961年版，第289页。

② [美] 列奥·施特劳斯、约瑟夫·克罗波西主编：《政治哲学史》（下），李天然等译，河北人民出版社1998年版，第849页。

表面上凌驾于社会之上的力量，这种力量应当缓和冲突，把冲突保持在'秩序'的范围以内；这种从社会中产生但又自居于社会之上并且日益同社会异化的力量，就是国家。"[①] 其后，在《路德维希·费尔巴哈与德国古典哲学的终结》中，恩格斯又进一步指出，国家是社会创立的保护自己的共同利益免遭内部和外部侵犯的一种机关。

综上所述，从宏观上说，国家是阶级矛盾不可调和的产物，从微观上说，国家是社会保护共同利益不受侵犯的机关，而法律是由国家制定和认可的。因此，一方面，法律代表了统治阶级的意志；另一方面，法律也是保护共同的社会利益不受侵犯的手段，前者是决定后者的，因为共同的社会利益的内容是根据统治阶级的意志来决定的。换言之，法律包括刑法是具有阶级性的，任何一个国家的刑法典和刑法理论，无论它吸收、借鉴甚至移植了任何其他国家的刑法理论，总是本国统治阶级意志的反映，不同的意识形态所选择的刑法道路不同，所要保护的社会共同利益也不同，社会主义刑法和资本主义刑法在基本立场、保护对象和打击目标上都有所差异，这也是中国特色社会主义刑法的思想理论基础。对于腐败产生的社会历史根源，我们应该认识到，腐败现象是私有观念和私有制度的一种必然现象，在社会主义初级阶段依然存在，而我们公有制的经济基础就是为了铲除这一私有制度下吞噬社会的"毒瘤"。刑事立法打击贪腐犯罪应当注重顶层设计，将视野扩展到破坏社会主义公有制经济制度的大视野下，去审视、设计和建构整个反腐刑事立法体系，发挥刑法上层建筑对经济基础的反作用，推动经济基础的健康发展。我国《宪法》第6条规定："中华人民共和国的社会主义经济制度的基础是生产资料的社会主义公有制，即全民所有制和劳动群众集体所有制。"由此表明，代表人民的国家机关所重点保护的经济基础是社会主义公有制经济，具体保护对象就是公共财产的所有权。我国贪污受贿罪的主体是国家工作人员，侵犯的主要客体是公共财物的所有权，刑法作为统治阶级意志的反映，必须针对严重破坏公有制经济基础的重大贪污受贿犯罪做出相应的部门法回应，正是从这个意义上说，我国专门针对重大贪污受贿犯罪设置了不得减刑、假释的终身监禁，与世界各国相比，虽然显得"标新立异"，但是，实际上完全符合我国的社会主义国家性质，也是马克思主义国家观下反腐思想的合理体现和必然选择。

[①] 《马克思恩格斯选集》第4卷，人民出版社1995年版，第170页。

第二节　终身监禁的刑罚本体论价值

一、终身监禁的刑罚本质价值

（一）绝对主义刑罚观下的终身监禁

在以绝对报应刑为内容的绝对主义刑罚观看来，刑罚就是"善有善报、恶有恶报"的正义观念在刑罚上的反映，但是这种反映与基于同样正义观念的报复刑有本质的差别。报复刑是以刑罚的同态性来体现"善有善报、恶有恶报"的观念，而报应刑则是针对恶行的责任报应，它是以前期旧派所主张的，人是理性的自由意志的主体，在此基础上实施了犯罪行为进而可以进行非难，追究道义的责任为前提的。因此，从这个意义上说，绝对主义所主张的报应刑，是与行为人的责任紧密相关的，是一种罪刑均衡下的责任刑。从绝对主义刑罚观的价值目标来看，其所追求的是恶害（犯罪）与报应（刑罚）之间的一种责任均衡，因为它是以"善有善报、恶有恶报"的古老、朴素的正义观念为基础的。[①] 因此，在刑罚的设置上，判断实际的罪行与刑罚的设置是否均衡时，不能不考虑在长期的历史文化传统中形成的，植根于历代普通民众内心所确信的，具有自然法意蕴的"恶行恶报"的均衡观念，在这一观念范畴内，极端的侵害人身的严重暴力犯罪的恶行，在刑罚的设置上，就要求有与之同样极端的严厉刑罚相匹配，死刑便是如此。正如康德所言，谋杀者必须处死，因为"在这种情况下，没有法律的替换品或代替物能够用它们的增或减来满足正义的原则"[②]。近代以来，随着人权思想的崛起和刑罚轻缓化观念的盛行，死刑已经越来越多地受到质疑，但是，在整个刑罚体系中，位于有期限的自由刑之上，应该有一种满足针对极端恶行的报应观念的刑罚措施，是绝对主义刑罚观的必然结论，于是，在绝对主义刑罚观下，绝对的终身监禁就具有了合理性的基础。

[①]　参见张明楷：《外国刑法纲要》（第二版），清华大学出版社 2007 年版，第 364 页。

[②]　[德]康德：《法的形而上学原理——权利的科学》，沈叔平译，商务印书馆 1991 年版，第 166 页。

（二）相对主义刑罚观下的终身监禁

相对主义刑罚观主张目的刑。与绝对主义刑罚观不同，其将视野从刑罚本身所具有的单纯对恶害的报应功能，扩展到预防犯罪的社会功能。在相对主义刑罚观看来，刑罚本身所体现的对恶害的报应没有什么意义，只有运用刑罚达到一定的目的，才能体现刑罚的价值，这个目的就是预防犯罪，包括针对犯罪人本人的特殊预防和针对其他社会成员的一般预防。相对主义的上述刑罚观是有其深刻的理论背景的，作为其主张者的新派理论的崛起，是源于犯罪学的发达，而犯罪学主要着眼于研究犯罪产生的原因和犯罪对策。在分析犯罪原因的基础上，新派提出了不同旧派自由意志的决定论，认为产生犯罪的原因是由行为人本身的性格和社会环境共同作用的结果，与此相适应，新派提出了改善行为人性格，基于社会责任追究犯罪人刑事责任的刑罚观念。总体上看，在相对主义刑罚观的视野下，预防犯罪是其核心目标，而预防犯罪是一个犯罪学意义上的系统工程，刑罚不过是实现这个目标的其中一个手段，正因为如此，作为新派理论代表之一的李斯特才会说"最好的社会政策就是最好的刑事政策"，刑罚只是基于犯罪原因的分析，所提出的预防犯罪对策的整个系统中的一环。在新派看来，与其他预防犯罪的对策一样，刑罚也应当着眼于改善犯罪人的性格和其所处的社会环境，于是教育刑、改善刑的观念就应运而生。相对主义的刑罚观已经淡化了刑罚本身具有的报应功能，转而更加强调围绕犯罪人个性重塑和社会回归为目标的社会功能。因此，可以认为，新派理论基础上的相对主义刑罚观是现代刑罚轻缓化思潮的理论先导，作为这种观念的反映，在刑种的设置上，就不再能完全体现普通民众传统的善恶报应观念，一些不能实现预防犯罪和改善犯罪人性格，从而使其再社会化的刑种就没有存在的必要，没有预防犯罪效果的死刑是这样，剥夺犯罪人终身自由，使其彻底丧失"社会性"的绝对的终身监禁同样如此。

（三）并合主义刑罚观下的终身监禁

作为绝对主义刑罚观与相对主义刑罚观折中的并合主义，其一方面主张"善有善报、恶有恶报"的报应效果是刑罚正当化的根据之一，但同时认为，这种刑罚的报应只具有相对的意义，并不是使刑罚正当化的全部，只有在报应的范围内实现预防犯罪的效果，达到特殊预防和一般预防的目的，才是刑罚正当化的全部根据。由此，并合主义所主张的相对报应刑，基本上是绝对主义的责任刑和相对主义的教育改善刑的结合。如前所述，责任刑注重罪刑的均衡，以期实现善恶报应的效果，教育改善刑则强调重塑犯罪人良好性格，最终使其回归社会，从而达到预防犯罪的社会效果。两种不同的刑罚理念体现在刑种的设置上，前者认为绝对的终身监禁具有存在的合理性，而后者则认为绝对的终身监禁没有存在的余地。在刑罚正当化的观念上，并合主义是相对主义与绝对主义的融合，而观念的融合必然导致具体刑罚主张的折中。因此，在并合主义的相对报应刑中，刑罚既要实现教育改善犯罪人，使其重归社会，以实现预防犯罪的目的，又要体现罪刑均衡的报应效果，刑罚设置的严厉程度也应当建立在二者兼顾的基础之上。于是，能够体现这一刑罚理念的相对的终身监禁制度就具有了合理性的根据，也正是因为并合主义是刑罚本质理论的通说，所以，相对的终身监禁制度也就为目前大多数国家所采用，体现出理论基础与刑罚实践的一致性。

（四）分配主义刑罚观下的终身监禁

分配主义虽然是相对报应刑的一种，但其理论特色在于，将相对报应刑中的责任刑与预防刑，根据刑罚适用的不同阶段所体现出的不同样态，对刑罚的功能进行有针对性的分配。[①] 在制刑、量刑和行刑的不同阶段，刑罚所发挥的功能各有所侧重。其中，在制刑阶段主要发挥刑罚的报应功能，而在行刑阶段则更加侧重于发挥刑罚的预防功能。换言之，在分配主义的刑罚观视野下，一方面，从侧重于罪刑均衡的报应的制刑阶段来看，绝对的终身监禁是必要的；另一方面，从侧重于教育改善的预防的行刑阶段来看，绝对的终身监禁的适用必须受到严格的限制。

（五）笔者的主张

在笔者看来，刑罚本质到底是报应还是预防，抑或是二者的折中，不仅

---

① 如 M.E.迈耶所言，刑罚在与立法者、法官、监狱执行官的关系上，可以分为刑罚的法定、刑罚的量定和刑罚的执行，各个阶段的刑罚指导理念是：报应、法的确证和目的刑。

仅是一个刑罚正当化的根据问题，也是一个新的刑种选择的正当化根据问题。由此，终身监禁作为我国刑法中的一项全新的刑罚执行措施（也许未来可能会成为一个新的刑种），将其置于刑罚本质的理论视野下进行透视，也就具有了极强的现实意义。关于刑罚本质的含义，理论上是存在争议的，德日刑法理论中，刑罚的本质指的是刑罚正当化的根据，我国学者马克昌基于马克思主义哲学的观点，对此提出了不同的意见，[①] 他认为："刑罚的本质指的是刑罚本身所固有的、决定刑罚之所以成为刑罚的根本方面。"[②] 据此，刑罚的本质应当是对犯罪的报应，而将教育改善等预防犯罪的目的刑也归于刑罚的本质，实际上把刑罚的本质和目的混为一谈。马克昌的上述观点，是从对"本质"一词的内涵解读出发，将事物内在的固有本质属性所自然延展出的显性功能，与人为运用该事物所主观追求的外在目的相区别，具有一定道理，值得深思。但是，刑罚毕竟不是自然事物，而是人为创制的制度，就连马克昌自己在论述刑罚的概念时也指出："刑罚是国家最高权力机关在刑法中制定的赋予'刑罚'名称，用以惩罚实施犯罪行为的人，由法院依法判处、特定机构执行的最严厉的强制方法。"[③] 在笔者看来，作为一种人为给定的制度的本质，是否可以与自然事物的本质进行本质内涵上的类比是个问题。从哲学的角度讲，人是有意识的实践主体，人的任何实践活动都是在意识支配下的有目的的物质活动，国家创设刑罚制度也是一种实践活动，因此，在创制刑罚之初就带有明确的目的性。换言之，在刑罚这一人的实践活动产物的本质当中，就已经内在地包含了立法者所要追求的外在目的，倘若不是如此，那就无法解释与报应无关的人性化的刑罚措施的存在意义了，因此，将刑罚的本质理解为刑罚正当化的根据，是符合刑罚的人定化事物属性的。易言之，刑罚既有源自对善恶观念的确信所产生的"自然属性"（表现为"报应"），又有源自国家创制刑罚的实践活动的目的性所产生的"人定属性"（表现为"预防"）。在刑罚正当化的根据问题上，并合主义之所以能够成为通说，就在于其既体现了刑罚这一"事物"的自然属性，即自然法意义上，人们对"善有善报、恶有恶报"

---

① 根据马克思主义哲学"本质是事物的内部联系，它是由事物的内在矛盾构成，是事物的比较深刻的一贯的和稳定的方面。……本质从整体上规定事物的性能和发展方向"。马克昌主编：《刑罚通论》，武汉大学出版社 1999 年版，第 38 页。

② 马克昌主编：《刑罚通论》，武汉大学出版社 1999 年版，第 28 页。

③ 马克昌主编：《刑罚通论》，武汉大学出版社 1999 年版，第 13 页。

古老、朴素正义观念的确信。同时，又兼顾了刑罚这一"事物"的人定属性，即实定法意义上，国家设置刑罚这一刑事强制手段，所要达到的最终目的的实现。毋庸讳言的是，这两种不同的刑罚观念，在设置刑罚的具体种类上存在矛盾，例如：对故意杀人等严重的暴力犯罪而言，死刑和绝对的终身监禁，就符合普通民众对"善有善报、恶有恶报"的确信。但是，从国家设置刑罚所要追求的预防犯罪的目的来看，以合法的方式剥夺人的生命或者永久的隔离，都起不到教育、改善犯罪人的效果，也不具有想象中的威慑力，因而无法实现预防犯罪的目的。

那么如何调和上述矛盾呢？笔者认为，分配主义很好地化解了并合主义内部这种不同刑罚观念的冲突。首先，分配主义按照制刑、量刑和行刑的不同阶段，分配了不同的刑罚观念，避免了并合主义笼统地将报应刑和预防刑观念应用在制刑阶段所带来的理念上的冲突；其次，如前所述，刑罚既有自然属性的一面，也有人定属性的一面，而自然属性必然要考虑到一国的历史文化传统和民众固有的善恶报应观念，这种自然属性就体现在制刑阶段。换言之，对诸如故意杀人等严重侵害人身的暴力犯罪，在刑罚体系的设置上，如果没有一个能够符合民众善恶报应观念的严厉刑罚制度，恐怕是有问题的。至于量刑和行刑阶段，其属于国家具体运用刑罚处罚和改造犯罪人的范畴，在这个积极主动的过程中，国家必然要达到一定的目的，而刑罚的属性就从以自然属性为核心开始转向以人定属性为核心，这个转向也不是一蹴而就的，而是一个渐进的过程。量刑阶段的刑罚观念，仍然保有很大部分制刑阶段的责任报应观念作为量刑的限制，同时在这个限制之下，考虑预防犯罪的需要，最终确定应当适用的刑罚，即量刑阶段的刑罚观念是刑罚的自然属性和人定属性相结合的产物。到了行刑阶段，监狱执行官更多的是考虑对犯罪人的教育、改造和矫正，塑造其良好的性格，使其早日回归社会，从而减少和预防犯罪的发生，因此，刑罚观念也就完全转向以人定属性为核心。正是基于上述分析，我们认为，分配主义将制刑、量刑和行刑三个阶段的刑罚观念分别表述为报应刑、法的确证和目的刑，是完全符合刑罚本身的双重属性在刑罚运用过程中的转化机制的，因而是科学合理的。也许有人会担心，在制刑阶段过分强调以报应为核心，是否会造成重刑主义？事实上，是否是重刑主义，不是看某一个刑罚阶段，而是全面考察整个刑罚运用过程，如此看来，分配主义从以报应为核心（制刑）—报应与预防相结合（量刑）—以教育改善为核心（行刑），是在不同阶段体现不同的刑罚观念。严厉的刑罚设置，并不代表量刑的漫无边际和行刑的残酷、不人道，恰恰相反，正因为分配主义将各个刑罚阶段应当贯彻的刑罚理念规定得相当明确，反而避免了绝对主义导致的报应重刑主义的局面，相对主义导致的刑罚自然属性的缺失，并合主义导致的刑罚双重属性的冲突。造成这些问题的症结在于，对刑罚的自然属性和人定属性，要么只强调一面抛弃另一面，要么将二者不加区分地混合在一起，而分配主义根据刑罚的不同阶段，分配不同的刑罚理念，很好地体现了刑罚的双重属性。按照分配主义的刑罚理念，在制刑阶段，绝对的终身监禁作为针对最严重暴力犯罪的刑罚手段，是有存在的必要性和合理性的，它体现了刑罚自然属性的报应要求，这就好比悬挂在犯罪行为之上的利剑，虽然不会实际地砍落下来，但是，全体社会成员都能清楚地看到它就在那里，从而确信无论何种恶行终将会有恶报。而在量刑和行刑阶段，因为要同时考虑改造和预防犯罪的需要，因此，对绝对终身监禁这种最严厉的刑罚，应当严格限制其适用，尽量不用或者少用，并且，在具体行刑过程中要考虑为绝对的终身监禁保留适当的救济出口。

二、终身监禁的刑罚目的价值

（一）双层次刑罚目的的内涵解构

马克昌在《刑罚通论》一书中，将刑罚目的划分为根本目的和直接目的两个层次是有道理的。[①] 所谓目的，就其最一般的意义来说，指的是行为主体根据自身需要，借助意识、观念的中介作用，预先设想的行为目标和结果。目的的作用在于指导人的实践活动，贯穿整个实践过程。从目的本身的内涵和作用上来看，其具有主体性、观念性和指导性三个基本特征。从主体性上来讲，刑罚是由国家制定的，因此，刑罚的目的必然具有国家意志的主体性特征；从观念性上来讲，无论是直接惩罚犯罪人，还是通过惩罚犯罪人警告一般人，国家都是基于减少和预防犯罪的观念制定和适用刑罚，从而实现刑罚的目的；从指

---

① 　根本目的是刑罚追求的最终目标，直接目的是具体指导刑罚的制定、适用和执行。参见马克昌主编：《刑罚通论》，武汉大学出版社 1999 年版，第 60 页。

导性来讲，刑罚目的，作为一种国家的观念形态，指导着刑罚适用和执行的具体过程。易言之，刑法学上通常所界定的刑罚目的，指的是国家制定、适用、执行刑罚所要实现的目的。[①] 如果从刑罚目的的内涵上讲，应当表述为，作为制定主体的国家根据国家意志的需要，基于减少和预防犯罪的观念，指导刑罚具体适用和执行的整个实践过程。正是从这个意义上，笔者认为，马克昌将刑罚目的分为体现国家意志需要的根本目的和预防犯罪需要的直接目的两个层次，是符合刑罚目的基本内涵和本质特征。马克昌认为："刑罚的根本目的表现了国家制定、适用、执行刑罚所期望达到的最终目标和统治者的要求。"[②] 而"刑罚的直接目的是预防犯罪，包括特殊预防和一般预防"[③]，根本目的决定直接目的，直接目的则是实现根本目的的必要条件。

（二）不同层次刑罚目的中的终身监禁

首先，在刑罚根本目的的层面。从立法背景上考察，随着我国经济社会的快速发展，经济体制和政治体制改革不断深化，社会的思想价值观念发生转变，导致了个别政府公务人员"公仆变主人"的权力观异化状态，由此产生的贪污腐败现象已经严重影响到我国经济社会的发展。作为国家政治上层建筑之一的刑法，必须代表国家意志对日趋严峻的反腐形势作出回应，以实现"保卫人民民主专政的政权和社会主义制度，保护国有财产和劳动群众集体所有的财产"的根本目的。作为部门法的刑法历来将实现这一目的的重点放在罪名的设置和定罪量刑上，而较少关注具体的刑罚执行措施。事实上，增设罪名严密刑事法网、严格按照程序进行准确的定罪量刑，如果离开了科学、合理的刑罚执行措施，同样无法实现罪刑相适应原则，这一点，在贪污受贿罪上表现得尤为突出。很多重大贪污受贿的犯罪分子被判处了死缓、无期徒刑，但是经过数次减刑后，其实际执行的刑期，即便是考虑服刑表现，往往也与其当初所犯下的罪行不相称，更不用说在实际减刑的过程中所存在的假立功、违规减刑、假释、保外就医、暂予监外执行，以及由此可能导致的二次腐败等现象，这些都为社会公众

---

① 参见张明楷：《刑法学》（第五版）上，法律出版社 2016 年版，第 509 页。

② 马克昌主编：《刑罚通论》，武汉大学出版社 1999 年版，第 60 页。

③ 马克昌主编：《刑罚通论》，武汉大学出版社 1999 年版，第 62 页。

所诟病，① 也使得未被查处的贪污腐败分子心存侥幸，继续我行我素，形成恶性循环，进一步恶化了反腐形势。在社会主义中国，党和人民的意志具有一致性，人民的意愿就体现为国家意志，党的十八大以来，以习近平同志为核心的党中央，提出以法治思维和法治方式反腐败，掀起了新一轮反腐倡廉的高潮，《刑法修正案（九）》针对重大贪污贿赂犯罪设置了终身监禁，是为了实现国家设置刑罚的根本目的，体现中国特色的反腐倡廉政策所作出的部门法回应。

其次，在刑罚直接目的层面。就特殊预防而言，由于其预防犯罪的对象是犯罪分子本人，因此，衡量某种刑罚是否具有特殊预防效果的直接标准，就是此种刑罚的适用是否能够有效地剥夺犯罪分子实施同类犯罪的再犯能力。就贪污受贿罪而言，终身监禁通过剥夺犯罪分子终身自由，使其永久与社会隔离，使犯罪分子失去了再犯能力的刑罚效果是显而易见的。但是，正如许多人所指出的那样，即便是被判处有期徒刑或者无期徒刑，贪污受贿的犯罪人在入狱服刑之初就已经被开除公职，而且在服刑期满或者经过减刑出狱后，因为前科的存在，也已经不可能再担任任何公职，从而也就丧失了再犯能力。换言之，针对贪污受贿的犯罪分子，要实现刑罚特殊预防的目的，并不需要单独设立终身监禁的刑罚措施。然而，事实上，我国目前的终身监禁制度针对的只是特别重大的贪污受贿犯罪，这个"特别重大"体现在两个方面：一是数额，即数额特别巨大，并使国家和人民遭受特别重大的损失；二是刑期，即被判处死刑缓期执行。立法上为什么要这样规定呢？首先一条是因为罪行重大、必须严惩这是肯定的，但是，立法者也并非完全没有考虑到特殊预防的需要。一般而言，相比于普通数额和刑期的贪污受贿犯罪而言，特别重大的贪污受贿犯罪分子职位更高、能量更大、关系网更广、影响力更大、犯罪危害的时间更长久，即便是个别的小官巨贪，其之所以能够达到"巨贪"的标准，往往也是精心编织了

---

① 山东省泰安市原市委书记胡建学 1996 年因犯受贿罪，被判处死刑缓期两年执行。入狱服刑后，经 5 次减刑后，刑期为 15 年 6 个月。2006 年，胡建学因病经批准保外就医 1 年，后连续 7 年续保，2014 年被检察机关检查发现达不到保外就医的条件，重新收监；2009 年 7 月，广东省江门市原副市长林崇中因受贿罪被判处有期徒刑 10 年，宣判当日，就从法院直接回家保外就医；湖南工业大学原校长张晓琪，在审判期间，谎称身患癌症，并被顺利取保候审，2012 年在无期徒刑的判决生效后，既没有申请保外就医，也没有被收监执行，直到 2014 年 7 月被收监，两年时间一直处于未被执行刑罚状态；河南省禹州市公安局原局长王建生服刑罚 4 年，先后 5 次被保外就医；被称为"三湘第一女巨贪"的湖南建工集团原副总经理蒋艳萍，先后被判处死刑、改判死缓，入狱服刑 9 年后又被保外就医。

一个千丝万缕的腐败关系网。对这类贪污腐败分子，一方面，在其回归社会后，即便是不再担任公职，其活动能量仍然是巨大的；另一方面，多年担任领导职务，一朝被查处，判处重刑并被没收全部财产，再次回归社会后发现官财两空、一无所有，难免会出现心理失衡。在这种情况下，部分重大贪污受贿犯罪分子完全有可能利用原有的关系网，实施利用影响力受贿罪或者可能构成受贿罪的共犯。① 事实上，根据法条的规定，也不是对所有符合条件的重大贪污受贿犯罪分子，在死缓二年期满减为无期徒刑后一律实施终身监禁，而是规定由"人民法院根据犯罪情节等情况"来决定最终是否判处终身监禁，"犯罪情节"是既定的事实考量因素，而其中这个"等"，则包含了对犯罪分子特殊预防的需要，意即考虑犯罪分子未来的再犯可能性而定。当我们将终身监禁与死刑进行一般预防的效果类比时就会发现，死刑的适用并没有使体现一般预防效果的指标（犯罪率）下降，根本原因就在于，死刑虽然对一般社会成员极具精神和生理上的冲击力，但是，这个过程毕竟是短暂的，正如边沁所言"给人恐惧最大的是持续的痛苦，而不是瞬间即逝的残忍场面"②。就一般预防的基本内容，即教育、警告、震慑有可能实施犯罪的不稳定的犯罪分子而言，终身监禁明显要优于死刑。人是善忘的动物，与其以死刑短暂的残忍无法获得长期的威慑效果，莫不如以终身监禁长久的示范去达到持续警示的作用。至于终身监禁给犯罪人本人带来的长期痛苦性，可以通过改革具体的行刑措施加以缓解，但是，并不能就此否定其在一般预防上所起的功效。事实证明，在采取终身监禁的很多西方国家，犯罪率有明显的下降。③ 法国之所以废除死刑，设置了终

① 根据 2003 年最高人民法院的《全国法院审理经济犯罪案件座谈会纪要》和 2007 年《最高人民法院、最高人民检察院关于办理受贿刑事案件适用法律若干问题的意见》的规定，关系密切的人向国家工作人员代为转达请托事项，索取或者收受请托人财物并告知该国家工作人员的，或者国家工作人员明知其关系密切的人收受了请托人财物，仍按照关系密切的人的要求利用自身职权为请托人谋取利益的，该国家工作人员构成受贿罪，其关系密切的人以受贿罪的共犯论处。

② ［英］边沁：《道德与立法原理导论》，时殷宏等译，商务印书馆 2000 年版，第 242—243 页。

③ 《长江商报》2012 年 6 月 14 日报道《美国暴力犯罪连降五年的秘密》：据路透社报道，2012 年 6 月 11 日周一，美国联邦调查局（FBI）宣布，2011 年全美暴力犯罪率较上一年下降了 4%，连续实现第五年下降，凶杀案的数量减少到 40 年来的最低水平。美国东北大学的犯罪学家福克斯认为，对犯罪量刑，尤其是对暴力犯罪的量刑，全美均有"重刑化"趋势，虽在废除死刑上进步很快，但相应在"生刑"的刑期被拉长，终身监禁，并加不得假释等条件，使重刑犯尽早重返社会的可能性大幅下降，这些客观因素，的确"稀释"了原来犯罪率。

身监禁，笔者的法国朋友就认为，这是因为在法国普通民众看来，死刑是不对的和无用的，终身监禁更让受刑人痛苦，没有家庭、没有配偶、没有孩子，而且原生家庭的痛苦是持续性的，如果死刑执行后，受刑人解脱了，原生家庭也会在一段时间后逐渐淡忘，法国社会认为终身监禁更有效，更能实现报应和预防。

三、终身监禁的刑罚功能价值

所谓刑罚的功能，按照马克昌的观点"指的是国家制定、裁量和执行刑罚对人们可能产生的积极作用"[1]。刑罚目的是主体适用刑罚所主观追求的目标，而刑罚功能则是主体运用刑罚工具所产生的客观的积极效果，从这个意义上说，刑罚功能就是刑罚目的的外化。理论上对于刑罚功能的内容有二分法、三分法、四分法、八分法等不同的观点，在此笔者采纳我国学者马克昌所主张，日本学者牧野英一所提出的"三分法"[2]。分别从刑罚对犯罪人的功能、对社会的功能、对被害人的功能三个角度审视终身监禁制度。

（一）刑罚对犯罪人的功能

刑罚对犯罪人的功能主要有两个方面：一是惩罚功能；二是改造功能。首先，惩罚功能是刑罚本身的特性所具有的最直接的功能，正如日本学者吉川经夫所指出的："作为报应的刑罚，以施刑者剥夺其财产，或者剥夺其身体的自由，有时剥夺其生命为内容。那对被科处刑罚者是明显的非常痛苦。刑罚是一种恶害，必然发生痛苦这一现实，必须率直地承认。"[3] 就惩罚功能而言，不同的刑罚所体现的惩罚功能的方式也不同。死刑是通过直接剥夺犯罪分子的生命，将其从社会中予以淘汰，而无期徒刑、有期徒刑、拘役、管制则是通过剥夺或者限制犯罪分子的人身自由，将其与社会进行隔离，终身监禁则兼具这两种刑罚功能的效果，但与二者又有所不同。相较于死刑而言，终身监禁也是具

---

[1] 马克昌主编：《刑罚通论》，武汉大学出版社1999年版，第40页。

[2] 参见 [日] 牧野英一：《日本刑法》，有斐阁1939年版，第64页。

[3] [日] 吉川经夫：《改定刑法总论》，法律文化出版社1974年版，第287—288页。

有直接将犯罪分子从社会中淘汰的功能，但是这种淘汰功能的具体方式不是剥夺生命，而是通过剥夺自由的方式来实现。与其他自由刑相比，终身监禁同样是通过剥夺自由的方式实现与社会隔离的效果，但是这种隔离没有一个明确的限制，而是通过无限期隔离的方式来实现的。易言之，终身监禁对犯罪人惩罚功能的发挥主要是通过隔离淘汰社会的方式实现的，而对惩罚功能而言，其着眼点是偏重于客观罪行的严重程度。换言之，适合终身监禁惩罚功能的对象，应当是罪行极其严重的犯罪分子，从这意义上说，我国《刑法修正案（九）》将终身监禁定位为"判处死刑过重，而判处死缓同时具有减刑、假释的可能又明显过轻"的情况是准确的，问题是哪些具体的犯罪属于这种情况？如前所述，终身监禁所发挥的刑罚惩罚功能是通过隔离淘汰的方式实现的，终身监禁的"隔离"应当是紧急情况下对具有即时危险的对象实施的，而"淘汰"则意味着不再具有回归社会的可能。易言之，终身监禁的惩罚功能体现在，将实施了具有紧急的、即时危险犯罪的犯罪分子，予以淘汰，使其不再具有回归社会的可能，显然，符合这一功能效用的犯罪，应当是侵害人身的严重暴力犯罪，这也是世界上大多数国家终身监禁制度所体现出来的惩罚功能。其次，刑罚的改造功能，也有学者称之为教育改造功能，或者教育感化功能。[1] 相较于直接源自于刑罚特性的惩罚功能具有久远的历史而言，刑罚的改造功能还是西方近代启蒙主义盛行以来的事，为新派刑法学者所大力倡导。荷兰启蒙思想家格劳秀斯就明确指出"惩罚的目的就是使一个罪犯变成一个好人"[2]。李斯特基于目的刑主义，将犯罪人区分为可以改善者和不可以改善者，对前者主张让其通过改造回归社会，新社会防卫主义的创始人安塞尔则强调犯罪人享有重新复归社会的权利。从上述学者的主张来看，刑罚改造功能的最终目的都是让犯罪人重新回归社会，成为遵纪守法的社会人。在刑罚意义上，这个目的的实现，是通过限制人身自由，强制进行劳动、教育，改变犯罪人的思想观念和行为模式，重新塑造犯罪人的价值观、世界观来实现的。在现代刑罚观看来，刑罚的改造功能已经成为刑罚的主要功能，一种刑罚制度只有能够运用实现刑罚改造功能的手段达到刑罚改造功能的目的，才是正当合理的刑罚制度。以此衡量，我们会发现，对于终身监禁的服刑人员而言，一方面必须进行强制劳动；另一方面

---

[1]　参见张明楷：《刑法学》（第五版）上，法律出版社2016年版，第519页。

[2]　法学教材编辑部：《西方法律思想史资料选编》，北京大学出版社1983年版，第158页。

要对他们实行思想教育感化，但是这种劳动教育改造所要实现的重新回归社会的目的却不能实现，因此，从这个意义上说，绝对的终身监禁并不符合现代刑罚的改造功能理念，这也是为什么很多人反对绝对的终身监禁的主要原因。那么，绝对的终身监禁是不是就没有任何存在的必要呢？刑罚改造功能的直接目的是使改造好的犯罪人重新回归社会，成为遵纪守法的社会人，如果从国家和社会的角度来看，则是为了实现以保卫社会为目的的社会防卫。实际上，无论是在古代还是在现代，无论是刑法学者还是社会大众，都普遍承认这样一个基本事实，即我们的社会中存在着极少数确实无法改造的犯罪人，为了其他社会成员的安全和整个社会的秩序，必须将其从社会中彻底淘汰。淘汰的方式一是从肉体上予以消灭，二是永久的与社会隔离，无论采取哪种方式，这种淘汰的手段是作为维护社会秩序底线最强有力的刑罚所必须具备的，在死刑残虐、不人道饱受诟病而走向末路的今天，绝对的终身监禁应当承担起彻底淘汰极少数不能改善的犯罪人的功能，从社会防卫的视角来看，这也符合刑罚改造功能的社会防卫目的。

（二）刑罚对社会的功能

在威慑功能上，在没有终身监禁制度以前，我国刑法对重大贪污受贿犯罪分子，要么判处死刑，要么判处死缓或者无期徒刑。对前者而言，很多学者认为，在刑罚轻缓化的今天，死刑越来越受到质疑，对经济类犯罪适用死刑明显过重，也不符合世界各国对经济类犯罪的刑罚适用原则。而对于后者，由于重大的贪污受贿犯罪造成了国有财产的巨大损失，给国家和人民的利益造成了重大损害，而我国死缓和无期徒刑存在减刑、假释的可能性，实际服刑期间有限，因此，对于重大贪污受贿犯罪分子而言处罚明显过轻。笔者认为，刑罚是否能够发挥威慑功能，很大程度上不在于判处的刑罚有多么严厉，而在于刑罚的实际执行效果如何。死刑之所以为大多数国家所不采纳，也主要是因为从死刑的实际执行效果来看，并不能起到威慑犯罪的作用。同样地，对自由刑而言，其刑罚的实际执行状况决定了其威慑功能能否有效发挥。具体而言，重大的贪污受贿犯罪分子，一般是身处高位，利用自身的职权谋取了巨额的经济利益和其他好处，在这些人犯罪时就已经想到有一天会受到法律的严惩，但是，在很多人看来，即便是被判处重刑，仍然可以利用自己以前身居要职的人脉关系，通过各种渠道获得减刑、假释的机会，只要隐匿好贪污受贿所得的财产仍然有机会挥霍享乐。根据边沁的苦乐估算论，此时从犯罪人的角度估算，犯罪所带来的快乐已经超过了刑罚所给予的痛苦了，[①] 因此，才会有一些贪官"前赴后继"，才会有很多假立功、违规减刑、假释、非法保外就医等情况的发生。而在刑罚的威慑功能上，终身监禁的出现，其一，对重大贪污受贿犯罪分子，从刑罚执行的角度杜绝了上述现象，对潜在的社会不稳定分子具有很强的威慑作用，使其所犯罪行与刑罚的实际执行真正地做到了"罪刑相适应"，同时，也防范了二次腐败的发生；其二，相对于死刑的一过性、刑罚效果的短暂性而言，终身监禁在罪刑相适应的基础上具有长期的示范效应，威慑功能进一步加强。

（三）刑罚对被害人的功能

刑罚对被害人及其家属具有心理安抚功能。对于重大的贪污受贿犯罪而言，其侵害的对象是国有和集体所有的财产，由于我国实行的是社会主义公有制的经济制度，因此，这类犯罪的被害人应当是全体社会成员和集体组织的成员，也正因为如此，重大的贪污受贿案影响面大、公众关注度高，普通民众虽然没有因为犯罪行为直接受到损害，但是，对于贪污受贿数额特别巨大的犯罪分子天然有一种痛恨感，更何况有些造成国家和集体财产巨大损失的案件，已经侵害到了大多数普通民众的切身利益，在这种情况下，一方面，终身监禁相较于其他自由刑所体现出的严厉性，相较于死刑所体现出的刑罚效果的持续性，能更好地起到安抚作用；另一方面，对严重侵害人身的暴力犯罪的犯罪分子判处终身监禁，安抚被害人，可以防止因为被害人及其家属的私力报复，进而引发更为严重的犯罪。

四、终身监禁的刑罚权根据价值

所谓刑罚权的根据，指的是国家为什么具有科处刑罚的权力，或者说国家

---

① 参见高铭暄、赵秉志主编：《刑罚总论比较研究》，北京大学出版社 2008 年版，第 113 页。

科处刑罚的根据是什么？① 对此，存在天命神权说、契约说、国家统治说、社会防卫说、纯正正义说等等，不一而足。到底哪种观点能够正确说明刑罚权的根据呢？笔者认为，天命神权说源于封建社会"君权神授""天命所归"的皇权神秘主义思想，其所阐发的天命刑罚权，不过是维护皇权和封建统治秩序的一种手段而已，没有任何科学的合理性，已为现代法治社会所抛弃；契约说主张国家源自于社会契约，国家的刑罚权不过是公民与国家之间所签订的社会契约中，被公民让渡出的那一部分权利所形成的。但是，社会契约的观念只是基于想象和理论的推理，国家是否就源自于社会契约是没有实证根据的，黑格尔就指出"国家根本不是一个契约，保护作为单个人的生命财产也未必就是国家的实体性本质，反之，国家是比个人更高的东西，它甚至有权对这种生命财产本身提出要求，并要求其为国牺牲"②。况且，从刑罚权实现的方式来看，其是由国家通过刑法强行剥夺的，将其完全说成是基于公民的让渡，显然是不能令人信服的。既然作为国家权根基的社会契约论存在疑问，那么以此为基础所阐发的刑罚的根据也就不足取了；实证学派所提出的社会防卫说，认为刑罚权的根据应当立足于社会防卫，其之所以存在是为了使社会免受犯罪的侵害，"刑罚必从自卫立论，方无可反对之余地"③。刑罚是国家制定的，国家在设置刑罚时的目的大多数情况下是与社会防卫的目的相一致的。但是，作为阶级统治工具的国家，有时也会基于维护自身阶级统治的需要去规定犯罪与刑罚，这不仅是现实的也是必要的。再有，如果说刑罚权必须立足于自卫，那么，被统治阶级为了反抗统治阶级的统治而进行的自卫，为什么不能产生刑罚权呢？显然这在逻辑上是存在问题的。纯正正义说为康德和黑格尔所主张，其认为基于纯粹的正义观念，应当对犯罪予以惩罚，而惩罚的形式就是施以刑罚，否则"社会就没有公正和正义"④。黑格尔指出"就正义的实存形式来说，它在国家中所具有的形式，即刑罚"。纯正正义说将刑罚权诉诸纯粹的正义观念，只是从哲学思辨的层面符合了一般人关于刑罚的心理体验，不过是对刑罚存在必要性的一种观念上的确认，说到底，其未能解答"根据"所要追问的"为什么"的问题。笔者认为，在刑罚权的根据问题上，国家统治说是有道理的。首先，刑罚

①　参见马克昌主编：《刑罚通论》，武汉大学出版社 1999 年版，第 20 页。

②　[德] 黑格尔：《法哲学原理》，范扬、张企泰译，商务印书馆 1961 年版，第 103—104 页。

③　翟中东：《刑罚个别化研究》，中国人民公安大学出版社 2001 年版，第 13 页。

④　法学教材编辑部：《西方法律思想史资料选编》，北京大学出版社 1983 年版，第 424 页。

的制定、适用和执行都是由国家这一主体来完成的，因此，讨论刑罚权的根据不能脱离其所属的主体范畴；其次，国家职能包括了政治统治职能和社会管理职能，作为法律上层建筑的刑罚权也是为了执行国家职能的工具之一，其根据必须依附于国家职能，即国家拥有刑罚权的根据既有社会防卫的原因，也有执行政治统治职能的原因；最后，在阶级社会里，国家、法律、监狱、警察等都属于政治上层建筑的范畴，而在政治上层建筑中，国家政权是核心，作为国家政权实质内容的国家统治权是其他一切国家权力的源泉，代表国家对犯罪给予惩罚的刑罚权，其根据正是国家的统治权，而刑罚权这种具有公权强制力性质的惩罚犯罪的方式，反过来也是国家拥有统治权的体现和宣示，二者是辩证统一的。

综上所述，笔者认为，刑罚权的根据应当是国家的统治权。根据马克思主义基本原理，国家和法律一样都是阶级统治的工具，是阶级社会特有的现象，属于社会历史的范畴。根据经济基础决定上层建筑的历史唯物主义基本原理，法律（刑法）作为上层建筑的一部分，必须植根于社会物质生活的发展，植根于社会发展的经济事实之中。刑法作为法律上层建筑的一部分，必然受到其所处的社会基本经济制度的制约，以公有制经济为基础的我国反腐刑事立法，决定了其必然具有不同于西方资产阶级刑法的自身特色，这种特色体现在以马克思主义反腐法治思想为指导，去构建具有中国特色的反腐刑事立法的观念和方法上。我国目前正处在政治体制改革和经济体制改革不断深化的社会转型时期，正处于时代发展的"拐点"，在这个"拐点"上，掌握国家统治权的个别公职人员的利益观、金钱观、价值观、权力观容易发生扭曲，贪污腐败现象也有发生，而公众对贪腐现象反应强烈，对普通公众而言，其所关注的焦点是能够给其带来直观体验的判处刑罚的轻重、刑罚执行是否严格等"刑罚效果"，在这种情况下，作为体现国家统治权的刑罚权就必须作出相应的制度回应，对重大贪污受贿犯罪分子实行终身监禁就是在这种背景下出台的。易言之，从刑罚权根据的角度来看，我国终身监禁制度的设置是对当前经济社会发展阶段下，进一步稳固国家社会发展的法律保障，从这个意义上说，党的十八大提出"腐败问题解决不好，就会对党造成致命伤害，甚至亡党亡国"，进而将反腐败提高到关乎党的执政基础和国家存亡的高度，是完全正确的。

第三节　我国终身监禁制度的价值与意义

一、我国终身监禁制度的刑罚理论价值

（一）改善"死刑偏重、生刑偏轻"的刑罚结构状态

所谓刑罚结构，指的是各种刑罚种类的搭配与架构，是刑罚实际运作中历史形成的并且有法律明文规定的刑罚规模与强度。[①] 从上述对刑罚结构的界定中可以看出，刑罚的结构包括静态结构和动态结构。静态的刑罚结构指的是刑法明文规定的各种刑种的刑期之间的轻重搭配和衔接，而动态的刑罚结构指的是在刑罚实际运作过程中，所体现出来的强度和规模，由此而形成的刑罚适用效果层面上的刑罚结构。刑罚的动态结构会直接影响刑罚的静态结构，静态结构可以通过立法者对刑法的修改直接进行调整，但更多的是通过动态结构产生变化和波动，进而决定整体的刑罚结构状态。换言之，决定一个国家现实的刑罚结构状态的，更多的是刑罚实际运行过程中所体现出来的规模和强度的动态刑罚结构，而决定这种动态刑罚结构的，是像减刑、假释等类似的刑罚执行措施。

就死刑与生刑的关系而言，在我国司法实践中存在着一定程度的"死刑偏重、生刑偏轻"的刑罚结构状态，而造成这种现象的原因有两个方面：其一，我国规定的死刑罪名和死刑立即执行的适用率，相较于世界各国是有所偏高的，在废除死刑和刑罚轻缓化的现代国际刑罚潮流中，显得"死刑偏重"；其二，就我国目前的自由刑而言，从静态结构上考察，无期徒刑是最重的刑罚，在刑期和严厉程度上是最靠近位于最高位阶的死刑的。但是，从动态结构来看，根据《刑法修正案（八）》的规定，我国的无期徒刑经过数次减刑和符合条件予以假释后，其最低的服刑期限是 13 年，其实际的最低服刑年限还要远远低于死缓期间具有重大立功表现而被减为的 25 年，显得"生刑偏轻"。如果说《刑法修正案（八）》针对一些非暴力经济性犯罪废除死刑，延长了有期徒

[①]　陈兴良：《本体刑法学》，商务印书馆 2001 年版，第 654 页。

刑、无期徒刑的最低执行期限，是为了解决死刑与生刑之间的结构性缺陷，那么，《刑法修正案（九）》设立不得减刑、假释的终身监禁则是延续了这一思路，增设新的刑罚执行措施，使"假无期"变为"真无期"，通过动态刑罚结构的调整，进一步解决我国"死刑偏重、生刑偏轻"的刑罚结构状态。

（二）推进我国"渐进式"废除死刑的步伐

纵观新中国成立以来我国的死刑刑事政策，大体经历了"否定之否定"的三个不同的阶段。第一阶段，新中国成立到 1979 年，尽管相当长一段时间内没有《刑法典》，但是，"不可不杀，不可多杀，防止错杀"成为这一时期的死刑指导政策。[1]1979 年制定的新中国首部《刑法》贯彻了这一政策，无论是在适用死刑的罪名、数量还是条件上，[2] 都充分贯彻了严格限制死刑的思想。第二阶段，是以 1983 年开始的"严打"为标志，死刑的罪名大幅度增加，适用的限制减少、适用数量急剧增多，有学者将这一时期的死刑政策归结为"强化死刑"[3]。第三阶段，以 2004 年"严打"政策的调整为契机，在"宽严相济"的整体刑事政策指导下的"坚持少杀、防止错杀"，直至现阶段的"少杀慎杀"的死刑刑事政策，在一定意义上，是对第一阶段严格限制死刑政策的回归。随着经济社会的发展，我国将不断融入到全球一体化的进程中，在可预见的未来，我国的死刑政策只会在上述"否定之否定"的第三阶段上越走越远，最终融入到废除死刑的国际刑罚改革的大潮中去。但是，正是由于上述死刑刑事政策的反复性和延续性，以及文化传统、民众观念等诸多因素的影响，决定了我国的死刑废除必然是一个"渐进式"的过程。既然是"渐进式"，那就决定了死刑的废除绝不可能通过马上修改刑事立法一蹴而就，而只能是在现有的死刑政策和死刑立法框架下，尽可能限制和减少死刑的适用。终身监禁的设立，就以刑罚执行措施的方式，在司法实践层面，起到限制和减少死刑适用的作用。当一种刑罚制度在实践中被适用得越来越少时，其被废除也就"水到渠成"、为时不远了，而终身监禁就成为推动这一进程的"催化剂"。

---

① 参见陈兴良：《死刑政策之法理解读》，《中国人民大学学报》2013 年第 6 期。

② 1979 年《刑法典》只规定了 28 个死刑罪名，是迄今为止规定死刑罪名最少的刑法典，将罪大恶极作为死刑适用的条件，为在司法实践中严格适用死刑提供了法律标准。

③ 赵秉志主编：《刑法争议问题研究》上卷，河南人民出版社 1996 年版，第 627 页。

（三）贯彻落实"罪刑相适应"的基本原则

历来，无论是在刑法理论还是司法实践中，定罪量刑阶段的"罪刑相适应"受到了普遍关注。但是，对于"罪刑相适应"中的"刑"，人们只是过多地关注了"量刑"，即关注的是定罪量刑阶段的罪刑相适应，而罪刑相适应中的"刑"不仅指"量刑"还包括"行刑"。在笔者看来，只有做到了"行刑"意义上的罪刑相适应，才是满足了实质意义上的罪刑相适应。毋庸讳言，正是因为这种实质意义上的罪刑相适应长期以来没有受到重视，导致我国的减刑、假释、保外就医、监外执行等刑罚执行措施把关不严、监管一定程度上的不到位，违法违纪甚至腐败犯罪的现象也有发生，引起了公众的广泛关注，使被判处重罪重刑的犯罪人实际上只受到了"轻罚"，从而也破坏了罪刑相适应的基本原则。我国刑法之所以首先针对重大贪污受贿犯罪设置了不得减刑、假释的终身监禁，一方面是贯彻"轻轻重重"的刑事政策理念；另一方面也是因为重大贪污受贿犯罪是存在上述问题最严重的犯罪，也是公众关注和反映这些问题最强烈的犯罪类型。在未来，随着我国终身监禁制度进一步扩大适用到其他重大刑事犯罪，将使我国刑法的这一基本原则，彻底贯彻落实到"定罪""量刑""行刑"的各个阶段。关于本部分内容，本书在后续部分还将详尽地展开论述。

二、我国终身监禁制度对反腐倡廉的现实意义

理论来源于实践，学术必须观照现实。习近平总书记指出，"我们坚持运用法治思维和法治方式反腐败，查处了一批大案要案，形成了对腐败分子的高压态势"[①]。依法反腐，已成为新时期反腐倡廉工作的主旋律，而作为反腐败最严厉手段的刑法，更在反腐败斗争中担负着"桥头堡"角色，作为这个"桥头堡"里的"卫兵"终身监禁，既保障了反腐败斗争中已取得成果的巩固和发展，又有力地推动了反腐倡廉各项工作的深入开展。

[①] 中共中央纪律检查委员会、中共中央文献研究室编：《习近平关于党风廉政建设和反腐败斗争论述摘编》，中央文献出版社、中国方正出版社 2015 年版，第 97 页。

（一）终身监禁坚持"老虎""苍蝇"一起打，保持反腐败的高压态势

在反腐败斗争中，既有"老虎"也有"苍蝇"，二者的关系应当辩证地来看，不是孤立存在的。"老虎"和"苍蝇"相互结成利益共同体，"苍蝇"为"老虎"办事，使其将贪腐的触角伸向四面八方，而"老虎"反过来成为"苍蝇"的保护伞和靠山，利用其权势谋求高位，更加疯狂地贪腐，如此一来，整个地区的官场就很容易形成"连锁"腐败。打"老虎"是震慑贪官的雷霆手段，而拍"苍蝇"则是让基层群众感受到反腐效果的直接手段。刑法中的终身监禁制度是针对"老虎"而设置的，而"老虎"与"苍蝇"之间的网状贪腐利益关系，决定了核心"老虎"被打掉，对围绕在其周围的"苍蝇"也势必会起到震慑作用，迫使其放弃侥幸心理，从而被一网打尽。"老虎""苍蝇"一起打，不仅是群众的期盼，也是反腐败正能量的有力彰显。[1]从被判处终身监禁的犯罪人来看，无一不是身处高位、贪腐数额巨大的"大老虎"，对他们判处终身监禁，不得减刑、假释，一方面震慑了贪官；另一方面，他们都曾身处高位，虽被惩处，但是多年经营的关系网、人际网还没有完全失效，终身监禁可以杜绝此前多次发生的，在服刑过程中产生的"二次腐败"，增强国民对高压反腐、法治反腐的信心。

（二）终身监禁是进一步加强贪官国际追逃追赃的有效手段

随着全球化的发展，近年来我国有不少巨贪携巨款逃亡国外，对此，我国公安部组织了针对境外经济犯罪嫌疑人的"猎狐"行动、"天网"行动，但是在追逃境外贪官的过程中却困难重重。在国际刑事司法层面，世界上大多数国家针对贪腐类、经济类犯罪都废除了死刑，而在我国刑法中对贪污受贿犯罪是规定了死刑的，这种情况下就可能一定程度上影响他国对于我国刑事司法制度的评价与信任，个别国家坚持"死刑不引渡（遣返）"的原则，由此我国不论是引渡还是遣返的请求，都会被对方拒绝或者搁置。《刑法修正案（九）》对重大贪污受贿犯罪增设了终身监禁制度，至少在以下几个层面推进了我国对贪官的国际追逃和追赃。

1. 减少了死刑的判决和执行，为废除死刑做好准备，与国际刑事司法理

---

[1] 参见王平一：《论十八大以来习近平同志的反腐倡廉思想》，《求实》2014 年第 10 期。

念接轨，为贪官的国际追逃追赃提供了司法制度保障。近年来，我国陆续实施了一系列针对外逃贪官的国际追逃工作，在这个过程中，"死刑不引渡"的国际引渡合作惯例给我国的境外追逃造成了不少困难。其一，我国的死刑罪名、死刑适用和死刑执行率都偏高，国外的司法机关对被引渡回国的罪犯是否会受到公正的审判，特别是是否会被判处死刑持不信任的态度；其二，我国与外国进行引渡谈判时，要耗费大量的人力、物力等司法资源；其三，即使最后通过谈判成功引渡，也是在我国现有的刑事立法制度下作出妥协、让步的结果，对我国的司法权威造成了一定的影响。归根结底，造成上述困难的原因，不是犯罪本身的问题，而是刑罚制度的问题，终身监禁作为一种刑罚执行措施，能够在刑罚制度层面与国际刑事司法理念接轨，向国际社会表明我国废除死刑的努力和决心，进一步推动我国国际追逃工作的顺利开展。

2．兼顾中国司法现实，考虑民意情感，为未来彻底废除贪污受贿罪死刑预留了刑罚替代措施。如前所述，在我国原有的刑罚体系结构下，如果要想顺利地从外国引渡重大贪腐官员回国，很多情况下必须作出司法妥协，承诺不判处死刑，这样一来对被引渡回国受审的罪犯最高也只能判处无期徒刑。众所周知，我国的无期徒刑实际执行效果基本相当于较长的有期徒刑，这是一个公众普通所无法接受的结果，而不得减刑、假释的终身监禁的出现，兼顾到了国际刑事司法合作与普通公众情绪之间的平衡，并且可以以此作为突破口，使广大公众逐渐习惯并认识到，对贪污腐败等经济类犯罪不适用死刑是一种国际惯例和刑罚潮流，以国际影响国内，为未来我国彻底废除贪污受贿犯罪甚至所有犯罪的死刑做好准备。

3．重大贪污贿赂犯罪基本以终身监禁替代死刑，有利于海外追逃的政策攻心，促使海外贪官自动归国投案，接受审判。贪官之所以要逃往海外，一是因为贪腐数额巨大；二是因为慑于国内刑罚的严厉性。事实上，我国是目前世界上为数不多还保留对贪污受贿犯罪适用死刑的国家。单从数额上看，在没有终身监禁制度的情况下，按照我国刑法的规定，逃往境外的贪官基本都难逃一死，至少他们自己内心对此是确信的，这也就是大量逃往境外的贪官，宁可在国外过着一贫如洗、生不如死的生活，也不愿意主动回国接受审判的主要原因。因此，从这个意义上说，刑法中专门针对重大贪污受贿犯罪规定了具有法定或者酌定的从轻处罚的情节，就很有可能免死的终身监禁制度，对促使外逃贪官回国投案自首、接受司法审判具有很重要的积极意义，虽然有可能失去终身自由，但是，毕竟可以与亲人相聚，要比在国外孤身一人、穷困潦倒的苟延残喘、生不如死要好得多。

（三）终身监禁使权力的"牢笼"更加的严密

把权力关进制度的"牢笼"的核心是提高反腐败法律制度执行力，让法律制度刚性运行，最大限度减少体制缺陷和制度漏洞，让权力在阳光下运行。在刑罚的执行过程中，司法机关、监狱执行机关对减刑和假释的申报、审核和裁决权是一种对刑罚执行产生重大影响的司法权力，由于我国目前减刑、假释裁决的封闭式，程序运作的不完全公开性，使得权力事实上处于远离公众视线的"灰色地带"，可能会导致引起公众极大关注的重大贪污受贿犯罪分子的违规减刑、假释频繁发生，从而影响了司法权威。首先，终身监禁对符合条件的重大贪腐分子一律实行终身监禁，避免了减刑、假释带来的"弹性"，确保刑罚执行的"刚性"，杜绝了此类服刑人员违规减刑、假释的可能，从刑罚制度上根本约束了司法权力的滥用；其次，对重大的贪腐分子，由于其以往身处高位的权力残余和裙带关系，容易造成对其减刑、假释的人为操纵，终身监禁后不得减刑、假释，有效地杜绝了因减刑和假释而带来的"二次腐败"的发生；再次，刑法设置减刑、假释制度的初衷是鼓励服刑人员认真接受教育改造。同时，从另一个角度来说，规定一系列减刑、假释的条件和程序限制，也是为了防止减刑、假释权的滥用，确保行刑公平。易言之，严格的减刑、假释制度，是鼓励改造和限制权力之间相互平衡的产物，从这个意义上说，减刑、假释制度在建立之初，就承载着将司法权力关进制度"牢笼"的功能，"不得减刑、假释"也是一种态度，对于社会影响巨大、公众密切关注的重大贪污受贿犯罪分子，采取刚性的终身监禁，从某种意义上说，是减刑、假释制度针对某类特殊案件发挥限制权力功能的"特例"。如果说原有的死刑和无期徒刑是把权力关进了法律的"牢笼"，那么终身监禁则使得这个"牢笼"更加严密、刚性。

（四）终身监禁有利于实现"三清"的反腐目标

"干部清正、政府清廉、政治清明"是反腐倡廉的总目标，其中，干部清正是基础，政府清廉是关键，政治清明是核心。反腐就是要从基础抓起，从党员干部抓起，靠什么抓呢？只有依靠法治，把反腐倡廉建设纳入法治化轨道，坚定地走法治反腐的道路。终身监禁被写入刑法，正是彰显了党和国家依法反腐的决心。重大贪污受贿犯罪分子一般身处高位、位高权重，在他们身边往往围绕了一群腐败利益集团，对他们实施不得减刑、假释的终身监禁，一方面，使得仰仗其权势的腐败圈子彻底失去了"保护伞"，极度震慑了比他职位低，甚至职位更高的贪官。在央视反腐宣传片《永远在路上》和《巡视利剑》中，一大批贪腐官员出镜现身说法，使这种震慑、警示功能进一步放大，对于建构"不敢腐、不能腐、不想腐"的反腐廉政机制具有重要意义。另一方面，也杜绝了身处高位的贪官在被释放重归社会后，利用原有的身份地位和影响力，继续实施贪腐或者其他经济类犯罪的可能性。腐败问题，归根结底还是人的问题，只要牢牢抓住干部清正这个基础，就能建立清廉的政府，实现政治清明。一言以蔽之，终身监禁制度就是实现"三清"这个反腐倡廉的总目标的法律制度保障。

党中央一直强调哲学社会科学的学术研究，要有中国特色、中国风格、中国气派。习近平总书记多次强调要树立"文化自信"，作为中国特色的社会主义法律体系一部分的刑法，必须立足于中国的现实和国情。党的十八大以来，以习近平同志为核心的党中央针对新形势下我国腐败问题的新特点和新情况，把反腐倡廉工作提到了前所未有的高度，对惩治腐败，提出了一系列新思想、新判断、新思路和新举措。《刑法》终身监禁制度的设立，正是体现了党和国家依托中国特色的法制建设成果依法反腐的决心和法治思维。终身监禁制度在我国的确立，正是依托国家强力反腐的大背景，在刑事法治领域贯彻落实习近平总书记提出的"让法律制度刚性运行"[1] 这一论断的重要举措。如前所述，我国的终身监禁制度具有不同于西方国家的自身特点，是对具有中国特色的反腐倡廉政策的部门法的制度回应，因此，终身监禁的理论与反腐倡廉的现实之间必然要体现中国特色，正是在这个意义上，具有中国特色的终身监禁制度应当为党和国家的反腐败斗争和党风廉政建设作出自己应有的贡献，由此出发，我们的法学研究才能紧密地联系中国的实际，解决现实的问题。

---

① 中共中央纪律检查委员会、中共中央文献研究室编：《习近平关于党风廉政建设和反腐败斗争论述摘编》，中央文献出版社、中国方正出版社 2015 年版，第 121 页。

第三章　我国终身监禁制度的性质与适用

第一节　我国终身监禁制度的立法解读

一、我国终身监禁的立法规范梳理

目前，涉及我国终身监禁制度的立法规范共有三个：第一，根据《刑法修正案（九）》修正后的《刑法》第383条第1款第三项、第3款、第4款对终身监禁适用条件的原则规定；第二，《最高人民法院、最高人民检察院关于办理贪污贿赂刑事案件适用法律若干问题的解释》（以下简称《解释》）第3条和第4条对终身监禁适用条件所作出的具体细化标准规定；第三，《最高人民法院关于办理减刑、假释案件具体应用法律的规定》第15条再次明确终身监禁，不得再减刑或者假释的规定。基于对上述三个立法规范的不同理解和解读，刑法理论上对我国的终身监禁制度在以下两个方面展开了理论争讼。

（一）对我国的终身监禁制度应当"从宽理解"还是"从严理解"？

1. 从宽说

从宽说认为，我国的终身监禁制度是作为死刑的替代措施，对论罪当死的贪污受贿犯罪分子的从宽处罚措施。例如：赵秉志认为，终身监禁是在严格限制和逐步废除死刑的趋势下，对重大的贪污受贿犯罪，通过酌定从宽情节予以法定化的手段，是严格控制其死刑适用的刑事立法手段。[①]

2．从严说

从严说认为，终身监禁实际上是在原有的普通死缓和无期徒刑的基础上，加重了生刑的刑期。车浩就持此观点，认为从我国刑法对终身监禁的设置来看，其并不是在废除贪污受贿罪死刑的基础上设置终身监禁的，而是将二者同时设置在了同一种犯罪中，显然，这实际上是增加了犯罪人的刑罚负担。[②]黎宏也认为，从终身监禁的适用条件和实际效果来看，其虽然是剥夺自由刑，但实际上是一种有别于普通死缓的死刑执行方式，因此，本质上还是属于死刑。[③]

3．宽严一体说

宽严一体说认为，从刑法和司法解释对终身监禁的规定来看，终身监禁本身是"宽""严"两种理念融为一体的一种刑罚执行措施，其"宽"体现在对死刑的限制和废除的理念上，其"严"体现在对普通死缓和无期徒刑的执行方面。例如：黄永维、袁登明就认为，我国目前的刑罚体系存在"死刑过重、生刑过轻"的结构性缺陷，从《刑法修正案（八）》到《刑法修正案（九）》都旨在解决这种结构性缺陷，而终身监禁的出现就是在死刑和一般意义的无期徒刑之间嵌入一种"真无期"。[④]黄京平指出，对于论罪当死的重大贪污受贿犯罪分子而言，终身监禁是介于最重的死刑和最轻的普通死缓之间的具有独立刑种适用效果的"中间刑罚"。[⑤]

4．笔者的评述和观点

从上述不同学者的观点来看，"从宽说"是站在死刑立即执行的视角得出的结论，将终身监禁理解为死刑的替代措施，可以说是从终身监禁未来所承载的废除死刑的历史使命出发作出的"从宽"理解，其视角宏大而长远；"从严说"是站在普通死缓和无期徒刑的视角得出的结论，从终身监禁的实际执行效果出

---

① 参见赵秉志：《论中国贪污受贿犯罪死刑的立法控制及其废止——以〈刑法修正案（九）〉为视角》，《现代法学》2016 年第 1 期。

② 参见车浩：《刑事立法的法教义学反思——基于〈刑法修正案（九）〉的分析》，《法学》2015 年第 10 期。

③ 参见黎宏：《终身监禁的法律性质及适用》，《法商研究》2016 年第 3 期。

④ 参见黄永维、袁登明：《〈刑法修正案（九）〉中的终身监禁研究》，《法律适用》2016 年第 3 期。

⑤ 参见黄京平：《终身监禁的法律定位与司法适用》，《北京联合大学学报（人文社会科学版）》2015 年第 4 期。

发，认为加重了原有生刑的刑期，甚至无异于死刑，其视角更加聚焦于现实。无论学者们的观点如何不同，有一点是大家所公认的，那就是"死刑偏重、生刑偏轻"是目前我国刑罚体系所存在的结构性不足，历次刑法修正案在对刑罚结构的调整上都是围绕着如何解决这一弊端展开的，终身监禁同样如此。我国对终身监禁的定位是轻于死刑立即执行而重于死刑缓期执行，换言之，介于二者之间，其主要针对那些判处死刑立即执行过重，判处一般死缓又偏轻的重大贪污受贿罪犯。[①] 而从司法解释的规定和司法实践中终身监禁的判决表述来看，终身监禁适用的前提是"论罪当死"而具有从轻处罚的情节。换言之，终身监禁是死刑"从轻处罚"的后果，但是，从刑罚的实际效果而言，终身监禁又明显要重于死刑原有的"从轻处罚"的后果——普通死缓减为无期徒刑。因此，从这个意义上说，笔者赞同终身监禁是一种"宽严一体"的刑罚执行措施。"从宽说"和"从严说"都只是从某一个角度对终身监禁作出了片面的"宽""严"理解，事实上，二者在阐述观点时也并不能完全坚持各自的立场。在笔者看来，所有的刑罚种类从本质上可以区分为死刑和生刑两大类，二者之间不可避免地存在着难以逾越的鸿沟，在二者兼备的情况下，问题的核心是如何尽可能缩小这种鸿沟，这也是罪刑相适应原则对刑罚体系梯度结构的必然要求。在我国目前"死刑偏重、生刑偏轻"的刑罚结构下，只能从"宽严一体"的角度去把握终身监禁的刑罚理念，才能更好地指导法官运用自己手中的自由裁量权，在司法实践中准确地适用终身监禁制度，发挥终身监禁的作用，体现其立法意图，真正做到罪刑相适应。

（二）对我国终身监禁的刑罚性质应当如何定位？

1．中间刑罚说

中间刑罚说，立足于我国终身监禁制度本身的刑罚性质，与相关刑罚制度（死刑立即执行和死刑缓期两年执行）相联系，从而在死刑的刑罚范畴内，排列出一个刑罚执行措施的轻重梯度，即：死刑立即执行（最严厉的刑罚执行措

[①] 2016 年 4 月 18 日上午 10 时，最高人民法院在发布《最高人民法院、最高人民检察院关于办理贪污贿赂刑事案件适用法律若干问题的解释》召开的新闻发布会上，作出上述表述，http://www.court.gov.cn/zixun-xiangqing-19562.html，2018 年 11 月 17 日访问。

施)、终身监禁(中度的刑罚执行措施)、死刑缓期执行(最轻度的刑罚执行措施),进而认为,终身监禁是介于死缓和死刑立即执行的"中间刑罚"。按照黄京平的观点,所谓中间刑罚,主要是基于同一刑罚的执行方法而言的,不同的刑罚执行方法的严厉程度就体现出各自的刑罚定位,从这个意义上说,终身监禁是在死刑这一刑罚范围内,介于死缓和死刑立即执行的一种"中间刑罚"。[①]

2.死刑过渡说

在对我国终身监禁制度的定位上,黄云波提出了比较有新意的观点,认为,从我国目前终身监禁的刑罚性质、适用范围等来看,相对于死刑而言,应当将其理解为一种暂时的过渡性措施,而非替代措施。[②] 该说认为,相较于死刑废止的替代措施,作为死刑废止过渡措施的终身监禁,承载着通过加大自由刑惩罚力度,从而降低民众对死刑的期望值,进而最终废除死刑的历史使命,死刑废除之日,就是终身监禁这一使命完成之日,也是终身监禁与死刑一起被彻底废止之日。

3.死刑本质说

黎宏分别对我国终身监禁的刑罚定位(刑罚执行措施)、与死缓执行方式的关系(新的死缓执行方式)、刑罚的效果(轻于死刑立即执行、重于死缓)三个方面最终得出结论,"针对贪污受贿罪规定的终身监禁虽然在结局上是一种可能终身剥夺犯罪分子人身自由的自由刑,但是从本质上看其属于死刑,是一种与现有的死缓有别的死刑执行方式。"[③] 德国学者 Arthur Kaufmann 也认为,"从根本上说,终身的拘禁正是一种死刑。只不过它不是由死刑执行人执行的,而是由时间执行的"[④]。

4.死刑替代说

死刑替代说认为,刑事立法目的是要对犯罪行为罚当其罪,而刑事政策又提出了严格控制死刑的目标,二者平衡的结果,就是对判处死刑立即执行过重,而判处死缓又略轻的某些重大犯罪,采取折中的终身监禁制度,正是从这个意义上,可以认为终身监禁是死刑立即执行的替代措施。黄永维和袁登明就

---

① 参见黄京平:《终身监禁的法律定位与司法适用》,《北京联合大学学报(人文社会科学版)》2015 年第 4 期。

② 参见黄云波:《论终身监禁措施之宏观定位与实践适用》,《刑法论丛》2016 年第 1 期。

③ 黎宏:《终身监禁的法律性质及适用》,《法商研究》2016 年第 3 期。

④ [德] Arthur Kaufmann:《转换期の刑法哲学》,上田健二监译,成文堂 1993 年版,第 262 页。

指出:"从立法目的与死刑政策的角度来看,终身监禁是部分死刑立即执行的替代措施。"① 赵秉志也有类似的观点,认为终身监禁是在慎用死刑的刑事政策的指导下,针对本应判处死刑的重大贪污贿赂犯罪判处死缓,并在死缓考验期满后,以不得减刑、假释的终身监禁替代之。②

5. 特殊无期徒刑说

此说又有三种不同的观点。第一种观点认为,无期徒刑和终身监禁可以从允许减刑、假释和不得减刑、假释的角度,理解为原则和例外的关系,从这个意义上说,终身监禁实际上就是一种不允许减刑、假释的特殊的无期徒刑。③第二种观点以张明楷为代表,张明楷基于其一贯的刑法解释论的立场,认为终身监禁不过是"不得减刑、假释"的同位语,完全是一个多余的表述,《刑法》第383条第4款规定"犯第一款罪,有第三项规定情形被判处死刑缓期执行的,人民法院根据犯罪情节等情况可以同时决定在其死刑缓期执行二年期满依法减为无期徒刑后,终身监禁,不得减刑、假释"完全可以表述为"被判处死刑缓期执行的,人民法院根据犯罪情节等情况可以同时决定在其死刑缓期执行二年期满依法减为无期徒刑后,不得减刑、假释"④,同样是将终身监禁理解为"不得减刑、假释的无期徒刑"。张明楷的上述观点,事实上是认为无期徒刑完全可以分为"可以减刑、假释"和"不得减刑、假释"两种情形,进而取代终身监禁,因此,终身监禁是没有必要的,这种观点目前在学术界还是很具有代表性的。第三种观点从法定刑与宣告刑分别是基于犯罪的共性和个性,从而确定量刑标准和实际执行的刑罚措施出发,认为在无期徒刑这一法定刑的范围内,根据犯罪的不同情况,应当区分为终身的无期徒刑和可以减刑、假释的无期徒刑两种不同的刑罚执行措施,如同死刑这一法定刑,根据犯罪情节,最终宣告采取死缓的刑罚方式一样,正是基于功利主义的考量,针对目前我国贪污贿赂犯罪日趋严重的现状,刑法设置了终身监禁这一特殊的无期徒刑的刑罚执行措施。综上所述,所谓"特殊无期徒刑",是基于刑罚的不同效果,将"普通无期徒刑"一分为二,将针对特定犯罪的终身监禁视为"普通无期徒刑"的一种

---

① 黄永维、袁登明:《〈刑法修正案(九)〉中的终身监禁研究》,《法律适用》2016年第3期。
② 参见赵秉志:《〈刑法修正案(九)〉修法争议问题研讨》,《刑法论丛》2015年第4期。
③ 聂慧苹:《"终身监禁"的理解与运用》,求是网,http://www.qstheory.cn/zhuanqu/bkjx/2015-09/06/c_1116468092.htm,2018年12月14日访问。
④ 张明楷:《终身监禁的性质与适用》,《现代法学》2017年第3期。

特殊执行措施。

6．对上述观点的评析

上述观点，分别从刑法条文的文意解释、废除死刑的刑罚改革、终身监禁的执行措施、实质效果等不同的角度，对终身监禁的性质及其在我国刑罚体系中的定位做了界定。应该说，不同的观点站在各自的角度来看，都有其自身的一定道理，但也存在显而易见的问题。在笔者看来，中间刑罚说，只是对终身监禁实际执行效果的客观描述，不具有揭示其法律性质的意义，因而也就谈不上对其准确的定位。该说是建立在死刑这一刑罚范畴内去比较不同的刑罚执行方式的严厉程度而得出的结论，然而，终身监禁是否是可以纳入死刑范畴讨论的刑罚执行方式，或者说，终身监禁是否就是依附于死缓的刑罚执行方式还存在争议。即便是提出"中间刑罚说"的黄京平自己，在后续的文中也指出"终身监禁是依附于无期徒刑执行制度而存在的特殊刑罚措施"[1]。这显然与其提出的"中间刑罚说"的理论基础相矛盾。再有，即使在死刑的范畴内去讨论刑罚执行措施的严厉程度，也不只有终身监禁处于死刑立即执行和死刑缓期执行的中间地带，还有同样针对死缓的限制减刑的存在。死刑过渡说，立足于理论上推进废除死刑与实践中民众要求保留死刑之间的矛盾冲突，着眼于降低民众对废除死刑的敏感性，注重终身监禁在死刑废除道路上潜移默化的规范宣示意义，具有一定价值。但是，死刑的存废是一个在理论上涉及哲学、社会学，在实践中涉及文化、伦理的复杂社会现象，并不是一个单纯的法律问题，更不是一种过渡性的刑罚制度所能够解决的，此其一。其二，对终身监禁的定位，不能脱离本国刑法的现行规定，上述过渡措施说或许可以适用于国外废止死刑的国家，但是，由于我国现行刑法中所规定的终身监禁是以判处死刑缓期执行为前提的，或者说，我国现行的终身监禁制度是依附于死刑的，换言之，可以认为，我国目前的终身监禁是保留死刑下的产物，在这种情况下，将终身监禁独立出来，说成是死刑废止的过渡措施，逻辑上并不严谨，也不符合我国目前的实际状况。最后，如前所述，死刑的存废不仅仅是一个刑法问题，废除死刑到底需不需要一个具体的刑罚

---

[1]　黄京平：《终身监禁的法律定位与司法适用》，《北京联合大学学报（人文社会科学版）》2015年第4期。

过渡措施？还存在疑问。① 从一般人的角度去审视终身监禁与死刑的实际执行效果来看，死刑本质说确实有一定道理。但是，站在犯罪人的角度，二者还是有本质区别的，不管理论上如何阐释和推演，"好死不如赖活着"的观念在犯罪人的思想中都是不容否认的客观事实。实际上，即便是在理论上，死刑本质说也存在诸多问题。其一，死缓是死刑的执行方式，其本质上还属于死刑，倘若将终身监禁也理解为死缓的执行方式，意即终身监禁也就成为死刑的执行方式，但是，我国《刑事诉讼法》所确定的死刑执行方式主要是枪决与注射，② 并不包括终身监禁，反过来，我们可以追问，既然认为终身监禁本质就是死刑，那么为什么不将终身监禁规定到具体的死刑执行方式中去呢？或许有人会说，死缓也没有规定到刑事诉讼法中的死刑执行方式中去，但仍然可以认为死缓是死刑的执行方式，问题在于，死缓只是针对死刑设定一个两年的考验期，如果考验期内故意犯罪、情节严重的，仍然按照刑事诉讼法所规定的死刑执行方式执行死刑，倘若没有上述情形，那么死缓期满，死刑就不再执行，也就不存在死刑执行方式的问题。换言之，死缓制度是在没有改变死刑执行方式下的一种延期执行制度，但是，对于终身监禁却不能这样认为，正是在这个意义上，死缓可以被认为是死刑的一种执行方式，而终身监禁却不能。其二，终身监禁毕竟是与生命刑完全不同的自由刑，其刑罚性质有着本质不同，如果仅从服刑时间和效果上考察，认为终身监禁本质上属于死刑，那么，限制减刑的犯罪分子，以及被判处很长刑期的有期徒刑，但是因为年老而事实上终身监禁的犯罪分子，是不是可以宽泛地理解为本质上都是死刑呢？其三，如果说将终身监禁定位为死刑和死缓的中间刑罚，就可以认为终身监禁本质上属于死刑，那么同样处在死刑和死缓之间的死缓限制减刑，是否也可以认为本质上属于死刑呢？倘若如此，经过死缓限制减刑后，又重新出狱回归社会的犯罪人，又该如何定性呢？死刑替代说，立足于控制死刑的刑事政策，围绕罪刑相当、罚当其罪的刑事司法目标，认为在当前刑事政策指导下的终身监禁制度的出台，针

---

① 张明楷认为："在'保留死刑与废止死刑'之间，并不需要任何过渡措施。例如，倘若认为对于严重的贪污、受贿罪犯不应当适用死刑，就可以立即废止贪污、受贿罪的死刑。事实上，近几年的《刑法修正案》在废止相关犯罪的死刑时，并没有采取任何过渡措施。既然如此，对于贪污受贿罪也完全可以废止死刑，而不需要采取过渡措施。"张明楷：《终身监禁的性质与适用》，《现代法学》2017 年第 3 期。

② 《刑事诉讼法》第 263 条："死刑采用枪决或者注射等方法执行"。

对某些重大犯罪起到了替代死刑的作用，有一定道理，也符合终身监禁的立法现状。但是，一方面，落实控制死刑的刑事政策，只需从立法上减少死刑的罪名，司法上严格掌握死刑的适用标准即可，没有引入新的刑罚制度的必要；另一方面，罚当其罪，主要指的是适用死刑立即执行过重，而判处死缓有明显过轻的情况，这种情况完全可以在既有的刑罚体系框架下，通过对无期徒刑的改造来实现。一言以蔽之，死刑替代说论证的理论基础并不稳固，观点难以让人信服。由此看来，似乎特殊无期徒刑说有一定道理，但是无论是将普通的无期徒刑与终身监禁理解为原则和例外的关系，还是从刑法解释论意义上，认为终身监禁不过是"不得减刑、假释"的同位语，抑或是基于死刑与死缓的类比、犯罪的共性与个性得出的终身监禁只是无期徒刑的特殊执行措施的结论，都只是着眼于现行刑法条文的文意解释，虽有一定道理。但是，一方面，视野过于狭隘，没有从更加宏观的刑罚改革视野去深入揭示终身监禁这一制度应然具有的性质和特征；另一方面，其论证的立足点都是建立在否定终身监禁制度的基本立场之上，先入为主的偏见容易导致观点的非客观性，其最终结局会导致我国刑法所规定的终身监禁空洞化、虚无化。

7. 笔者的观点

笔者认为，对于终身监禁制度的定位，存在实然和应然两个层面。在实然层面，任何一种刑罚制度的确立都是一个过程，尤其是完全移植外国的全新的刑罚制度，都要有一个立足本国国情、刑事政策、犯罪形势乃至整个社会治理状况的适应过程，在这一渐进性过程中的某一阶段上，新的刑罚制度在本国固有的刑罚体系中，是有其特定的定位的。从我国目前立法上对终身监禁的定位来看，并没有像国外一样将其直接规定为一个独立的刑种，而是定位为一种刑罚执行措施。所谓"措施"，是在不突破原有范畴的前提下，具体采取的方法和手段，就如同死缓没有突破死刑这个大的范畴，因而将其定位为死刑的执行措施一样。对于终身监禁来说，它本身是一种剥夺自由的刑罚执行措施，因此，也就注定其不能突破自由刑这个其所属的大的范畴，而在自由刑的框架下，从行刑效果来考虑，只有将终身监禁归入无期徒刑之下，才能确定其作为"执行措施"的性质。换言之，在我国目前的刑罚体系中，无期徒刑有两种执行措施，一种是可以减刑、假释的普通的无期徒刑，另一种则是不得减刑、假释的无期徒刑，即终身监禁。至于终身监禁这种无期徒刑的执行措施在未来是否会取代无期徒刑本身，这是另外一个问题，但是，笔者认为，在目前我国终身禁制度只适用于重大贪污贿赂犯罪的实然阶段上，不论是从现行刑法的文意解释，还是从刑罚的执行效果上，终身监禁从性质上都应当理解为无期徒刑的执行措施，未来在迈向死刑废除的某一阶段上，其替代的部分应当是"不得减刑、假释"的无期徒刑，而在未来死刑废除的后死刑时代的应然阶段上，毫无疑问，终身监禁将回归其本来的应然属性，转化为取代死刑的一种刑罚制度。从近代终身监禁制度诞生的历史来看，其先驱者贝卡里亚正是以社会契约论为理论基础，在批判死刑的基础上提出了终身监禁的思想。可以说，终身监禁这一制度在其诞生之初就伴随着废除死刑的思想，承载着替代死刑的历史使命，而纵观世界各国废除死刑后的刑事立法，都是将终身监禁作为替代死刑的最高等级的严厉刑罚，而随着现代人权思想的崛起，终身自由与生命已具有同等的价值与意义，这也是终身监禁应然属性的思想根基之所在。

二、我国终身监禁的适用罪名

根据《刑法》第 383 条和第 386 条的规定，学界的通说是认为我国的终身监禁适用于贪污罪和受贿罪。但也有个别人认为《刑法》第 383 条第 4 款中规定的是"犯第一款罪"的才适用终身监禁，如果严格依据法条的文义解释，我国只是在贪污罪中设置了终身监禁。[1] 但是，这种观点显然是站不住脚的，为了更进一步正本清源，特作如下说明：第一，从设置终身监禁的初衷来看，就是针对贪污受贿罪的。事实上，立法机关在讨论审议刑法修正案时，关于终身监禁的立法审议，都是将贪污受贿罪合并表述和考虑的。第二，从《刑法》对贪污罪和受贿罪的具体规定来看，二者在处罚上是合二为一的。《刑法》第 386 条明确规定："对犯受贿罪的，根据受贿所得数额及情节，依照本法第三百八十三条的规定处罚。"换言之，只要达到了受贿罪的数额和情节的处罚标准，作为贪污罪刑罚处罚措施的终身监禁同样也应当适用于受贿罪。第三，从司法解释的规定来看，关于终身监禁是规定在共同针对贪污受贿罪的司法解释中的。根据最高人民法院、最高人民检察院颁布的《解释》第 4 条的规定，适用终身监禁的前提条件是"贪污、受贿数额特别巨大，犯罪情节特别严重、

---

[1] 参见胡江：《贪污贿赂罪终身监禁制度的规范解读与理论省思——以〈刑法修正案（九）〉为视角》，《西南政法大学学报》2016 年第 6 期。

社会影响特别恶劣、给国家和人民利益造成特别重大损失的"。综上所述，从立法初衷、刑法规定和司法解释的规定来看，目前我国终身监禁制度所适用的罪名包括贪污罪和受贿罪，是确定无疑的。

三、我国终身监禁的适用条件

（一）刑罚条件

根据《刑法》和司法解释的规定，适用我国终身监禁的，是被判处死刑缓期二年执行，并依法减为无期徒刑的重大贪污受贿犯罪分子，而死刑缓期执行并非独立刑种，而只是死刑的执行方式，因此，实际上，可以认为适用终身监禁的刑罚前提条件是死刑，刑罚执行条件是死刑缓期二年执行。但是，根据我国《刑法》第50条的规定，死刑缓期执行，在两年考验期满后可能有三种不同的结果：其一，考验期内没有故意犯罪的，两年期满后直接减为无期徒刑；其二，考验期内故意犯罪，但是情节并不恶劣的，重新计算死缓执行期间；其三，考验期内具有重大立功表现的，减为二十五年有期徒刑。结合《刑法》第383条第4款的规定，可能适用终身监禁的只能是前两种，即有可能减为无期徒刑的情形。综上所述，我国终身监禁制度适用的刑罚条件可以归结为：刑罚的前提条件是死刑，刑罚的执行条件是死缓，刑罚的减刑条件是无期徒刑。

（二）情节条件

对于具备哪些情节可以适用终身监禁，根据《刑法》和司法解释的相关规定，结合司法机关对终身监禁判例的司法认定实践，可以将其分为论罪当死的情节和从轻处罚的情节。

1. 论罪当死的情节条件：贪污、受贿数额特别巨大、犯罪情节特别严重、社会影响特别恶劣、给国家和人民利益造成特别重大损失。

2. 从轻处罚的情节条件：自首、立功，在提起公诉前如实供述自己罪行、真诚悔罪、积极退赃，或者避免、减少损害结果的发生等情节。

对于上述终身监禁的适用情节，在具体的司法判例中应当如何运用、存在哪些问题、应该如何解决，本书将在后面的论述中详尽地展开讨论。

（三）裁决条件

根据《刑法》和司法解释的规定，终身监禁的裁决机关是人民法院，裁决的依据是"根据犯罪情节等情况"，这里面的核心问题是如何理解"根据犯罪情节等情况"。犯罪的情节可以分为定罪情节和量刑情节，显然，在已经认定为贪污受贿罪，并判决死刑缓期执行的情况下，这里的"根据犯罪情节"指的是量刑情节。与定罪情节不同，量刑情节是在具体的犯罪事实已经确定的情况下，衡量行为人所应当适用的刑罚的事实情况，包括主观的和客观的事实。就贪污受贿罪而言，最高人民法院、最高人民检察院颁布的《解释》第 1 条和第 2 条已经分别从犯罪对象的性质和用途、犯罪人罪前的一贯表现、前科、犯罪动机、犯罪手段、罪后表现、损害结果作出了比较细致的规定，再结合《刑法》第 383 条第 3 款规定的"如实供述自己罪行、真诚悔罪、积极退赃，避免、减少损害结果的发生"，已经可以比较全面地反映贪污受贿犯罪行为的社会危害性程度和人身危险性程度，因此，人民法院在裁决是否适用终身监禁时，应当综合考虑上述"犯罪情节等情况"。接下来的问题是，对于裁决适用终身监禁的这些"犯罪情节"是加重情节还是减轻情节？裁决适用终身监禁是以判处死刑缓期执行为前提的，在正常情况下，死刑缓期执行二年考验期满后符合条件的，一般可以减为无期徒刑，并且根据罪犯在服刑期间的表现进一步进行减刑或者假释，但是，终身监禁是人民法院根据犯罪情节等情况，裁决死缓减为无期徒刑后，不得减刑、假释。换言之，相对于普通死缓而言，在裁决适用终身监禁时，上述"犯罪情节"属于在普通死缓基础上的加重情节，法官在适用时应当从严掌握。

四、我国终身监禁的适用时间

根据《刑法》第 383 条第 4 款的规定，人民法院应当在依法对被告人判处死刑缓期二年执行的同时，依据犯罪情节等情况，决定在死缓减为无期徒刑后，是否终身监禁。换言之，我国的终身监禁作为一种刑罚执行措施，在适用时间上与判决时间是同步的，而不是像减刑、假释、暂予监外执行等刑罚执行措施一样，依据罪犯在服刑期间的表现和实际情况来决定是否适用，结合前述的终身监禁适用的情节条件，这就意味着，人民法院是在考虑犯罪分子实施犯罪到判决确定这个时间段内的情节，对犯罪分子今后的服刑期限作出了不可更改的绝对性裁决，这在理论上是否正确、实践中是否妥当、逻辑上是否合理是个值得讨论的问题，后文将就此展开进一步的讨论。

五、我国终身监禁的适用效果

按照我国以前刑法的规定，无论是直接被判处无期徒刑的犯罪分子，还是被判处死刑缓期二年执行后减为无期徒刑的犯罪分子，在无期徒刑执行期间都可以根据罪犯在服刑期间的表现适用减刑和假释。但是，《刑法修正案（九）》增设的终身监禁却改变了上述适用效果。在死缓减为无期徒刑后，被裁定适用终身监禁的犯罪分子，无论其在后续刑罚执行期间的表现如何，都将失去减刑和假释的机会，从这个意义上说，终身监禁的适用效果实际上就表现为无期徒刑的行刑后果。但是，是否就此可以说终身监禁的适用效果就是将犯罪分子永远关押于监狱，终身失去自由呢？从理论上说，在我国目前的刑事法律框架下，服刑的罪犯，除了减刑和假释以外，至少还可以通过保外就医和暂予监外执行两种方式走出监狱，那么，罪犯在被判处终身监禁后，是否还有机会适用这两种方式呢？或者说，我国终身监禁的适用效果是否排除了这两种方式呢？根据我国《刑事诉讼法》第265条的规定，三种情况下可以暂予监外执行，即"有严重疾病需要保外就医的；怀孕或者正在哺乳自己婴儿的妇女；生活不能自理，适用暂予监外执行不致危害社会的"，但是，对于"有严重疾病需要保外就医的"和"生活不能自理，适用暂予监外执行不致危害社会的"两种暂予监外执行的情况，刑诉法明确规定只能适用于被判处有期徒刑和拘役的罪犯，而终身监禁是在死缓减为无期徒刑的基础上不得减刑、假释，也就意味着一旦裁定适用终身监禁就失去了减为有期徒刑的可能性，因此，也就不能适用保外就医和不致危害社会的普通型的暂予监外执行。根据《刑事诉讼法》第265条第2款的规定，对被判处无期徒刑的罪犯，怀孕或者正在哺乳自己婴儿的妇女，可以暂予监外执行，具体到终身监禁而言，由于终身监禁是与死刑缓期二年执行的判决同时作出的，而根据《刑法》第49条的规定，审判的时候怀孕的妇女，是不能适用死刑和死刑缓期二年执行的，因此，也就不存在适用终身监禁问题，倘若是在审判时正在哺乳期的妇女被判处死缓并适用终身监禁，那么在死缓考验期结束开始执行终身监禁时，其哺乳期早已结束，也就不存在暂予监外执行的可能。但是，有一种特殊的情形需要注意，那就是在审判时没有怀孕或者没有发现怀孕，被判处死缓并适用终身监禁，但是在死缓减为无期徒刑后，在执行终身监禁的过程中怀孕或者发现怀孕，这种情况虽然是比较极端的特例，但是并非绝对不可能，按照刑事诉讼法的规定，在这种情况下，即便是在执行终身监禁，但因为已经减为无期徒刑，所以应当可以暂予监外执行。

第二节　我国终身监禁性质与适用的对话和探讨

《刑法修正案（九）》设置的终身监禁制度，在学术界引起了广泛的关注与争论，张明楷、赵秉志、黎宏、王志祥、黄永维、袁登明等学者陆续发表了相关学术论文，系统地阐述和论证了有关终身监禁的一系列重大理论问题，提出了许多创新性的观点。笔者在认真研读上述学者论文的基础上，结合自己的思考和研究，以张明楷的《终身监禁的性质与适用》一文为基础，就终身监禁的性质与适用的一系列重大理论问题，从刑法教义学的角度与相关学者展开学术对话和探讨。

一、终身监禁的基本立场

所谓终身监禁的基本立场，指的是对终身监禁这一剥夺人的终身自由，永远与社会隔离的刑罚制度所持的赞否态度。与死刑类似，终身监禁这一极端性刑罚制度，也不仅仅是一个刑法问题，还涉及哲学、社会学问题，不同的学者对此有不同的观点和立场。张明楷就旗帜鲜明地反对终身监禁，认为"终身监禁与死刑一样，是一种严酷的刑罚，严重侵害了人的尊严"[1]。

黑格尔认为，"刑罚既被包含着犯人自己的法，所以处罚他，正是尊重他是理性的存在"[2]。刑罚本身的性质决定了其是对犯罪分子肉体造成一定痛苦的惩罚措施，但是这种痛苦具有"正当性"，这种"正当性"体现在两个方面：

---

① 张明楷：《终身监禁的性质与适用》，《现代法学》2017 年第 3 期。
② [德] 黑格尔：《法哲学原理》，范扬、张企泰译，商务印书馆 1961 年版，第 104 页。

其一，刑罚是建立在犯罪分子基于自由意志选择的基础之上的；其二，刑罚是通过对犯罪分子造成痛苦而达到维护社会秩序的目的。正是在上述意义上，刑罚才被视为一种"必要的恶"，是以"一种恶来对抗另外一种恶"[①]。正如西原春夫所言，"为对人进行裁判而制定的基准即刑法，以及对人进行裁判所科以的刑罚，同样也只是一种'必要的恶'"[②]。也正是因为如此，我们不能将刑罚之恶就视为对人的尊严的侵害，或许有人会说，我们并不是认为刑罚本身的恶是对人的尊严的侵害，而是刑罚的严重程度体现出对人的尊严的侵害。作为一种社会存在和精神存在，人的尊严源自两个方面：一是对他人人格的尊重；二是对他人安全的保障。刑罚的本质就是对犯罪人造成痛苦，因此，在刑罚中对人的尊重体现在尊重犯罪人的人格上。换言之，问题的关键不在于刑期的长短、刑罚是否严厉，而在于执行刑罚的方式是否文明、人道。我们很难认为，以非法、羞辱和残虐的方式执行的短期自由刑，就比以合法、人道方式执行的无期徒刑更加尊重人的尊严。同样地，以合法、人道、文明的方式执行死刑和与死刑相类似的终身监禁也并不能认为是侵害了人的尊严。

二、我国终身监禁的性质

（一）终身监禁对于刑罚体系的意义

《刑法》第383条第4款规定："犯第一款罪，有第三项规定情形被判处死刑缓期执行的，人民法院根据犯罪情节等情况可以同时决定在其死刑缓期执行二年期满依法减为无期徒刑后，终身监禁，不得减刑、假释。"针对上述规定，张明楷基于其一贯的刑法解释论的立场，认为终身监禁不过是"不得减刑、假释"的同位语，完全是一个多余的表述，该条完全可以表述为"被判处死刑缓期执行的，人民法院根据犯罪情节等情况可以同时决定在其死刑缓期执行二年期满依法减为无期徒刑后，不得减刑、假释"[③]。

张明楷的上述观点，实际上是认为无期徒刑完全可以分为"可以减刑、假

---

① ［英］吉米·边沁：《立法理论》，李贵方等译，中国人民公安大学出版社2004年版，第63页。

② ［日］西原春夫：《刑法的根基与哲学》，顾肖荣等译，法律出版社2004年版，第3页。

③ 张明楷：《终身监禁的性质与适用》，《现代法学》2017年第3期。

释"和"不得减刑、假释"两种情形，进而取代终身监禁，因此，终身监禁是没有必要的，这种观点目前在学术界有一定代表性。但是，笔者认为，任何一种刑罚制度的确立都不仅仅是为了解决当前的现实问题，同时还要考虑到未来整个刑罚体系的完善与适用。终身监禁从其实质内涵和实际的执行效果上来看，的确如张明楷所言，与"无期徒刑，不得减刑、假释"没有区别，从这个意义上说，其也确实没有超出上述意义范围。但是，是不是就能因此认为终身监禁是一种多余的表述呢？笔者认为，事实并非如此，立法者设置终身监禁的初衷是因为对重大的贪污受贿犯罪分子，判处死刑过重，而判处死缓同时具有减刑、假释的可能又明显过轻，在这里，实际上已经隐含着否定对非严重暴力犯罪适用死刑的立法导向，进一步讲，实际上已经更加隐晦地体现了否定死刑的法治思想，这也是为什么很多学者认为，终身监禁是将来为废除死刑而预设的替代措施的理由。① 但是，这里有一个问题，即便是废除死刑，仍然有现成的无期徒刑可以适用，只要附加不得减刑、假释即可，何必非要新设一个终身监禁呢？我们可以设想，从整个刑罚体系来看，一旦将来死刑退位，必然要有一种主刑去填补，既然是主刑，那么它的适用就必然不同于刑罚执行方式，不是对某种犯罪的某种情况而特别适用的，而是普遍适用于有可能符合相应危害程度的所有犯罪，如果以无期徒刑取代终身监禁，那么在原有无期徒刑可以减刑、假释的情况下，填补上位"死刑"空缺的，就只能是"无期徒刑，不得减刑、假释"这种主刑，这显然是有问题的。其一，从文字表述上来看，这不是主刑的表述方式，而是刑罚执行方式的表述方式；其二，从整个刑罚体系来看，上下阶位的独立刑种没有实质性区别，不符合刑罚设置的原则；其三，从立法技术上来说，将"无期徒刑，不得减刑、假释"设置为独立的主刑，普遍规定在相应的犯罪之中，表述不畅、主刑显得过于冗长。而上述三个问题并不存在于终身监禁之中，因此，终身监禁完全可以很好地完成取代死刑作为主刑的任务。当然，也许有人会反驳说，死刑废除后并不需要增添一种新的主刑去填补它，只需要保留无期徒刑，将无期徒刑分为可以减刑、假释和不得减刑、假释两种不同的类型即可，这种解决方式看似合理，其实问题更大。首先，"可以减刑、假释"和"不得减刑、假释"作为两种不同的刑罚执行方式是可以的，

---

① 参见黄京平：《终身监禁的法律定位与司法适用》，《北京联合大学学报（人文社会科学版）》2015 年第 4 期。

但是，将这两种相互冲突的执行方式，设置在同一个主刑当中，显然是不合适的，并且容易造成对犯罪人的不公平。当然，可以认为是不同罪犯的犯罪情节不同，但是，这种观点恰恰忽略了最基本刑罚原理，减刑和假释并不是因为犯罪情节不同而采取的量刑措施，而是基于犯罪分子服刑期间的表现设置的刑罚执行措施，在还没有服刑的宣判阶段，就以主刑的方式确定了不同的"向后看"的刑罚执行措施，这不仅对不同的犯罪人个人是不公平的，而且对所有犯罪人来说同样是不公平的。其次，从整个刑罚体系来看，如果按照上述观点，在废除死刑后的自由刑之中，有期徒刑是"有期限刑罚"，无期徒刑因为包含了可以减刑、假释和不得减刑、假释两种不同情况，事实上就变成了"不确定期限刑罚"，显然，这种刑罚体系的设置，不如将"不确定期限刑罚"分为"绝对无期限刑罚"（终身监禁）、"相对无期限刑罚"（无期徒刑）和"有期限刑罚"（有期徒刑）三个刑罚层次更为有利。如此一来，整个自由刑体系从期限来说，由短到长、由轻到重、层层递进，既反映出刑罚的轻重程度，同时，也突出了废除死刑的替代措施。综上所述，笔者认为，在后死刑时代，终身监禁成为主刑是必需和必要的，终身监禁与无期徒刑并不仅仅是名称上的区别，而是具有方法论和体系化上的差异。

（二）终身监禁所替代的刑罚措施

张明楷认为，从终身监禁与死缓和死刑立即执行的三者的关系来看，终身监禁是从属于死缓的，而死缓，从本身的刑罚效果来说，实际上大多数相当于无期徒刑或者有期徒刑，因此，死缓不可能替代死刑立即执行，从这个意义上来说，我国的终身监禁也不能成为死刑立即执行的替代措施。[1] 笔者认同张明楷的结论，从刑罚的性质和定位上看，我国的终身监禁的确如其所言，那么，我国的终身监禁所替代的刑罚措施到底是什么呢？我国的终身监禁真的是从属于死缓吗？

1. 终身监禁从属于何种刑罚

有学者认为："法院在判处死刑缓期二年执行的同时决定对犯罪人适用终

---

[1]　参见张明楷：《终身监禁的性质与适用》，《现代法学》2017 年第 3 期。

身监禁，实际上确立了一种新的死刑缓期执行的方式。"①死缓只是死刑的执行方式，从刑种的角度讲，死缓的本质还是死刑，如果按照上述观点，那么终身监禁就与死缓一样，成了死刑的一种执行方式，黎宏就持此观点，指出终身监禁"是一种与现有的死缓有别的死刑执行方式"②。赵秉志也有类似的观点，认为终身监禁是在慎用死刑的刑事政策的指导下，针对本应判处死刑的重大贪污贿赂犯罪判处死缓，并在死缓考验期满后，以不得减刑、假释的终身监禁替代之。③德国学者 Arthur Kaufmann 则更加直截了当地将终身监禁与死刑等同看待，在他看来，二者除了执行的主体（时间和人）不同之外，并没有什么差别。④但是，终身监禁作为自由刑与死刑毕竟在本质上是不同的，此其一；其二，如果将终身监禁与死刑等同理解，那么西方很多废除死刑的国家，又设置了终身监禁，又有何意义呢？这反过来又说明，终身监禁与死刑在本质上是不同的。从死缓是死刑的执行方式出发，我们再看修正后的《刑法》第 383 条，就会发现，该条规定的是对重大贪污受贿犯罪分子判处死刑缓期执行，事实上是判处死刑。换言之，没有判处终身监禁的可能性，二者是不可能并立的，更不能认为终身监禁从属于死缓，根本原因在于，从刑罚的性质和体系结构来说，剥夺生命刑和剥夺自由刑是不能同时适用的，更不能认为剥夺自由刑从属于剥夺生命刑，一个显而易见的道理是，生命已经被剥夺了，自由又何以从属依存呢？即便事实上没有剥夺生命，从刑罚的性质和体系结构考虑，也不能这样认为。只有当生命刑被依法减为自由刑以后，在自由刑的内部才能相互从属，正是在这个意义上，笔者认为，修改后的《刑法》第 383 条第 4 款规定的死缓依法减为无期徒刑后，终身监禁不得减刑、假释应当理解为，我国终身监禁的适用是从属于无期徒刑的。

2. 死刑的废除到底需不需要"过渡措施"

张明楷在批判学者们提出的，终身监禁是通过加重自由刑的处罚力度，破除公众对死刑的迷信程度，进而最终成为废除死刑后的替代措施时指出：其

---

① 袁建伟、夏朝晖：《死刑改革背景下的终身监禁法律适用疑难问题研究》，《广西大学学报（哲学社会科学版）》2017 年第 5 期。

② 黎宏：《终身监禁的法律性质及适用》，《法商研究》2016 年第 3 期。

③ 参见赵秉志：《〈刑法修正案（九）〉修法争议问题研讨》，《刑法论丛》2015 年第 4 期。

④ 参见［德］Arthur Kaufmann：《转换期の刑法哲学》，上田健二监译，成文堂 1993 年版，第262 页。

一，终身监禁的适用是以判处死刑为前提的，因此，终身监禁的存在不仅不是废除死刑的过渡措施，反而成为保留死刑的措施；[①] 其二，废除死刑并不需要过渡措施，刑法在修正的过程中，废除了诸多犯罪的死刑，都没有采取过渡措施，因此，对贪污受贿犯罪的死刑废除也不需要过渡措施，像其他犯罪一样直接废除即可。[②]

对张明楷的上述观点，笔者不敢苟同。根据有些学者的观点，过渡措施实际上起到的是一种缓冲作用，是基于保留死刑的现实性和废除死刑的必要性之间的平衡，在一定阶段上采取的刑罚过渡。[③] 首先，所谓"过渡"，指的是一个过程，这个过程，是着眼于未来可以相互替代的，两种性质不同的事物，二者在这一过程中是可以并立的。暂且不说终身监禁的适用是以死刑为前提这一观点尚有争议，即便真是如此，那也不能以此作为理由，否认终身监禁是废除死刑的过渡措施，恰恰相反，正因为终身监禁以死刑为前提，二者在同一种可能被判处死刑的犯罪中可以并立存在，才说明终身监禁可能成为未来全面废除死刑的过渡。终身监禁未来是否全面替代死刑，那是另外一个问题，但至少在现阶段下，在死刑的判决中增加了一种可能转化为终身监禁的刑罚执行方式，或者反过来说，将终身监禁这一刑罚制度作为死刑适用的一种新的可能的结果，不能不说其所承担的正是废除死刑的"过渡措施"这一角色。其次，死刑的存废是一个整体的刑罚观念问题，而针对某一种或者某一类犯罪适用或者废除死刑，则是死刑这个独立刑种的具体适用问题，二者本质上是不同的，从这个意义上说，只要死刑这个刑种依然存在，那么对个罪就只有适用不适用的问题，而不存在废除不废除的问题，理所当然，也就不存在对个罪不适用死刑的过渡措施的问题。因此，张明楷上述所谓"对其他犯罪的死刑废除都没有采取过渡措施，对贪污受贿罪的死刑废除也就不需要过渡措施"的观点是有问题的。易言之，在保留死刑这一刑种的前提下，对个罪而言，不存在"死刑的过渡"，而只是各个个罪的死刑适用或者不适用，以及如何适用的问题，对此，要根据各个个罪的具体情况而定，相互之间不能进行类比。问题的关键在于，立法上为什么单单对贪污受贿罪的死刑适用，又独自附加了一种转化性适用的刑罚执

---

① 参见张明楷：《终身监禁的性质与适用》，《现代法学》2017 年第 3 期。

② 参见张明楷：《终身监禁的性质与适用》，《现代法学》2017 年第 3 期。

③ 黄云波：《论终身监禁措施之宏观定位与实践适用》，《刑法论丛》2016 年第 1 期。

行方式？如后所述，这与国家的反腐政策、转变人们的刑罚观念以及作为废除死刑的催化剂等等，各个方面的考虑都有一定的关系，也正因为如此，对于贪污受贿罪设置独特的，不同于其他个罪的死刑转化适用方式，不能简单地从个罪的死刑适用来理解，而应当从死刑存废的宏观视野来考察，从这个意义上说，对贪污受贿罪规定以死刑判决为前提的终身监禁，是不同于以往其他个罪的死刑"适用"的问题，而是死刑"过渡"的问题。

3．我国的终身监禁是否可以成为死刑的替代措施

张明楷在《终身监禁的性质与适用》一文中重点讨论了终身监禁是否可以成为死刑的替代措施的问题，这也是目前学术界针对终身监禁与死刑关系争议较大的问题。有学者认为，"从立法目的与死刑政策的角度来看，终身监禁是部分死刑立即执行的替代措施"[①]。如前所分析的，既然终身监禁和死刑在性质上是不可并立的，那么二者自然是可以相互替代的，此其一。其二，终身监禁并不从属于死缓而是从属于无期徒刑，因而，张明楷所说的终身监禁是一个"多余的表述"的逻辑问题自然是不存在的。易言之，终身监禁作为从属于自由刑的一种刑罚执行方式，未来是有可能成为死刑的替代措施的。针对张明楷对终身监禁作为死刑替代措施的思考，笔者有以下几点疑问。

问题一：我国的终身监禁制度只适用于贪污受贿罪，而不适用于其他犯罪。那么，随之而来的问题是，如果将终身监禁理解为死刑替代措施，那么，为何终身监禁不能替代所有的死刑立即执行？而只能替代某一部分（贪污受贿罪）的死刑立即执行？[②]

首先，现行刑法只针对重大的贪污受贿犯罪规定了终身监禁，是有其深刻的政治、经济社会发展背景的。马克思和恩格斯在其合著的《德意志意识形态》一书中指出，法律思想同意识形态一样，不过是通过具体的物质活动过程所实现的，现实的人的活动的反射与回声，不过是物质活动过程的必然升华物，法律没有自身独立的历史。[③] 从表现形式来看，法律是统治者共同利益的表现，统治阶级在取得政权后，以虚幻的共同体的形式（国家），将特殊的东西说成是普遍的东西，又将普遍的东西说成是统治的东西，这种统治者意志上升为法

---

① 黄永维、袁登明：《〈刑法修正案（九）〉中的终身监禁研究》，《法律适用》2016年第3期。

② 参见张明楷：《终身监禁的性质与适用》，《现代法学》2017年第3期。

③ 参见《马克思恩格斯全集》第3卷，人民出版社1960年版，第30页。

律，就具备了国家意志的一般表现形式，[①] 从这个意义上说，所谓的法律统治史，不过是"统治意志"的抽象的具体。上述论断表明，在阶级社会里，任何一个国家的法律都不能脱离其具体的物质生活条件，都是在特定的经济基础之上的统治者意志的反映。在笔者看来，探求立法者的"立法原意"并不是诉诸法条、立法机关和立法者，只有把法律放到整个国家的经济社会发展和全部政治上层建筑现实状况的大背景下去理解，才能得出真正的所谓"立法原意"。腐败是一个社会历史现象，它是随着国家和私有制的出现而产生的，随着我国经济建设的快速发展，改革进一步深化，反腐败的道路也是任重道远。在这样的大背景下，刑法针对重大的贪污贿赂犯罪特别规定终身监禁，正是统治阶级意志的体现，符合最广大人民的根本利益，贯彻了习近平总书记提出的"坚持运用法治思维和法治方式反腐败"的思想。[②]

其次，现行刑法规定了贪污受贿罪适用终身监禁，并不意味着将来终身监禁制度不能或不会适用于其他有可能判处死刑的重大犯罪。事实上，不管是从刑罚改革的理念，还是终身监禁制度本身确立的目的来看，在未来，随着死刑适用被压缩，终身监禁成为独立刑种的趋势日益明显。

问题二：从我国的死刑适用情况来看，法院对贪污受贿罪的死刑立即执行的适用率本身并不高，因此，如果说要控制死刑，相较于其他严重暴力犯罪的死刑适用率来讲，对贪污受贿罪死刑适用的控制，并不是迫在眉睫的，或者说，在现阶段，不能单单只针对贪污受贿罪设置终身监禁，进行死刑立即执行的控制。[③]

对于不能只控制贪污受贿罪死刑适用的疑问，在笔者看来上述对问题一的回应，同样可以适用。现实的并不等于永久的，一种全新的刑罚制度的引入，其原动力应当来自人们的物质生活条件和经济社会的发展状况，而一种新的刑罚制度的全面展开，则是一个循序渐进的刑罚演进过程，在笔者看来，前者是一个法律思想问题，后者则是一个立法技术问题。至于司法机关原本就没有对贪污受贿犯罪大量适用死刑，那么是不是没有大量适用就不需要专门的控制死

---

① 参见公丕祥主编：《马克思主义法律思想通史》（第一卷），南京师范大学出版社 2014 年版，第 209 页。

② 中共中央纪律检查委员会、中共中央文献研究室编：《习近平关于党风廉政建设和反腐败斗争论述摘编》，中央文献出版社、中国方正出版社 2015 年版，第 97 页。

③ 参见张明楷：《终身监禁的性质与适用》，《现代法学》2017 年第 3 期。

刑呢？我们认为，对某一种犯罪适用死刑的控制，不是看司法机关是否大量适用了死刑，而是应当着眼于此种犯罪本身的性质，是否应该适用死刑这种剥夺生命的极端刑罚。在刑罚轻缓化的大趋势下，世界各国对经济类犯罪许多都废除了死刑，这就说明贪污受贿罪的犯罪性质本身就不应当再适用死刑。在这种背景下，我国在刑法中依然保留了死刑，如何合理使用达到惩戒效果，需要控制贪污受贿罪的死刑适用范围，这与司法机关对贪污受贿罪适用死刑量的多与少没有关系。从另一个角度看，正是因为刑法规定了，而司法机关又没有针对贪污受贿罪大量适用死刑，反过来又证明了贪污受贿罪本身就不应当规定死刑，而有进行专门控制的必要，为将来进一步废除此类犯罪的死刑做司法上的铺垫。针对某一类犯罪的某种刑罚，刑法虽有规定，但当司法实践中的适用越来越少时，那么它的废除也就水到渠成了。

问题三：在保留死刑的前提下，以往几十年的死刑案件的处理中，都是要么直接适用死刑立即执行，要么适用死缓，为什么现在要对具体案件适用终身监禁呢？[1]

细忖张明楷所表达的意思，似乎是认为，从死刑这一刑种的实际执行情况来看，已有立即剥夺生命的死刑立即执行，和名义上暂缓但事实上是永久剥夺自由的死缓，没有必要也没有理由对具体案件再适用终身监禁了。诚然，在保留死刑的前提下，上述观点是有一定道理的，但是终身监禁这一刑罚制度的引入，其所承载的使命，不仅仅是对某类案件的适用，即便如许多学者所认为的，终身监禁只是废止死刑的过渡措施而非替代措施，未来死刑在中国被彻底废止之后，它终将也会被废除。但是，正是因为不论是在民众观念还是司法实践中，死刑的适用已经十分普遍，所以，终身监禁作为废除死刑的催化剂，对于转变人们的刑罚观念、平衡社会法治与个体正义，进而成为渐进式废除死刑的破冰器，适用于具体的案件是有其存在价值的。在笔者看来，张明楷提出上述质疑之所以不能成立，根本原因在于，忽略了其本人所设定的前提性条件，那就是"在保留死刑的前提下"。上述回应，也同样适用于张明楷所提出的，应当将终身监禁也限制减刑，并应当与《刑法》第50条联系起来加以考虑的观点。

---

[1] 参见张明楷：《终身监禁的性质与适用》，《现代法学》2017年第3期。

三、我国终身监禁的适用

（一）终身监禁是否可以减刑

从世界各国的终身监禁制度来看，大体可以分为两种类型：一是以英美为代表的绝对终身监禁，即不得减刑、假释的终身监禁。美国不得假释的终身监禁是随着监狱制度的发展过程而不断产生并建立起来的，[①] 目前在美国，只有阿拉斯加州和新墨西哥州规定的终身监禁可以假释，除此之外其他各州的终身监禁都不得假释。[②] 二是以德国和法国等欧洲国家为代表的相对终身监禁，即可以减刑、假释的终身监禁。德国刑法规定，服刑 15 年后的终身监禁犯人，满足一定条件，可以假释。[③] 法国在 1981 年废除死刑草案表决时，提出设置终身监禁的修正案被否决。[④] 在国际刑法中，对于终身监禁的减刑、假释问题没有作出明确要求，而是依据国内法的规定予以适用。[⑤] 那么，我国目前针对贪污受贿犯罪的终身监禁到底属于哪一种呢？或者说，我国的终身监禁制度是否存在减刑的可能性呢？对于这个问题，张明楷在评述相关学者不同观点的基础上，提出了富有创新性的见解，其主要观点如下：

第一，《刑法》第 383 条第 4 款与《刑法》第 50 条第 1 款的关系。张明楷指出，如果依照《刑法》第 383 条第 4 款的规定被判处死刑缓期执行，犯罪分子在死缓的两年考验期间，确有重大立功表现，应当适用《刑法》第 50 条第 1 款的规定，两年期满后直接减为 25 年有期徒刑，不再适用终身监禁。[⑥]

第二，《刑法》第 383 条第 4 款与《刑法》第 78 条第 1 款的关系。其实质问题是，死缓二年考验期满减为无期徒刑，并执行终身监禁的犯罪分子，在终身监禁期间是否可以减刑？《刑法》第 78 条第 1 款规定，"被判处管制、拘役、有期徒刑、无期徒刑的犯罪分子，在执行期间，如果认真遵守监规，接受

---

① 参见王志祥：《死刑替代措施：一个需要警惕的刑法概念》，《中国法学》2015 年第 1 期。

② 参见张远煌主编：《宽严相济刑事政策与刑法改革研究》，中国人民公安大学出版社 2010 年版，第 221 页。

③ 参见刘仁文：《"终身监禁"并不等于在监狱中度余生》，《法制日报》2008 年 11 月 30 日。

④ 参见刘仁文：《自由刑的使命与践行》，《检察日报》2016 年 2 月 23 日。

⑤ 参见黄风等：《国际刑法学》，中国人民大学出版社 2007 年版，第 103—104 页。

⑥ 参见张明楷：《终身监禁的性质与适用》，《现代法学》2017 年第 3 期。

教育改造，确有悔改表现的，或者有立功表现的，可以减刑；有下列重大立功表现之一的，应当减刑"。张明楷认为，在这里要注意区分《刑法》第78条第1款所规定的"可以减刑"和"应当减刑"，《刑法》第383条第4款所规定的对终身监禁的减刑限制只是针对"可以减刑"的例外规定，而非针对"应当减刑"的例外规定。换言之，在张氏看来，已经执行终身监禁的犯罪分子，不得减刑、假释，其中的"不得"针对的只是《刑法》第78条第1款所规定的"可以减刑"的情形，但是，当犯罪分子具有《刑法》第78条第1款所规定的"应当减刑"的6种情形时，还是应当予以减刑。[①]

综合张明楷上述观点，关于《刑法》第383条第4款与《刑法》第50条第1款和《刑法》第78条第1款的关系问题，实际上是被宣告终身监禁的犯罪分子，是否可以减刑的问题。这里涉及两个时间节点：其一，符合《刑法》第383条第4款规定的情形，在死缓执行期间；其二，符合《刑法》第383条第4款规定的情形，死缓两年期满减为无期徒刑，执行终身监禁期间。在这两个时间节点中，没有疑问的是，只要裁判确定了终身监禁，无论哪个时间段内，犯罪分子只是一般的遵守监规、接受教育改造、没有故意犯罪，其后续的终身监禁就不存在减刑的可能，属于绝对的终身监禁。

如前所述，在张明楷看来，被宣告终身监禁的犯罪分子，在上述第一个时间段内，即死刑缓期执行期间，确有重大立功表现，应当适用《刑法》第50条第1款的规定，直接减为25年有期徒刑。笔者赞同这一观点，其主要理由，正如其所指出的，《刑法》第383条第4款所规定的"依法减为无期徒刑后，终身监禁，不得减刑、假释"，其中的"依法"有两层含义：第一，《刑法》第383条第4款关于死缓减刑的整体适用，应当依照《刑法》第50条的规定。第二，依照《刑法》第50条第1款的规定，在死缓期间确有重大立功表现的，直接减为25年有期徒刑，显然，犯罪分子在死缓期间有重大立功表现的，已经丧失了"依法减为无期徒刑"这一判处终身监禁的前提条件。不过，在笔者看来，在此种情形下，问题的实质，不是终身监禁是否可以适用减刑的问题，而是《刑法》第50条本身的适用问题，进一步讲，是基于《刑法》第50条的适用，致使犯罪分子不符合《刑法》第383条第4款所规定的终身监禁的前提条件，换言之，这种情形不属于终身监禁是否可以减刑的问题，而是不适用终

[①] 参见张明楷：《终身监禁的性质与适用》，《现代法学》2017年第3期。

身监禁本身。

需要讨论的是，在上述第二个时间段内，即执行终身监禁期间，犯罪分子有重大立功表现，是否可以按照《刑法》第78条第1款的规定予以减刑？笔者与张明楷持不同的观点。理由如下：

第一，张明楷一方面承认《刑法》第383条第4款是针对《刑法》第78条的例外规定；另一方面，又认为《刑法》第383条第4款只是针对《刑法》第78条同一款中的部分内容，即"可以减刑"的例外规定，逻辑上并不严谨，因为无论是法条规定、文理解释还是逻辑关系，我们都无法得出《刑法》第383条第4款的"不得减刑、假释"仅仅是针对《刑法》第78条规定在同一款中的"可以减刑"的例外规定，如果非要作如此解释，似乎有先设定一个结论性观点，然后为了这个结论去刻意去寻找理由之嫌。

第二，张明楷认为，《刑法》第78条第1款规定的"应当减刑"与《刑法》第384条第4款规定的"不得减刑"之间存在矛盾，况且，刑法和刑事诉讼法的很多规定，都是在"可以……"之后，才设置"不得……"的，并举《刑法》第81条和《刑事诉讼法》第254条为例。[①]

在笔者看来，首先，从文意上解释，所谓"不得"指的是不能、不许，与"应当"一样，是命令性词语，其在语意射程上，是可以涵盖"可以"和"应当"的。因此，从词语本身的涵义上说，"不得减刑"整体作为"可以减刑"和"应当减刑"二者共同的例外规定是完全没有问题的。其次，既然认为《刑法》第383条第4款是针对《刑法》第78条的例外规定，那么作为例外规定，《刑法》第383条第4款中的"不得减刑"与《刑法》第78条第1款中的"应当减刑"就不存在矛盾的问题。当然，如果按照张明楷将《刑法》第383条第4款仅仅理解为《刑法》第78条第1款中"可以减刑"的例外规定，在"应当减刑"与"不得减刑"之间是存在矛盾的，但是，如后所述，这种观点是存在问题的。在笔者看来，二者并不矛盾，这是将《刑法》第383条第4款与《刑法》第78条的关系进行整体考察的必然结论。最后，我们再具体看一下张明楷列举的，用来支持其观点的法条例证。《刑法》第81条第1款规定"……如果有特殊情况，经最高人民法院核准，可以不受上述执行刑期的限制"。本条第2款又规定"……被判处十年以上有期徒刑、无期徒刑的犯罪分子，不得

[①]　参见张明楷：《终身监禁的性质与适用》，《现代法学》2017年第3期。

假释"；《刑事诉讼法》第 265 条第 1 款规定"对被判处有期徒刑或者拘役的罪犯，有下列情形之一的，可以暂予监外执行"，本条第 3 款又规定"对适用保外就医可能有社会危险性的罪犯，或者自伤自残的罪犯，不得保外就医"。张明楷据此推论出，在法条表述上都是在"可以……"之后，才设置"不得……"，笔者认为是不妥当的。其一，上述两个法条的"可以……"与随后的"不得……"是处在同一条文的前后不同条款中，有同一条文中表达的前后转折之意，而《刑法》第 78 条第 1 款中的"可以……"与《刑法》第 383 条第 4 款中的"不得……"是在两个完全不同的条文中，在两个完全独立的条文中的表示转折、递进、解释等语法用语只能放在各自条文的前后语境中去理解，而不能跨越条文进行类比；其二，应当注意的是，《刑法》第 81 条与《刑事诉讼法》第 265 条都是针对假释或者保外就医的规定，这两种刑罚执行方式是完全脱离了监狱的监管，具有与减刑截然不同的特殊性，所以无论是在实体还是程序上，都规定的只有"可以"，而根本没有"应当"适用的情形，因此，就不能因为二者是在"可以"之后设置"不得"，就推而广之，认为所有条文都应当如此；其三，基于前两个理由，我们认为，《刑法》第 383 条第 4 款所规定的"不得减刑、假释"这一带有禁止含义的命令性规范，应当分别整体适用于《刑法》第 50 条和《刑法》第 78 条，换言之，《刑法》第 383 条第 4 款是《刑法》第 50 条和《刑法》第 78 条中涉及该款情形而减刑（不论是可以，还是应当）的例外规定，而不能认为仅仅是针对第 78 条第 1 款所规定的"可以减刑"的例外规定。

第三，《刑法》第 78 条第 1 款规定的"有重大立功表现，应当减刑"与"可以减刑"其适用的前提刑种是一样的，都是"被判处管制、拘役、有期徒刑、无期徒刑的犯罪分子"，其中并没有"终身监禁"，换言之，如果犯罪分子完全符合《刑法》第 383 条第 4 款的规定，被最终执行终身监禁，无论是"可以"还是"应当"，"一般立功"还是"重大立功"，其都已不具备减刑的前提条件了。或许有人会反驳说，终身监禁不是独立的刑种，不能与有期徒刑和无期徒刑并列成为《刑法》第 78 条第 1 款规定的减刑的前提刑种，但不要忘记的是，终身监禁的适用前提条件是死缓，死缓是死刑的执行方式，而死刑却是独立的刑种，既然死缓可以在《刑法》第 50 条中作为减刑的前提刑种，那么终身监禁为什么不可以作为《刑法》第 78 条第 1 款所规定的，减刑的前提刑罚执行方式呢？此其一。其二，即便仅仅作为刑罚的执行方式，终身监禁毕竟与有期徒刑和无期徒刑完全不同，这种不同又主要体现在是否可以减刑上，既然如此，在规定减刑的问题上，如果立法者有特殊的考虑，为什么不把终身监禁单独作出规定呢？对上述两点疑问，唯一合理的解释是，在立法者看来，一旦犯罪分子按照《刑法》第383条第4款"终身监禁，不得减刑、假释"的规定，被执行了终身监禁的，就不存在任何减刑、假释的可能性，如果不是这样，那完全可以将该款表述为"依法减为无期徒刑后，终身监禁，除具备《刑法》第78条第1款所规定的应当减刑的情形外，不得减刑、假释"，而不需要学者们运用刑法解释论将其生硬地解释到《刑法》第78条的规定之中。

（二）终身监禁的溯及力

根据《刑法》第十二条的规定，溯及力的一般原则是"从旧兼从轻"，据此，《最高人民法院关于〈中华人民共和国刑法修正案（九）〉时间效力问题的解释》（以下简称《时间效力的解释》）第8条针对终身监禁的溯及力问题作出了如下规定，"对于2015年10月31日以前实施贪污、受贿行为，罪行极其严重，根据修正前刑法判处死刑缓期执行不能体现罪刑相适应原则，而根据修正后刑法判处死刑缓期执行同时决定在其死刑缓期执行二年期满依法减为无期徒刑后，终身监禁，不得减刑、假释可以罚当其罪的，适用修正后刑法第三百八十三条第四款的规定。根据修正前刑法判处死刑缓期执行足以罚当其罪的，不适用修正后刑法第三百八十三条第四款的规定"。

第一，张明楷认为，上述《时间效力的解释》在对终身监禁的溯及力问题上，实质上是采取了从重原则。其逻辑是，单纯的判处死缓显然比死缓后终身监禁要轻，因此，《时间效力的解释》中规定的"根据修正前刑法判处死刑缓期执行不能体现罪刑相适应原则"与"根据修正后《刑法》判处死刑缓期执行同时决定在其死刑缓期执行二年期满依法减为无期徒刑后，终身监禁，不得减刑、假释可以罚当其罪"相比较，其实质内容是适用处罚较重的新法比适用处罚较轻的旧法，更能体现罪刑相适应原则，因此，所谓"适用修正后刑法第三百八十三条第四款的规定"，其实质就是从重处罚。[①]笔者认为，张明楷在此实际上是误读了司法解释的规定，所谓"根据修正前刑法判处死刑缓期执行不能体现罪刑相适应原则"，实际上包括两种情况，一是根据修正前的刑法本

---

① 参见张明楷：《终身监禁的性质与适用》，《现代法学》2017年第3期。

应判处死刑，故判处死缓不能体现罪刑相适应原则；二是根据修正前的刑法本应判处无期徒刑或者其他刑罚，故判处死缓不能体现罪刑相适应原则。显而易见的是，根据终身监禁适用的前提条件，终身监禁的溯及力问题，仅指第一种情形，第二种情形因为不存在适用终身监禁的可能性，应予排除，换言之，依据新刑法判处终身监禁要比适用旧刑法本应判处死刑要轻，因此，司法解释的规定是符合从旧兼从轻原则的。细忖之，在这个问题上，张明楷似乎没有注意到司法解释表述中的"应然"与"实然"的区分，事实上，《时间效力的解释》中的"根据修正前刑法判处死刑缓期执行不能体现罪刑相适应原则"这一表述，是将"判处死缓不能体现罪刑相适应"作为一个实然的标杆，其真正所要表达的是用来说明终身监禁溯及力的，应然的"本应判处死刑"，换言之，真正用来说明终身监禁溯及力的是"根据修正前刑法本应判处死刑"这一前提条件，而不是作为判断这一前提的标杆本身，即"根据修正前刑法判处死刑缓期执行不能体现罪刑相适应原则"。易言之，《时间效力的解释》所要表达的意思应当完整、准确地表述为，因为"根据修正前刑法判处死刑缓期执行不能体现罪刑相适应原则"，所以"在适用修正前刑法本应判处死刑的前提下"，应当采取从旧兼从轻的原则，适用新《刑法》第 383 条第 4 款的规定，追溯适用终身监禁，以更加有利于被告人。

第二，张明楷提出《刑法》第 12 条中规定的所谓"处刑较轻"，并不像《最高人民法院关于适用刑法第十二条几个问题的解释》第 1 条中所规定的，仅指"法定刑较轻"，而是应当包括"量刑规则较轻"，易言之，在比较新旧刑法"处刑轻重"时，应当同时比较新旧刑法的法定刑和量刑规则。具体到终身监禁溯及力的问题，其认为，既然新法《刑法修正案（九）》提高了贪污受贿罪死刑立即执行的适用标准，即新法针对贪污受贿罪的量刑规则较旧法要轻，那么就不能再依照旧法的量刑规则，认为"本应判处死刑立即执行"，而应当适用新法的较轻的量刑规则，否则，会出现表面上适用较轻的法定刑而"从轻处罚"，但事实上依据较重的量刑规则而"从重处罚"，从而违背了从旧兼从轻原则。① 笔者认为，张明楷所担心的情况实际上并不会出现。首先，《最高人民法院关于适用刑法第十二条几个问题的解释》第 1 条明确规定"刑法第十二条规定的'处刑较轻'，是指刑法对某种犯罪规定的刑罚即法定刑比修订前刑法

---

① 参见张明楷：《终身监禁的性质与适用》，《现代法学》2017 年第 3 期。

轻"。并且后续还进一步明确了"法定最高刑较轻""法定最低刑较轻"和"法定刑幅度的选择"等问题，很明显，这里仅指新旧刑法对某一犯罪所规定的法定刑的比较。其次，上述张明楷所担心的，因为不考虑量刑规则所导致的违背从旧兼从轻的问题，难道立法者在规定刑法溯及力时，就没有考虑到吗？笔者认为，主要原因还在于，量刑规则是法官在处理具体案件时的司法裁量规则，其具体内容要受到当事人情况、案件情节等诸多情况的影响。换言之，量刑规则本身是一个刑事司法操作的问题，不具有可比性的稳定标准，如果将它也考虑进刑法的溯及力标准之中，那么这个标准本身实际上也就不存在了。最后，刑法溯及力问题，实际上所要解决的是一个裁判尚未确定的行为跨越了新旧刑法的适用问题。换言之，需要适用溯及力的行为，并不能完全脱离旧刑法的适用范围，否则也就不会出现"从旧"的问题，只是从有利于被告人角度选择"从轻"。《刑法》第 12 条所规定的"处刑较轻"，是用来选择旧刑法与新刑法之间的适用问题，这种选择需要分两步走：其一，是依据新旧刑法所规定的法定刑的轻重确定适用哪部刑法；其二，依据所选择的刑法和相关量刑规则最终确定判处的刑罚。至于会不会出现因为不考虑量刑规则所导致的违背从旧兼从轻的问题，如前所述，量刑规则本身是没有确定标准的，也就无所谓"较重""较轻"的问题，即便是新刑法量刑规则比旧刑法要重，因为有"法定刑"的封顶限制，在"较轻的法定刑"下，仍然能够实现有利于被告人的从旧兼从轻。

综上所述，依据旧刑法"本应判处死刑立即执行"的法定刑标准，适用《刑法》第 383 条第 4 款，判处终身监禁，不得减刑、假释，是符合刑法从旧兼从轻的标准的。

作为一种源自于西方的刑罚制度，终身监禁制度在中国的实践必然会引起理论的争鸣，即便是在规定了终身监禁的西方各国，对终身监禁也是赞否观点林立。但是，笔者认为，这是中西方刑法学术话语体系的差异所带来的必然现象，这种差异性体现在终身监禁的问题上，表现为西方刑法学界是在进入后死刑时代的背景下去讨论终身监禁的合理性问题。终身监禁的出现，第一次从司法实践上让民众看到了一种不亚于死刑的严厉刑罚措施，也许这种措施确如很多学者所说，还存在许多问题，但不可否认的是，终身监禁第一次弥补了普通民众因死刑废除而产生的心理缺位，未来随着终身监禁的进一步扩大适用，将进一步挤压死刑的适用空间，当一种刑罚的适用越来越少时，其废除也就"水到渠成"了，在这种"渐进式"的死刑废除过程中，终身监禁起到了不可替代的作用，从这个意义上说，其本身存在问题，也是刑罚改革进程中所必然付出的代价。

（三）我国终身监禁适用的数额标准

从贪污罪和受贿罪的行为表现形式来看，都是利用职务上的便利非法占有不应当属于自己的财物，相较于情节，数额是一个更加直观的显性标准，也更能迎合普通民众的惯性认知，因此，在对贪污受贿罪的具体量刑上，数额历来都是一个重要的核心指标，作为专门适用于贪污受贿罪的终身监禁也不例外。通过对《刑法修正案（九）》颁布实施以来被判处无期徒刑以上刑罚的相关司法判例的分析，可以得出以下两点结论。

第一，从无期徒刑到终身监禁的适用数额标准跨度过大。单纯从数额的角度来衡量，自《刑法修正案（九）》颁布实施以来，在被判处无期徒刑的贪腐官员中，数额最低的是蒲某的 0.71 亿元，数额最高的是孙某某的 1.7 亿元。在被判处终身监禁的贪腐官员中，数额最低的是魏某某的 2.1 亿元，数额最高的是赵某某的 7.17 亿元。[1] 以上述数额为基准，可以得出三组"跨度数据"：第一，取终身监禁与无期徒刑的数额最低值，二者相差 2.1–0.71=1.39 亿元；第二，取终身监禁与无期徒刑的数额最高值，二者相差 7.17–1.7=5.47 亿元；第三，取终身监禁数额最高值与无期徒刑数额最低值，二者相差 7.17–0.71=6.46 亿元。从上述终身监禁与无期徒刑数额的最低值、最高值、最低值与最高值三组"跨度数据"比较的结果来看，在三组数据中，无期徒刑与终身监禁之间数额相差均在 1.3 亿元以上，最高相差更是达到 6.46 亿元。单就数额来说，从无期徒刑到终身监禁之间的适用数额标准跨度过大，拉大了无期徒刑与终身监禁的差别，易造成刑罚适用梯度的不协调，也不符合我国目前将终身监禁定位为依附于无期徒刑的刑罚执行措施的现状。[2]

第二，终身监禁刑罚适用的数额边界是 2 亿元。从现有的终身监禁司法判例来看，犯罪数额都是在 2 亿元以上。据此，大致可以认为，2 亿元是无

---

① 上述数额均来自权威媒体的公开报道。

② 对终身监禁到底是依附于无期徒刑，还是依附于死缓，理论上存在争议，对此，笔者在前文中已有详尽的论述。

期徒刑和终身监禁的刑罚适用边界，贪腐数额超过 2 亿元的，就考虑将刑罚适用从无期徒刑升格为终身监禁。但是，其中也有三个数额适用的特例。特例一是朱某某，涉案数额达 2.3 亿元却被判处死缓，主要原因有两点。其一，2.3 亿元中，经司法机关最终认定受贿的数额是 1.4 亿元，另有价值 0.9 亿元的财物不能说明其合法来源，这部分数额是以巨额财产来源不明罪予以认定的，而我国的终身监禁制度只是针对贪污受贿罪的，因此，从这个意义上说，对其判处无期徒刑，并没有违反终身监禁适用的数额边界是 2 亿元的适用规律；其二，从法院判决书"数额特别巨大，严重侵害国家工作人员职务行为的廉洁性，并使国家和人民利益遭受特别重大损失"的表述来看，朱某某案只具备"两个特别"，并不符合终身监禁"四个特别"的适用标准。① 特例二是杨某某，受贿数额达 2.06 亿元，且法院认定其具有索贿情节，应当予以严惩，但是，最终却被判处无期徒刑。除了邢某以外，与判处终身监禁其他五人相比，杨某某最大的不同之处就在于其具有"重大立功表现"，这可能是其犯罪数额达到 2 亿元且具有索贿情形，但最终只被判处无期徒刑的重要原因之一。特例三是陈某某，其受贿数额高达 2.76 亿元，且通过滥用职权、内幕交易、泄露内幕信息等犯罪行为，造成国家经济损失共计人民币 29.16275 亿元，根据其受贿的数额，本应判处终身监禁，但是，最终却被判处无期徒刑，其主要原因与前述的杨某某基本相同，即与其他被判处终身监禁的犯罪人相比，其最大的区别，按照判决书的描述是"提供侦破其他重大案件的重要线索，经查证属实，构成重大立功"。

从上述分析中，我们大致可以得出这样的结论，在其他情节基本相同的情况下，单就犯罪数额而言，2 亿元是适用无期徒刑和终身监禁适用的"数额分水岭"，但是这个"数额"指的并不是犯罪人整体的涉案数额，而是在扣除往往与贪污受贿罪相伴发生的"巨额财产来源不明罪""滥用职权罪"等所造成的公共财物损失的数额，此其一。其二，在其他情节基本相同，且数额都达到 2 亿元的情况下，犯罪分子是否具有立功表现对量刑具有重要的影响。

---

① "四个特别"，即《最高人民法院、最高人民检察院关于办理贪污贿赂刑事案件适用法律若干问题的解释》第 4 条第 1 款规定的"贪污、受贿数额特别巨大，犯罪情节特别严重、社会影响特别恶劣、给国家和人民利益造成特别重大损失的"。

（四）我国终身监禁适用的司法逻辑

从现有的终身监禁司法判例来看，刑事司法人员在适用终身监禁时，一般是分三步走：首先，根据《最高人民法院、最高人民检察院关于办理贪污贿赂刑事案件适用法律若干问题的解释》（以下简称《解释》）第4条第1款的规定，确定犯罪分子"论罪当死"；其次，根据《解释》第4条第2款的规定对其酌定从轻处罚，即可以从轻判处死刑缓期二年执行；最后，根据《刑法》第383条第4款和《解释》第4条第3款的规定，根据犯罪的情节等情况决定死缓二年期满减为无期徒刑后，适用终身监禁。从司法逻辑上看，司法机关适用终身监禁的逻辑可以表述为：死刑 + 从轻处罚情节 = 死缓 + 加重情节 = 终身监禁，显然，终身监禁适用过程经历了一次从轻和一次加重。其中适用终身监禁的"从轻情节"，《刑法》和《解释》都作出了明确规定，即"自首、立功、如实供述自己罪行、真诚悔罪、积极退赃，或者避免、减少损害结果的发生"，那么适用终身监禁的"加重情节"指的是什么呢？立法的表述是"根据犯罪情节等情况"，这里显然不能理解成《解释》第4条第1款中的"贪污、受贿数额特别巨大、犯罪情节特别严重、社会影响特别恶劣、给国家和人民利益造成特别重大损失"的"四个特别"情节，因为其一，根据《解释》第4条第3款的表述，"根据犯罪情节等情况"判处死缓，同时决定终身监禁，其前提就是"符合第一款规定的情形"，换言之，根据哪些"犯罪情节等情况"适用终身监禁是在《解释》第4条第1款之外另行判断的；其二，依据《解释》第4条第2款判处死缓，其本身就是在《解释》第4条第1款判处死刑的"四个特别"情节基础上从轻处罚的结果，倘若将《解释》第3款"根据犯罪情节等情况"这一判处终身监禁的加重情节，又理解为《解释》第4条第1款规定的"四个特别"情节，显然是以同一种情节为基准"既加重、又减轻"处罚，在逻辑上是自相矛盾的。易言之，在"死刑 + 从轻处罚情节 = 死缓 + 加重情节 = 终身监禁"中，作为死缓的加重情节考虑的"根据犯罪情节等情况"还需要进一步明确，并且要跟"四个特别"有所区别，才能充分说明适用终身监禁的合理性。笔者认为，所谓"根据犯罪情节等情况"，从总体上要在"死刑 + 从轻处罚情节 = 死缓"中的"从轻处罚情节"，即"自首、立功、如实供述自己罪行、真诚悔罪、积极退赃，或者避免、减少损害结果的发生"的基础上考虑，具体而言，将这些"从轻情节"放到具体的犯罪情节中进行考察，当这些"从轻情节"不足以使原来的死刑减轻处罚到直接判处普通死缓的程度时，就应当适用终身监禁，例如：被告人虽然自首、立功，但是其原本的犯罪情节非常严重，被告人虽然积极退赃，避免、减少了损害结果的发生，但是造成损失过于巨大或者已无法挽回，这些情况下，虽然可以减轻处罚为死缓，但是综合考虑其"从轻处罚情节"在具体犯罪情节中的影响和作用，对其加重处罚为终身监禁。综上所述，适用终身监禁的司法逻辑应当归结为：第一步，犯罪分子符合"四个特别"情节，论罪当死；第二步，具有法定的从轻处罚的情节，考虑从轻判处死缓；第三步，将第二步中"从轻处罚"情节放到具体的犯罪情节中去，考虑其对具体量刑的影响和作用，如果考察结果认为从轻处罚情节尚不足以从轻判决为普通死缓的，决定适用终身监禁。只有在上述司法逻辑下，才能正确把握《刑法》第 383 条第 4 款和《解释》第 4 条第 3 款中所规定的"根据犯罪情节等情况"的具体含义和操作方法。

（五）情节整合下的"数额＋情节"的终身监禁适用模式

从相关终身监禁的判例可以看出，在适用终身监禁时，都存在着"重数额、轻情节"的情况。在判决书中着重对犯罪分子贪污受贿的数额进行了比较精确的认定，但是，相较于比较容易精确计算的数额而言，"四个特别"情节中的其他三个"特别"的认定。[①] 一是从情节本身的性质，决定了其难以具体计算，二是司法人员认定的过程主观性较强，因此，在司法实践中，给犯罪分子是否符合终身监禁的适用条件造成了一定的争议。[②] 综合数起终身监禁的判例，在一审判决书中犯罪人犯罪情节的表述模式基本一致，基本是按照《解释》第 4 条的规定进行表述的。即：犯罪时间跨度、犯罪时的职务便利、犯罪手段的罗列。但是，这些内容，与其说是犯罪情节不如说是对已经查证的案件事实的简单归纳和总结，不能作为认定终身监禁的情节标准。事实上，在笔者看来，在《解释》所确定的四个适用终身监禁的前提条件中，即"贪污、受贿数额特别巨大，犯罪情节特别严重、社会影响特别恶劣、给国家和人民利益造成特别重

---

① 即"犯罪情节特别严重、社会影响特别恶劣、给国家和人民利益造成特别重大损失的"。

② 辩护律师就曾提出辩护意见，认为被告人没有给国家和人民的利益造成特别重大的损失，因此，不符合适用终身监禁的条件。

大损失的"(以下简称"四个特别"),其他三个都可以归入"犯罪情节特别严重"的"大情节"的范畴,不过,考虑到贪污受贿犯罪本身的性质和特点,以及刑法针对其量刑的特殊要求,可以将"数额"单列出来,作为适用终身监禁的标准之一,形成"贪污、受贿数额特别巨大、犯罪情节特别严重"的"数额+情节"的适用模式。对于"大情节"中的"社会影响特别恶劣、给国家和人民利益造成特别重大损失",由于目前我国的立法和司法解释都没有作出明确规定,司法实践中也没有形成统一认识,因此,只能依靠法官的主观判断,也就造成了司法实践中"重数额、轻情节",裁判文书说理不清等问题。那么,如何在现有的法律规定的框架内解决上述问题呢? 如前所述,从内容上讲,"社会影响特别恶劣、给国家和人民利益造成特别重大损失"都可以归入"大情节"的范畴,而从现有的《解释》第1条第2款和第3款针对贪污受贿罪"其他较重情节"的规定来看,其内容上已经基本涵盖了"情节、影响、造成损失"三种因素,并且对此作出了比较明确的规定。因此,在将"四个特别"情节合并为"贪污、受贿数额特别巨大、犯罪情节特别严重"的"大情节"后,除了"数额"明确易操作外,对于其中的"犯罪情节特别严重",可以将《解释》第1条第2款和第3款的规定,按照不同的情节标准分门别类地运用于终身监禁,因为上述两款本来就是关于贪污受贿"较重情节"的列举,只是在将上述情节运用于终身监禁时,需要在程度上较原来的"较重情节"基础上进行"升格"认定,作为"犯罪情节特别严重"认定标准,以便于司法实践上具体操作,具体的认定标准如下:

1. 犯罪对象的性质和用途:贪污救灾、抢险、防汛、优抚、扶贫、移民、救济、防疫、社会捐助等特定款物的。

2. 犯罪人罪前的一贯表现:曾因贪污、受贿、挪用公款受过党纪、行政处分的。

3. 前科:曾因故意犯罪受过刑事追究的。

4. 犯罪动机:赃款赃物用于非法活动的;为他人谋取职务提拔、调整的。

5. 罪后表现:拒不交待赃款赃物去向或者拒不配合追缴工作,致使无法追缴的。

6. 犯罪手段:多次索贿的。

7. 损害结果:为他人谋取不正当利益,致使公共财产、国家和人民利益遭受损失的。

8. 兜底标准：造成特别恶劣影响或者其他特别严重后果的。

（六）"立功"对终身监禁适用的影响

终身监禁的"从轻处罚"包括"法定的从轻情节"和"酌定的从轻情节"。从终身监禁的相关司法判例来看，酌定情节基本相同，都包括认罪态度和退赃情况。法定情节中的坦白、以自首论和立功三个情节中，前两个也都基本一致，区别就在于"立功"。如果以数额为基准，我们可以将判处终身监禁的犯罪人划分为四个档次，即"2亿元档""3亿元档""4亿元档"和"7亿元档"。在其他情节基本相同的情况下，"2亿元档"没有立功表现，"3亿元档"具有"检举揭发他人犯罪"和"提供线索得以侦破其他案件"的一般立功表现，"4亿元档"具有重大立功表现。换言之，在其他情节基本相同的情况下，属于"3亿元档"和"4亿元档"的成员因为有立功表现，获得了与"2亿元档"成员同样的量刑待遇。不仅如此，随着受贿数额从"3亿元档"到"4亿元档"的增加，其立功的等级也从一般立功上升到重大立功。属于"7亿元档"的赵某某虽然没有立功表现，但是，其有一个其他人都没有的"收受的部分财物系犯罪未遂"的情节，换言之，赵某某实际收受的财物不到7亿元。当然，我们也不能就此说，贪腐数额超过2亿元而没有被判处终身监禁完全就是因为其有重大立功表现，但可以肯定的是，在贪腐数额都超过2亿元，且都具有从重处罚的情节下，其具有"重大立功"的法定从轻情节，必然在其中起到了关键性的作用，由此，再结合前述对终身监禁判决中关于"立功"情节的分析，我们可以认为，在司法实践适用终身监禁的诸多标准上，"立功"的法定从轻情节是一个与"数额"同样不可忽视的非常重要的因素。至于被判处终身监禁型死缓的犯罪分子，在死缓期间具有重大立功表现，诚如有学者所言，并不影响已经确定适用的终身监禁的执行。[①] 换言之，针对终身监禁这种与死刑一样具有特殊的不可分割性的刑罚而言，"立功"作为一个法定量刑情节只能在刑罚适用阶段产生影响，一旦确定适用，就不能对终身监禁本身的执行效果产生影响。

---

① 参见商浩文、赵秉志：《终身监禁新规法理争议问题论要》，《现代法学》2017年第4期。

第四章　我国终身监禁制度的协调与审思

第一节　我国终身监禁制度的刑罚体系协调

何谓刑罚体系？刑罚体系指的是国家的刑事立法以有利于发挥刑罚的积极功能，实现刑罚的目的为指导原则，选择刑种，实现分类并依其轻重程度排列成的序列。[①] 一个国家刑罚体系的建构要考虑到刑罚传统文化、刑罚目的、刑事政策、犯罪形势、司法实践等各个方面的特点和需求，体现出一个国家的刑罚价值取向，是一个国家的基本国情和经济社会发展水平的反映，特别是在我国这样一个以马克思主义意识形态为指导的社会主义国家，在借鉴、吸收、引进西方资本主义刑罚制度的过程中，与我国现有的刑罚体系不兼容，与不同的刑种产生矛盾和冲突，是在所难免的现象，而对这些现象进行反思，有利于我们更好地认识终身监禁这一新的刑罚制度在我国刑罚体系中存在的问题，从而为解决这些问题，为终身监禁在我们的刑罚体系中的准确定位寻找到突破口。

一、终身监禁与死刑立即执行

（一）思想的视角：价值的可比性

死刑是剥夺生命的刑罚，终身监禁是剥夺终身自由的刑罚。作为现代西方

---

① 参见肖扬主编：《中国刑法学》，中国人民公安大学出版社 1997 年版，第 223 页。

自由主义国家观基础理论的"社会契约论"，论述了国家权力源自于公民个人权利的有限让渡，"小政府""守夜人"的角色定位，否定了国家剥夺公民个人生命的权力。继西方文艺复兴后，肇始于 18 世纪欧洲的，以"理性崇拜"和"天赋人权"为核心的思想启蒙运动，宣告了近代人权思想的崛起，不仅对古老的生命刑提出了挑战，而且第一次将人的自由提高到与生命相等同的高度，身为律师的帕特里克·亨利，发出了"Give me liberty or give me death"（不自由，毋宁死）的呐喊，用一种对生命与自由的价值选择吹响了反抗殖民奴役的号角。可以说，以社会契约论与人权思想为基础，从贝卡里亚第一次从刑法的意义上提出废除死刑开始，这种思想已逐渐扩展到终身自由刑的领域，生命与终身自由具有了价值的可比性。

（二）犯罪人的视角：不可分割性

在刑罚对象的分析范式中，可以将刑罚分为刑罚的处罚对象与作用对象，刑罚是通过作用于犯罪人而处罚犯罪行为的。根据并合主义的刑罚目的理论，刑罚的目的是在报应的范围内实现预防犯罪的目的。报应是基于善有善报、恶有恶报的正义观念，其中的善报与恶报显然不是针对"善人"与"恶人"之报，而只能是针对行为之善与行为之恶的"报"，其处罚的对象应当是"恶"的行为，因此，刑罚的报应功能所体现的是刑罚的处罚对象——犯罪行为。预防无论是特殊预防还是一般预防，都是预先防止行为人或者一般人未来可能会实施的犯罪行为，其功能效用的指向不可能是向前的业已发生的犯罪行为，而只能是向后的未来可能发生的犯罪行为，如此一来，预防功能只能通过作用于当下的犯罪人来实现，因此，刑罚的预防功能所体现的是刑罚的作用对象——犯罪人。我们通常所讲的一般预防和特殊预防都是着眼于刑罚对犯罪的作用效果而言的，当我们反转这个视角，从犯罪人的视角来考察的话，要实现预防犯罪的功能，刑罚就必须具有可分割性，死刑之所以饱受诟病，一个很重要的原因就是从刑罚的效果来说，其不具有分割性，从犯罪人的角度，杀死一人与杀死数人的刑罚效果都是一样的，不仅不能起到预防和阻止犯罪的作用，反而会激发更多的后续犯罪，与死刑价值同质的终身监禁存在同样的问题，正如有学者所指出的"针对贪污受贿罪规定的终身监禁虽然在结局上是一种可能终身剥夺犯罪分子人身自由的自由刑，但是从本质上看其属于死刑"①。"从根本上说，终身的拘禁正是一种死刑。只不过它不是由死刑执行人执行的，而是由时间执行的。"② 总之，从刑罚的对象分析范式考察，站在犯罪人的角度，终身监禁与死刑一样，试图通过作用于犯罪人而处罚犯罪行为从而实现预防犯罪的目的注定是要落空的。

（三）文本的视角：刑种选择的悖论

在我国刑罚体系中，死刑是一种独立的主刑，而死缓则只是死刑的执行方式，此其一；其二，根据司法解释的规定，终身监禁的适用，是针对那些判处死刑立即执行过重，判处一般死缓又偏轻的重大贪污贿赂犯罪。通常，我们说判处某一刑种过重，解决的方法要么选择较轻的另一种刑种，要么在该刑种范围内选择较轻的法定刑。但是，死刑具有特殊的不可分割性，③ 不存在"较轻的法定刑"的问题。易言之，在认为判处死刑过重的情况下，只能选择另一种较轻的刑种，但是终身监禁在我国的刑罚体系中并不是独立的刑种，而只是针对重大贪污受贿犯罪的特殊的刑罚执行措施，④ 这是问题的一个方面。既然认为死缓只是死刑的执行方式，那么在同一种不具有法定刑幅度的刑种当中，认为既过重又过轻于该刑种，在逻辑上是矛盾的。至于有的学者将终身监禁作为废除死刑的替代机制，在终身监禁只是刑罚执行方式的前提下这种机制实际上是不存在的。⑤

二、终身监禁与死缓

关于终身监禁与死缓的关系，最高人民法院在谈到"明确贪污罪、受贿罪死刑、死缓及终身监禁的适用原则"时，其基本的立场是"明确凡决定终身监禁的，在一、二审作出死缓裁判的同时应当一并作出终身监禁的决定，而不能等到死缓执行期间届满再视情而定，以此强调终身监禁一旦决定，不受执行期

---

① 黎宏：《终身监禁的法律性质及适用》，《法商研究》2016 年第 3 期。
② ［德］Arthur Kaufmann：《转换期の刑法哲学》，上田健二监译，成文堂 1993 年版，第 262 页。
③ 参见张明楷：《外国刑法纲要》（第二版），清华大学出版社 2007 年版，第 373 页。
④ 参见黄永维、袁登明：《〈刑法修正案（九）〉中的终身监禁研究》，《法律适用》2016 年第 3 期。
⑤ 参见姚建龙、李乾：《贪污受贿犯罪终身监禁若干问题探讨》，《人民检察》2016 年第 1 期。

间服刑表现的影响"①。换言之，不管罪犯在死缓两年考验期间表现如何，两年期满后一律终身监禁，没有任何减免的余地，这种适用方式使终身监禁和死缓之间存在如下问题。

（一）刑罚理念存在冲突

根据刑法的规定，判处死缓的前提，一是应当判处死刑。根据《刑法》第48条的规定，死刑只适用于"罪行极其严重的犯罪分子"，据此，这里的"应当"主要指的是犯罪的动机、手段、造成的恶劣影响等"罪中的犯罪情节"。二是不是必须立即执行。指的是在应当判处死刑的"罪中的犯罪情节"的基础上，综合考虑犯罪分子"罪前的一贯表现"和"罪后的悔罪态度"决定是否适用死缓。综上所述，是否适用死缓，要综合考虑罪前的一贯表现、罪中的犯罪情节和罪后的悔罪态度，基于对犯罪分子人身危险性和改造可能性的分析，最后得出是否适用死缓的结论。由此可知，对论罪当死的犯罪分子适用死缓本身就包含了对其罪后表现和悔罪态度的评价，因为我们很难想象一个本该处死的犯罪人，在没有任何悔罪的积极态度的情况下会被免死。易言之，死缓体现出这样一种刑罚理念，即在综合考虑所有情节的前提下，给予确实真诚悔罪的犯罪人以从轻处罚的改造机会，事实上，《刑法》第383条第3款的规定，已经体现出这种刑罚理念了。② 但是，作为一种以死缓为适用前提的刑罚执行措施，终身监禁却完全不考虑犯罪人服刑后的改造情况和悔罪表现，在确定死缓的同时，就决定不得减刑、假释，显然，二者在刑罚理念上是存在矛盾和冲突的。

（二）减刑理念存在悖论

死缓减为无期徒刑虽名为"减刑"，但是其与普通的减刑，在减刑理念上

---

① 2016年4月18日上午10时，最高人民法院在发布《最高人民法院、最高人民检察院关于办理贪污贿赂刑事案件适用法律若干问题的解释》召开的新闻发布会上，作出上述表述，http://www.court.gov.cn/zixun-xiangqing-19562.html，2018年11月17日访问。
② 《刑法》第383条第3款规定："犯第一款罪，在提起公诉前如实供述自己罪行、真诚悔罪、积极退赃，避免、减少损害结果的发生，有第一项规定情形的，可以从轻、减轻或者免除处罚；有第二项、第三项规定情形的，可以从轻处罚。"

却明显不同。《刑法》第78条规定的普通减刑的一般条件是"认真遵守监规，接受教育改造，确有悔改表现"，也就是说，对于被判处管制、拘役、有期徒刑和无期徒刑的犯罪分子而言，要适用减刑，在服刑期间必须具有悔改表现，才可获得减刑，换言之，对于普通减刑，其背后折射出的理念是"原则上原判刑罚应当执行，只有满足一定条件才予以减刑"。而《刑法》第50条规定的死缓的减刑条件却是"如果没有故意犯罪，二年期满后，减为无期徒刑"，换言之，对于判处死缓的犯罪分子而言，只要没有主动的故意犯罪行为，即可获得减刑，其背后折射出的减刑理念是"原则上原判刑罚不予执行，除非实施特定行为才不予减刑"。基于上述普通减刑与死缓减刑在减刑理念上的差异，对于被判处死缓的犯罪分子而言，在死缓的两年考验期间只需要不主动故意犯罪即可获得减刑，而在减为无期徒刑后，因为要适用终身监禁，所以即便是积极主动地认真遵守监规、接受教育改造，甚至立功，对犯罪分子而言都没有任何意义。由此，在死缓与终身监禁的减刑问题上，存在一个减刑的逻辑悖论，即犯罪分子只要不实施某一"向恶"的行为即可获得减刑，而积极主动实施某一"向善"的行为，却反而不能获得减刑的机会。

（三）刑罚执行方式存在重复

既然终身监禁并非独立的刑种，那么只能将其理解为刑罚的执行方式，[①]而死缓也不是独立的刑种，只是死刑的执行方式，法院判决死缓的表述也是"判处死刑，缓期两年执行"。也就是说被告被判处死刑，执行方式是死缓，但同时决定另一种执行方式是终身监禁，换言之，判处一个刑罚，却同时适用两种不同的执行方式，在执行方式上有重复适用之嫌。当然，也许有人会说，终身监禁并不是死刑的执行方式，因为，按照《刑法》第383条第4款的规定，是在死刑缓期执行二年期满依法减为无期徒刑后，才终身监禁，不得减刑、假释的，据此，应当认为终身监禁是无期徒刑的执行方式。这种观点乍一看似乎有一定道理，但是，实际上是经不住推敲的。所谓刑罚的执行方式，其含义指

---

① 大部分国家都将终身监禁规定为独立的刑种，但是从我国刑法的规定来看，在总则规定的主刑和附加刑体系中，并没有列出终身监禁作为一个独立的刑种，随着今后终身监禁适用范围的扩大，其有作为独立刑种的趋势。

的是针对判决已经确定的，我国刑法所明确规定的某种独立的主刑或者附加刑所采取的具体行刑方法和样式，例如：缓刑、假释等都是如此，而《刑法》第383条第4款所规定的主刑只有一种，就是死刑，针对这种主刑的刑罚执行方式只能是死刑缓期执行，而在死缓两年期满后，通过减刑变更为无期徒刑的性质已经发生了变化，此时的无期徒刑已经不是判决时确定的主刑，倘若将终身监禁理解为是无期徒刑的执行方式，那么，是不是说被判处无期徒刑的犯罪分子，在无期徒刑执行期间，获得减刑变更为有期徒刑后，也可以认为在这种情况下，有期徒刑就是无期徒刑的刑罚执行方式呢？显然不能这样认为。易言之，终身监禁只能理解为与死缓并列的，判决确定的主刑即死刑的执行方式，而如果是这样的话，如前所述，在刑罚的执行方式上，就有重复之嫌。

（四）使死缓考验期失去意义

死缓之所以设置两年的考验期，目的就是给那些还有改造可能的犯罪人以最后生的机会，既然如此，那么死缓考验期满后，一律终身监禁，将会使死缓的考验期失去意义，因为无论在考验期间罪犯表现如何，都不可能得到重获自由的机会，由此会产生以下一系列不利后果。

第一，驱使罪犯实施更多、更严重的监狱内犯罪。人性是善与恶的综合体，趋善还是趋恶，往往是基于功利主义的考量，在永无自由可能的情况下，也就没有了趋善的希望和动力，那么人只能选择趋恶，罪犯会实施更多、更严重的犯罪。更多表现在连续不断的、经常性的实施犯罪行为，更严重的是，被判处终身监禁的是贪污受贿等经济类犯罪，而被关押后，已不可能再实施此类犯罪，罪犯往往会选择侵害人身的暴力犯罪。

第二，或许有人会认为，对于被告人而言，本应判处死刑，直接剥夺生命，即使是死缓，也仍然有可能执行死刑，现在只对其实施终身监禁，最起码保留了其生的希望，相比之下还是要轻一些，果真如此吗？我们说，死缓为罪犯保留的最后的生的机会，这里的"生"是相对于死刑立即执行的"生"，因为其还保留了恢复自由的可能，因此，这里的"生"不仅包括"生命"，还包括"生活"，显然，终身监禁只是单纯地保留了罪犯的生命，从其个人的角度来讲，他失去了重新作为一个"社会人"的生活机会。从其家人的角度来讲，他们也失去了情感和经济的支柱，由此带来的社会和伦理问题，是我们制度设计者所应当正视的。[1]

第三，给监狱管理带来诸多问题。由于终身监禁的制度设计是不论罪犯表现如何，一律不得减刑和假释，这样一来，针对服刑罪犯的立功、遵守监规、接受教育改造、确有悔改表现等减刑和假释情节，对于被判处终身监禁的罪犯而言就没有任何意义了，反过来，这类罪犯就会自暴自弃、有功不立、不遵守监规、也不接受教育改造，给监狱的管理带来巨大的压力和挑战，结局只能是让人对其存在的合理性产生怀疑。[2]

第四，我国的终身监禁制度虽然以死缓判决为前提，性质上依附于无期徒刑。但是，在终身监禁的具体司法适用上，却规定终身监禁的适用不是在死缓执行届满，而是与死缓判决同时决定。既然终身监禁只是一种刑罚执行方式，其适用当然应当立足于主刑本身的执行情况，正因为如此，死缓才设定了两年的监狱服刑考验期，但是，上述终身监禁的适用方式与终身监禁的刑罚性质定位之间却存在明显的矛盾，一方面终身监禁既不是独立刑种；另一方面这种做法也违背了作为刑罚执行方式的程序要求。[3]

笔者认为，从死缓的角度来看，终身监禁是针对特定人员（被判处死缓的重大贪污贿赂犯罪分子）预先设定的死缓一般行刑效果的限制措施。重大贪污贿赂犯罪分子在被判处死缓后的两年考验期内，其表现不同，其实际的效果就不同，这种表现与效果存在三种情况：一是犯罪分子在两年考验期内故意犯罪，且情节恶劣，执行死刑；二是犯罪分子在两年考验期内，有重大立功表现，减为二十五年有期徒刑；三是犯罪分子不存在上述两种情形，两年期满后，减为无期徒刑。从这三种表现来看，前两种故意犯罪和立功，都是犯罪分子积极主动的行为表现，第三种是犯罪分子消极的行为表现，即便是实施轻微的故意犯罪，从突破死缓执行死刑的角度来看，其也属于一种消极的行为表现。因此，从死缓期间的三种行为表现的样态，可以认为，消极的行为表现所实现的无期徒刑是死缓的一般行刑效果，而积极的行为表现所实现的死刑和二十五年有期徒刑，则是死缓的特殊行刑效果，二者是一般与特殊的关系。易

---

[1]　我们国家一些地方的监狱和社区、街道联合，对判处有期徒刑和无期徒刑的服刑人员进行帮扶和再社会化，但是对于被判处终身监禁的犯罪分子，因为没有了重返社会的可能，上述措施无法起到作用。

[2]　钟铖：《揭开终身监禁的面纱——且谈刑（九）贪贿犯罪》，《学术前沿》2016年第3期。

[3]　在外国刑法中，由于终身监禁是作为独立刑种的，因此，在程序上不存在这些问题。

言之，在死缓的一般行刑效果无期徒刑的基础上，刑法又针对特定的人员设置了限制措施，这就是终身监禁，不得减刑、假释，而所有的这一切都是根据特定的犯罪主体和情节，在判决确定之时，已经预先设定好的，这也就很好地解释了最高人民法院认为"终身监禁与死缓判决应当一并作出，而不能等到死缓执行期间届满再视情而定"的基本立场。但是，如前所分析的，终身监禁所设立的不得减刑、假释是建立在死缓的一般行刑效果无期徒刑的基础之上的，不能扩展到死缓的特殊行刑效果，即有重大立功表现，减为二十五年有期徒刑，在这种情况下，终身监禁已经失去了其适用的死缓行刑效果基础。综上所述，对最高人民法院所认为的"终身监禁一旦决定，不受执行期间服刑表现的影响"，应当理解为，在判决确定时就应当预先设定的，具备适用终身监禁的死缓一般行刑效果（无期徒刑）的基础上，决定终身监禁后，在开始终身监禁的整个服刑期间（不包括死缓的二年考验期间），无论犯罪分子的表现如何，都不得减刑、假释。事实上，大多数学者在理论上都持上述笔者的观点，只不过都是建立在批判最高人民法院观点的基础之上，而没有在学术理论的观点和司法解释的立场之间作出合理的解释。

三、终身监禁与无期徒刑

（一）无期并不等于终身

在我国无期徒刑是主刑中仅次于死刑的严厉刑罚，但是由于针对自由刑的刑罚执行方式减刑和假释的存在，无期徒刑的受刑者往往并非是受到终身关押，而有恢复自由、重归社会的可能，这也是批评者认为其名义严厉、实质过轻，威慑力不够，进而主张以终身监禁取代之的主要理由，也有人主张取消无期徒刑，将其部分纳入终身监禁，部分纳入有期徒刑。说无期徒刑威慑力不够，是从对犯罪风险的前置化控制的角度来讲的，如果照此思路，那么死刑的威慑力照理应该更大，对犯罪风险的前置化控制更强，可为什么无论从理论还是从现实的角度，我们都主张废除死刑呢？在笔者看来，无期徒刑之于终身监禁类似于死刑之于自由刑，从犯罪统计学的角度来看，很难说保留死刑犯罪率就会下降，同样地，终身也未必就比无期更加能遏制犯罪。这一现象背后具有深刻的犯罪学和心理学的原因，通常被判处死刑和无期徒刑的，都是重大的严重暴力犯罪或者数额非常巨大的经济类犯罪，作为理性的一般人在实施此类犯罪时，往往是源于强烈的心理刺激、情感冲动或者巨大的利益诱惑，在这种情况下实施犯罪，实际上行为人对严厉刑罚的威慑力已经处于"暂时性遗忘"的状态，也许事后行为人会感受到刑罚威慑的恐惧，但结果已经发生，刑罚的意义是对其进行事后惩罚，将其犯罪后感受到的"恐惧"转化为审判后实在的刑罚，最终目的，是让其以后不敢再实施犯罪，因为结果已经无可挽回，因此，任何企图用重刑去达到控制犯罪和惩罚犯罪本身的目的，最终都注定是要失败的。无期并不等于终身，无期是对行为人犯罪严重程度的评价，这种评价兼顾了对犯罪人和一般人的威慑，给予立功、表现良好的减刑是为了达到刑罚改造的目的，让其以后不敢再实施犯罪，不敢再实施犯罪的前提是要能够回归社会，不能回归社会的改造没有任何意义，从某种意义上说是对刑罚目的的放弃。

（二）监禁并不等于徒刑

事实上，无论是在大陆法系还是英美法系的刑罚理论中，监禁和徒刑从来都是两种不同的刑罚，前者是单纯的关押，而后者则需要强制劳动。虽然日本等国的学者认为，对于过失犯、国事犯以及非不知廉耻的犯罪，[①] 应当适用监禁刑，但是大多数学者认为，应当取消监禁，实行自由刑的单一化，认为单纯的关押而不服劳役是违反人权的。从字面上看，终身监禁只是单纯的关押，考虑到我国的监狱改造政策，对于终身监禁的服刑人员也应当参加劳动，事实上就变成了"终身徒刑"，但是这种对服刑人员而言没有任何释放可能的徒刑真的能够实现吗？处于永失自由的环境中，还会愿意长期从事机械而重复的劳动吗？结局恐怕只能是单纯关押意义上的"终身监禁"，长此以往，只能造成罪犯的人性扭曲，是防范了其对社会的威胁，但又会对监狱管理造成更大的危害。

四、终身监禁与罚金刑

《刑法修正案（九）》针对贪污、受贿犯罪除了规定终身监禁以外，还新增

---

① 参见张明楷：《外国刑法纲要》（第二版），清华大学出版社 2007 年版，第 380 页。

了罚金刑。罚金刑设置的初衷，主要是针对贪污贿赂等经济类犯罪科以相当数额的罚金，使其无利可图，针对其逐利动机，让其感受到金钱上的痛苦。但是，终身监禁，特别是绝对的终身监禁与罚金刑存在着以下几点矛盾。

第一，终身监禁使得罚金刑成为空判，难以执行。重大贪污受贿犯罪，往往数额比较大，判处的罚金也相对比较高，犯罪人在监狱终身服刑，没有收入来源，无法缴纳高额的罚金，使其成为空判。此外，根据《刑法》第383条的规定，适用终身监禁的重大贪污犯罪分子，应当并处没收财产，这也就意味着，被判处终身监禁的犯罪分子，没有可供执行的个人财产来缴纳罚金。

第二，即使规定罚金可以由犯罪人近亲属代为缴纳，也难以实现。一般而言，近亲属代为缴纳罚金的心理动机是被告人能够得到减轻处罚，在绝对终身监禁的情况下，这种代缴的心理动机是不存在的，罚金也就不可能得到执行。

第三，罚金的惩罚性无法发挥作用。惩罚的前提是被惩罚人能够因此感受到痛苦，而作为金钱利益的惩罚，是以被惩罚人损失了本应能够获得的金钱为前提的。但是，终身监禁的犯罪人失去了获得任何金钱利益的可能性，因此，罚金对其也起不到任何惩罚的作用。不仅如此，在绝对终身监禁的情况下，判处的罚金反而会让犯罪分子在心理上产生一种实质上逃脱刑罚处罚的"满足感"，刑罚的惩罚性不仅荡然无存，反而会适得其反。

第四，罚金刑的教育、矫正效果落空。罚金刑在本质上与自由刑类似，自由刑是通过剥夺犯罪人的自由，对犯罪人的人格进行教育、矫正，而罚金刑是通过剥夺犯罪人一定数量的金钱，打击犯罪人的人格，[1] 纠正其金钱利益观、权力观，从而实现矫正其人格的目的。随着社会经济水平的飞速发展，在刑罚轻缓化的刑事政策背景下，针对利欲心较强的经济类、贪腐类犯罪的罚金刑大量增加，而终身自由刑所导致的罚金刑的空判，使得罚金刑起不到教育、矫正犯罪人人格的效果，即便是能够缴纳罚金，并且犯罪人通过罚金的缴纳，认识到正确的权力观和金钱观，在失去终身自由的前提下，这种矫正效果对犯罪人和整个社会而言也是没有意义的。

第五，罚金刑的可分割性与终身监禁的不可分割性之间存在矛盾。罚金刑是通过科以金钱而对犯罪人予以惩戒的，而金钱是可以分割的，换言之，罚金刑的可分割性使得依据不同的犯罪情节和危害程度进行差别化的量刑成为可

---

① 参见张明楷：《外国刑法纲要》（第二版），清华大学出版社2007年版，第390页。

能，为实现刑罚的个别化创造了条件。[①] 但是，与之同时适用的终身监禁却具有不可分割性，在满足适用终身监禁的最低贪污情节的基础上，贪污数额的多少与情节的差异，对犯罪人而言，都不会对终身监禁的执行效果产生任何实质性影响。易言之，作为刑罚的罚金刑，其刑罚性质的可分割性是为了实现刑罚个别化，而作为刑罚执行措施的终身监禁的不可分割性，却将适用于犯罪人的刑罚的这种刑罚个别化功能予以消解，这种刑罚和刑罚执行措施之间的，在刑罚效果上的矛盾，不仅使得罚金刑的优势荡然无存，也容易让人对终身监禁产生疑问。总之，在没收财产刑饱受诟病，不少学者主张罚没合一，实行单一的罚金刑的情况下，[②] 针对贪污贿赂犯罪的终身监禁与罚金之间存在的矛盾以及相互协调问题，必然要被提上议事日程。

五、终身监禁与《刑法》第 50 条第 2 款限制减刑的规定

《刑法》第 50 条第 2 款规定，"对被判处死刑缓期执行的累犯以及因故意杀人、强奸、抢劫、绑架、放火、爆炸、投放危险物质或者有组织的暴力性犯罪被判处死刑缓期执行的犯罪分子，人民法院根据犯罪情节等情况可以同时决定对其限制减刑"。而根据《刑法修正案（九）》第 44 条第 4 款的规定，终身监禁则是针对重大的贪污受贿的犯罪分子被判处死缓减为无期徒刑后，不得减刑、假释。比较这两条规定，可以发现二者存在衔接不畅的问题。

第一，关于累犯的限制减刑。根据《刑法》第 50 条第 2 款的规定，被判处死缓的累犯是限制减刑，换言之，是可以减刑的。但是，如果是重大贪污受贿犯罪分子同时又是累犯，又应当如何呢？也许有人会说，在《刑法修正案（九）》颁布以后这并不存在问题，因为只要符合《刑法修正案（九）》第 44 条第 1 款第 3 项规定情的重大贪污受贿的犯罪分子，在判处死缓减为无期徒刑后，就可以直接被判处终身监禁，不得减刑、假释，也就不存在累犯的问题。但是，这样的解释仍然是有问题的，倘若是在《刑法修正案（九）》颁布之前的重大贪污受贿犯罪分子而没有终身监禁，在《刑法修正案（九）》颁布后又

---

① 参见陈兴良：《刑法哲学》（修订版），中国政法大学出版社 1997 年版，第 419 页。
② 参见戴玉忠、刘明祥主编：《刑罚改革问题研究》，中国人民公安大学出版社 2013 年版，第 206—207 页。

犯了应当被判处终身监禁的重大贪污受贿分子，且构成累犯，是根据《刑法修正案（九）》的规定禁止减刑，还是根据《刑法》第50条第2款的规定只是限制减刑呢？要知道，《刑法》第50条第2款是现行《刑法》中应当予以适用的有效条款，此其一；其二，《刑法修正案（九）》第44条也并不是针对《刑法》第50条第2款的修改。综合以上两点，从理论上来说，针对上述情形，应当适用《刑法》第50条第2款关于累犯限制减刑的规定，可问题是，此时的犯罪分子又犯了应当判处终身监禁的罪行，且是在《刑法修正案（九）》颁布施行之后，按道理应当判处终身监禁，不得减刑、假释无疑。如此一来，跨越《刑法修正案（九）》而形成的重大贪污受贿罪的累犯的限制减刑，就与《刑法修正案（九）》实施后应当终身监禁，不得减刑、假释之间存在了适用矛盾的问题。

　　第二，关于《刑法》第50条第2款严重暴力犯罪的减刑。根据《刑法》第50条第2款的规定，对于故意杀人、强奸、抢劫等极其严重的暴力犯罪，如果被判处死缓的，可以限制减刑。首先，这些严重的暴力犯罪既然达到了判处死缓的程度，说明其社会危害性是极其严重的，而重大贪污受贿犯罪分子也被判处死缓，至少从刑法规定的刑罚上看，可以认为二者的社会危害性大致相当，既然如此，一个可以减刑，另一个却不得减刑，似乎不太合理，当然，反对者也可以从两种不同犯罪所侵犯的客体的角度去解释，但即便如此，也很难说后者所侵犯的客体就比前者所侵犯的客体要更具有社会危害性，因为生命权是高于其他权利的最基本的人权；其次，终身监禁只适用于严重的暴力犯罪是目前世界各国的通例，这就如同很多国家废除死刑一样，即使在少数保留死刑的国家对经济类犯罪也不适用死刑；最后，从再犯能力与再犯可能性的角度来说，显而易见，重大贪污受贿的犯罪分子，因为被开除公职服刑，已经丧失了再犯贪污受贿罪的能力与可能性，[①] 相比较而言，严重的暴力犯罪则更有可能出狱后再犯，对后者可以减刑而对前者却不得减刑，显然不符合刑罚预防犯罪的目的。

　　第三，限制减刑与服刑表现。从《刑法》第50条第2款规定的内容来看，限制减刑是在一、二审判决中单独宣告的，其根据是犯罪分子的犯罪情节和人

---

① 我国目前的终身监禁制度只是针对贪污受贿犯罪的，因此，这里的"再犯可能性"主要也是基于不同的犯罪类型而言的。

身危险性，而不考虑其在服刑期间的改造表现，[①] 这一点与《刑法修正案（九）》所规定的终身监禁是一致的。那么，是不是可以认为，重大贪污贿赂犯罪的犯罪分子的人身危险性要比其他严重暴力犯罪而被判处死缓的犯罪分子要大呢？倘若不是如此，在适用时都不考虑服刑期间表现的前提下，对前者不得减刑、假释而对后者则保留减刑可能性的根据又何在呢？

六、终身监禁与服刑人员

（一）基于刑法溯及力的考量

终身监禁是《刑法修正案（九）》新设立的针对重大的贪污受贿犯罪分子的条款，根据刑法"从旧兼从轻"的溯及力原则，对《刑法修正案（九）》实施前的重大贪污犯罪分子，不适用终身监禁，也就是说他们在判处死缓减为无期徒刑后，如果认真遵守监规、接受教育改造，有立功等悔改表现的，可以依法减刑、假释。但是，在《刑法修正案（九）》实施后，同样罪行的犯罪分子，同样情况下却必须终身监禁，不得减刑、假释。也许有人会说，溯及力指的是裁判尚未确定的同一犯罪行为跨越新旧刑法时的适用情况，对于《刑法修正案（九）》实施后裁判确定终身监禁的，不属于溯及力的问题，根据新法优于旧法的原则，适用终身监禁是没有问题的。果真如此吗？诚然，上述情形的确属于新法优于旧法的适用问题，但是，如上所述，终身监禁并非独立刑种，只能理解为一种刑罚的执行方式，作为一种刑罚执行方式，从其本质来说，应当是从原有的主刑或者附加刑的执行效果上去寻求其意义和根据。换言之，刑罚执行方式的设置和适用，就不得不根据原有主刑或附加刑的监狱执行效果来确定。《刑法修正案（九）》实施前的服刑人员在死缓减为无期徒刑后可以因认真遵守监规、接受教育改造，或者立功等悔改表现而得到减刑和假释，但是《刑法修正案（九）》实施后犯有同样罪行的服刑人员却不行，那是不是意味着，刑法中所规定的"认真遵守监规、接受教育改造，确有悔改表现""立功"等减刑、假释条件对同样罪行的、同样刑罚的服刑人员并不同等适用呢？反驳的人或许会说，是因为附加了终身监禁、不得减刑、假释，故二者是不同的，不能说减

---

① 参见刘德法：《论我国刑法中的限制减刑》，《政法论丛》2012 年第 1 期。

刑、假释条件不同等适用，这样的反驳同样是有问题的。首先，刑法所规定的减刑、假释的条件事实上对终身监禁的服刑人员是没有意义的，刑法的同一规定对同样罪行、同样刑罚（主刑），仅因为执行方式的不同，而进行差别适用，显然不符合适用刑法一律平等的原则；其次，如果非要强调是同等适用，那两种服刑人员的适用效果是完全不同的，对于终身监禁的服刑人员来说，这种适用只具有规范的形式意义，这同样违反了平等适用刑法的要求；再次，由此带来的问题是，是否可以从上述分析，反过来认为，被判处终身监禁的服刑人员不需要"认真遵守监规、接受教育改造"也不需要"立功"，显然这不符合我国的监狱改造政策，也不符合"人总是可以改造的"理念，[①] 但是，从服刑人员的角度来理解，这是当然的结论。

（二）基于刑事政策的考量

1. 绝对的终身监禁使得服刑人员失去了改造的动力，不符合我国的监狱改造政策。根据我国《监狱法》的规定，[②] 我国监狱的工作方针是"惩罚与改造相结合，以改造人为宗旨"。一方面，对违反监规、不服从改造的犯罪分子，依据监狱法所规定的日常考核制度给予警告、记过或者禁闭等惩戒措施，以体现刑罚的内在本质属性；另一方面，《监狱法》也从思想、行为、生存技能、价值观等各个方面，规定了对服刑人员的相关教育改造措施，[③] 引导服刑人员重新回归社会。监狱的日常考核制度有奖有惩，惩罚不是目的，改造才是宗旨，通过监狱的奖惩制度，改变服刑人的思想观念和固有的行为习惯，使其成为遵纪守法的正常社会公民，是监狱建立奖惩制度的初衷与归宿。显然，对于被判处终身监禁的犯罪分子而言，没有回归社会的可能也就失去了改造的动力，上述奖惩措施，对于被判处终身监禁的犯罪分子，自然也是没

---

① 参见高铭暄、楼伯坤：《死刑替代位阶上无期徒刑的改良》，《现代法学》2010 年第 6 期。

② 《监狱法》第 3 条规定："监狱对罪犯实行惩罚和改造相结合、教育和劳动相结合的原则，将罪犯改造成为守法公民。"

③ 《监狱法》第 61 条规定："教育改造罪犯，实行因人施教、分类教育、以理服人的原则，采取集体教育与个别教育相结合、狱内教育与社会教育相结合的方法。"第 62 条规定："监狱应当对罪犯进行法制、道德、形势、政策、前途等内容的思想教育。"第 70 条规定："监狱根据罪犯的个人情况，合理组织劳动，使其矫正恶习，养成劳动习惯，学会生产技能，并为释放后就业创造条件。"

有任何效果的。

2．基于个体生命的有限性和差异性，绝对的终身监禁是不公平的。人的寿命有长有短，从纵向来看，对犯罪分子本人来说，其实际的服刑时间与所犯罪行的社会危害性之间不能形成阶梯的一一对应关系；[①] 从横向来看，不同的犯罪人由于犯罪时的年龄差异，决定了绝对终身监禁的服刑起点不同，因此，不同犯罪人实际上在监狱服刑的时间存在差异，不能反映出彼此之间所犯罪行的轻重程度。目前我国的终身监禁只适用于贪污受贿犯罪的情况下，贪污受贿犯罪不同于暴力犯罪，其犯罪过程往往是一个长期的连续过程，对此类犯罪如果处以与死刑类似的具有不可分割性的终身自由刑，从对不同犯罪人的刑罚公平性来说，情况就变得比较复杂，至少存在三种不同的情况：第一，年龄很轻时就犯了重大贪污受贿罪被发现，并被判处终身监禁；第二，年龄很轻时犯了应当判处终身监禁的重大贪污受贿罪，但一直持续到年龄很大时才被发现，判处终身监禁；第三，年龄很大时才犯重大贪污受贿罪，被发现判处终身监禁。贪污受贿犯罪从客体来说，其固然是侵犯了国家工作人员职务行为的廉洁性，但是，从其犯罪目的和外在表现来看，绝大多数还是出于谋取财物的目的，在上述不同的情况下，犯罪分子实际上谋取财物的数额和持续犯罪的时间就存在很大的差异，当然，也许有人会说，无期徒刑和死刑也是针对不同的数额和犯罪持续时间，适用的刑罚效果是一样的。但是，一方面，无期徒刑毕竟具有减刑、假释的可能性；另一方面，死刑是直接剥夺人的生命，且绝大部分针对的是具有即时性的严重暴力犯罪，因此，即便是针对不同年龄的犯罪人而言，在适用效果上基本相同。终身监禁的特殊性就在于，其一，其与死刑一样，具有不可分割性；其二，其又与死刑不同，服刑效果是与人的生命的长短直接相关的；其三，与无期徒刑也不同，由于不存在减刑、假释的可能性，因此，对终身监禁而言，不同年龄的犯罪人其刑罚适用感受，因为生命的长短就存在很大的差异。易言之，从不同犯罪人的个体情况的横向考察，终身监禁的特殊性，决定了不同年龄的犯罪人监狱服刑感受的差异，从而导致刑罚适用效果的不平等。

3．允许终身监禁的犯罪分子因"重大立功"而减刑，对于犯罪分子积极

---

① 参见龙腾云：《刑罚进化研究》，法律出版社 2014 年版，第 221 页。

检举、揭发其他重大犯罪，推进反腐败工作的深入开展具有积极意义，[①] 毕竟，设置终身监禁制度的立法本意是为了震慑贪官，严厉打击贪污腐败，从另一个角度讲，也有利于提升终身监禁制度的刑罚威慑功能。[②] 在保留终身监禁的前提下，考虑到刑罚执行效果和监狱改造政策，合理的做法应当是针对普通的贪污受贿的服刑人员和被判处终身监禁的服刑人员，设置不同的减刑、假释的标准，对于终身监禁的服刑人员，可以比照普通的服刑人员，规定更加严格的条件。具体而言，在实质条件上，应当综合考虑服刑人员的人身危险性、再犯可能性、改造效果、年龄、家庭和身体状况等因素；在批准程序上，可以设置较普通自由刑的减刑、假释更加严格的程序，更高级别的批准机关。

七、我国终身监禁的替代刑与定位

对于终身监禁本身的性质，有学者认为从本质上看其属于死刑，是一种与死缓有别的死刑执行方式。[③] 如前所述，虽然从刑法条文的规定上看，可以得出这样的结论，但是，同样显而易见的是，无论是从我国终身监禁的名称，还是从其实质内容上看，这都是不合适的。根据我国目前的刑法规定，终身监禁还没有被规定到我国的刑罚体系当中，但是，从其设置的长远目的来看，其必然起到替代某种主刑的作用，那么，我国的终身监禁到底是替代何种刑罚的呢？人们首先想到的就是死刑，但是从我国刑法对终身监禁的规定来看，恐怕不是。[④]《刑法修正案（九）》规定"贪污数额特别巨大或者有其他特别严重情节，被判处死刑缓期执行的，人民法院根据犯罪情节等情况可以同时决定在其死刑缓期执行二年期满依法减为无期徒刑后，终身监禁，不得减刑、假释"。首先，从这一规定本身来看，我国终身监禁适用的前提条件不是死刑，而是死缓，这至少说明两个问题：其一，判处死刑的就不可能终身监禁，二者是不可并存两

① 参见赵秉志、商浩文：《论死刑改革视野下的终身监禁制度》，《华东政法大学学报》2017 年第 1 期。
② 参见刘艳红：《终身监禁的价值、功能与适用——从"白恩培案"谈起》，《人民法院报》2016 年 10 月 12 日。
③ 参见黎宏：《终身监禁的法律性质及适用》，《法商研究》2016 年第 3 期。
④ 也许从长远来看，设置终身监禁的目的确实旨在替代死刑，但是由于目前我国死刑制度里死缓这一独特的刑罚执行方式的存在，至少在现阶段，还不能说我国的终身监禁是取代死刑的刑罚制度。

立的；其二，死缓只要没有故意犯罪，就自然地减为无期徒刑，换言之，前提条件死缓实际上可以替换为无期徒刑，也就是说我国终身监禁适用的前提条件是无期徒刑，只是在这一前提条件下，与普通的无期徒刑相比不得减刑、假释而已。其次，就死刑缓期二年执行期满可能产生的后果来看，至少有两种本质上完全不同的可能。一是死缓期间没有故意犯罪，直接减为无期徒刑；二是死缓期间有重大立功表现，减为二十五年有期徒刑。因此，"人民法院根据犯罪情节等情况可以同时决定在其死刑缓期执行二年期满依法减为无期徒刑后，终身监禁，不得减刑、假释"的规定，实际上应当理解为死缓期满"'如果'依法减为无期徒刑后，终身监禁，不得减刑、假释"。换言之，在法院判决死缓的同时决定终身监禁，并不意味着后续就应当实际执行终身监禁，即终身监禁的裁决是一回事，但是终身监禁的实际执行又是另一回事，只有当死刑缓期执行的二年考验期满后，直接减为无期徒刑的情况下，原先的终身监禁裁决才能实际得到执行，意即终身监禁的实际执行是依附于无期徒刑的。最后，从终身监禁的立法意图和相关的司法解释来看，其主要针对的是判处死刑立即执行过重，判处一般死缓又偏轻的重大贪污受贿犯罪。也就是说，立法的初衷是要设置一个介于死刑和死缓之间的刑罚制度，在原有的刑罚体系中，符合这个要求的只能是无期徒刑。但是，既有的无期徒刑在通过减刑、假释等一系列刑罚执行措施后，其实质的刑罚力度已经远远低于死刑和死缓的中间"地带"，无法满足原初的立法意图，正是从这个意义上说，终身监禁取代了原有的无期徒刑，填补了死刑与死缓的刑罚中间地带的空白。由此，我们有理由认为，随着有期徒刑刑期的提高，我国目前的终身监禁制度，从规定本身来看是取代无期徒刑，而非死刑的。终身监禁是一种仅次于死刑的严厉刑罚，世界各国都是以终身监禁来取代死刑的，因此终身监禁都是针对严重的攻击人身的暴力犯罪的。[①] 而我国刑法所规定的终身监禁是针对贪污受贿犯罪的，这既不符合终身监禁的定位，也从另一个侧面证明了我国的终身监禁实际上是取代无期徒刑的一种刑罚执行方式。有学者为了说明我国终身监禁制度的这一定位不准问题，甚至将被告人声称出狱后要报复社会也理解为重大的贪污受贿犯罪的标准之一，不免显得过于牵强。[②] 如前所述，在我国目前的刑罚体系中，终身监禁并

---

① 美国有的州的刑法规定终身监禁适用于 A 级重罪。

② 参见沈帅：《浅析我国的终身监禁制度》，《人民法院报》2016 年 2 月 3 日。

非独立的刑种，而是刑罚执行的一种方式。从刑罚执行的方式来看，死缓、减刑、缓刑、假释等，都是针对刑罚这种最严厉的刑罚制裁措施而设置的附条件的减缓执行，但是，如同前面分析的那样，终身监禁这种刑罚执行方式却是代替无期徒刑这种比它轻的刑罚而设置的，显然，作为一种刑罚执行方式是不合适的，如果非要设置的话，倒不如直接在刑法总则中将其规定为独立的刑种，更加能说得通。①

终身监禁这种刑罚制度之所以在诞生之初，在理论上和实践中都被作为死刑的替代措施而出现，其根本原因就在于，在近代人权思想的影响下，终身的自由与生命具有了人权价值上的可比性，这种人权价值的可比性投射到刑罚领域内，就表现为两种极具人权意义的刑罚制度所具有的刑罚价值和能够实现的刑罚目的的比较，正是在这个意义上，我们才说终身监禁是死刑的替代措施。换言之，所谓替代，指的是两种具有同等的刑罚价值和能够达到相同刑罚目的的替代，并非具体的刑罚执行效果的替代，因为很明显，终身监禁与死刑，一个剥夺自由一个剥夺生命，在具体的刑罚执行效果上有着天壤之别。如前所述，在我国目前的终身监禁设置模式下，我国的终身监禁制度作为一种刑罚执行措施，其设置的目的和核心的实质内容是实际达到的刑罚执行效果，而从刑罚执行效果来看，同为无限期剥夺自由刑，我国的终身监禁只能是依附于原有的主刑无期徒刑的，其只是进一步加重了无期徒刑的执行效果的刑罚执行措施。显而易见，这与终身监禁这一刑罚制度本身的性质和定位，以及世界各国通行的做法是相悖的，究其根源就在于，我国目前将终身监禁只是设置为只针对某一种犯罪的刑罚执行措施，从长远来看，必须将终身监禁从表达执行效果的刑罚执行措施中解放出来，独立设置为表达刑罚价值和目的的刑种，才能回归终身监禁替代死刑的刑罚定位。

八、刑法规定与司法解释之间的关系

《刑法》第 383 条第 3 款规定："犯第一款罪，在提起公诉前如实供述自己

---

① 目前，终身监禁在我国刑法体系中的性质是模糊的，从规定上看，其还不是一个独立的刑种，但是从实质内容上看，不管是在行刑效果、严厉程度还是适用对象上，终身监禁与死刑、无期徒刑和有期徒刑都有着本质的不同，已经具备了独立刑种的特征。

罪行、真诚悔罪、积极退赃，避免、减少损害结果的发生……有第二项、第三项规定情形的，可以从轻处罚。"同时，《刑法》第 383 条第 1 款第 3 项对数额特别巨大，并使国家和人民利益遭受特别重大损失的情形，规定的法定刑是"处无期徒刑或死刑，并处没收财产"，根据有关法定刑轻重的司法解释的规定，① 如果犯罪分子符合《刑法》第 383 条第 3 款规定的从轻处罚的条件，那么对其适用的刑罚就应当是《刑法》第 383 条第 1 款第 3 项中的法定刑较轻的无期徒刑。② 但是，《最高人民法院、最高人民检察院关于办理贪污贿赂刑事案件适用法律若干问题的解释》（以下简称《解释》）第 4 条第 2 款规定："符合前款规定的情形，但具有自首、立功，如实供述自己罪行、真诚悔罪、积极退赃，或者避免、减少损害结果的发生等情节，不是必须立即执行的，可以判处死刑缓期二年执行。"也就是说，同样的"如实供述自己罪行、真诚悔罪、积极退赃，或者避免、减少损害结果的发生"，刑法和司法解释却规定了两种不同的量刑结果，此外，死刑缓期二年执行从刑种的角度来说，本质上还是死刑，因此，即便犯罪分子具有《刑法》第 383 条第 3 款规定的可以从轻处罚的情节，如果根据《解释》第 4 条第 2 款规定判处死刑缓期二年执行，犯罪分子实际上得不到从轻处罚。或许有人会说，判处死刑缓期二年执行后，可以减为无期徒刑，实际上与依据《刑法》第 383 条第 3 款从轻处罚后判处的无期徒刑也就没有本质上的差别了。但是，根据《解释》第 4 条第 3 款的规定，如果犯罪分子一旦被判处死刑缓期二年执行，则有可能被宣告终身监禁、不得减刑、假释。因此，对犯罪分子来说，在"如实供述自己罪行、真诚悔罪、积极退赃，或者避免、减少损害结果的发生"的情况下，到底是依据《刑法》第 383 条第 3 款的规定从轻处罚为无期徒刑，还是依据《解释》第 4 条第 2 款的规定判处死刑缓期二年执行，二者是存在本质上的区别的。从目前司法解释的规定来看，其还没有理顺与《刑法》之间的衔接问题。

---

① 《最高人民法院关于适用刑法第十二条几个问题的解释》第 1 条规定："刑法第十二条规定的'处刑较轻'，是指刑法对某种犯罪规定的刑罚即法定刑比修订前刑法轻。法定刑较轻是指法定最高刑较轻；如果法定最高刑相同，则指法定最低刑较轻。"第 2 条规定："如果刑法规定的某一犯罪只有一个法定刑幅度，法定最高刑或者最低刑是指该法定刑幅度的最高刑或最低刑；如果刑法规定的某一犯罪有两个以上的法定刑幅度，法定最高刑或者最低刑是指具体犯罪行为应当适用的法定刑幅度的最高刑或者最低刑。"

② 因为死缓只是死刑的执行方式，本质上还是属于死刑，因此，在比较法定刑轻重时，只能在无期徒刑和死刑之间进行比较。

根据《刑法》第 383 条第 4 款的规定，人民法院决定对被判处死缓的被告人适用终身监禁包含了两个条件：其一，前提条件，即犯罪分子具有"数额特别巨大，并使国家和人民利益遭受特别重大损失的"情节，被判处死刑缓期二年执行；其二，必要条件，即人民法院"根据犯罪情节等情况"。前提条件属于《刑法》第 383 条第 1 款第 3 项和第 3 款明确规定的有可能判处终身监禁的"法定情节"，而必要条件则是司法工作人员在处理具体案件时，在满足前提条件的情况下，对最终是否适用终身监禁，可以自由裁量的"酌定情节"，但是，作为适用终身监禁的必要条件的"犯罪情节等情况"具有模糊性、不明确性，给司法实践带来了不便，基于此，最高司法机关出台了相应的司法解释予以具体化，明确规定终身监禁的适用必须满足四个条件，即贪污、受贿数额特别巨大、犯罪情节特别严重、社会影响特别恶劣、给国家和人民利益造成特别重大损失。通过对比《刑法》和司法解释的规定可知，《刑法》第 383 条第 4 款中所规定的适用终身监禁的必要条件"根据犯罪情节等情况"，具体指的就是最高人民法院、最高人民检察院所颁布的《解释》中新增的"犯罪情节特别严重、社会影响特别恶劣"。需要特别指出的是，《刑法》第 383 条第 4 款中规定的"根据犯罪情节等情况"与《解释》第 4 条第 3 款中所规定的"根据犯罪情节等情况"，虽然在表述上完全一样，但含义却截然不同。前者的"根据犯罪情节等情况"是在犯罪分子符合规定情形被判处死刑缓期二年执行后，考虑是否适用终身监禁的依据，而后者则是犯罪分子符合判处死刑的条件下，考虑是否判处死刑缓期二年执行的依据。主要理由有四：其一，因为终身监禁是以犯罪分子被判处死缓为前提的，如果说"根据犯罪情节等情况"是考虑是否适用终身监禁的依据，那么，在表述时，它应当放在死刑缓期二年之后，不仅如此，由于终身监禁相较于普通的死缓减刑后果要重，因此，这种情况下的"根据犯罪情节等情况"应当是作为死缓减刑后的加重情节来考虑。我们看《刑法》第 383 条第 4 款"犯第一款罪，有第三项规定情形被判处死刑缓期执行的，人民法院根据犯罪情节等情况可以同时决定在其死刑缓期执行二年期满依法减为无期徒刑后，终身监禁，不得减刑、假释"的表述完全符合上述情形。反观《解释》第 4 条的规定却不是这样，其中第 3 款规定"符合第一款规定情形的，根据犯罪情节等情况可以判处死刑缓期二年执行，同时裁判决定在其死刑缓期执行二年期满依法减为无期徒刑后，终身监禁，不得减刑、假释"将"根据犯罪情节等情况"置于"可以判处死刑缓期二年执行"之前，此其一。其二，如果说此处的"根据犯罪情节等情况"是死缓减刑后适用终身监禁的加重情节,那么该条第 1 款中针对《刑法》第 383 条第 4 款新增的适用终身监禁的前提条件"犯罪情节特别严重"就显得没有多大意义了。其三,综合《解释》第 4 条的内容来看,其中第 1 款规定的是"论罪当死"的情形,第 2 款规定的是"判处死缓"的情形,第 3 款则规定的是根据第 2 款所规定的"犯罪情节等情况"判处死缓的同时,符合第 1 款的情形,对犯罪分子适用普通死缓偏轻,进而决定终身监禁。其四,出台司法解释的目的,本来就是针对的《刑法》中模糊的、不明确的规定予以具体化,以便于司法实践操作,因此,可以认为《解释》第 4 条就是对《刑法》第 383 条第 4 款中所规定的"根据犯罪情节等情况"这一适用终身监禁的必要条件的具体化解释规定。[①] 因此,《解释》第 4 条第 3 款本身所规定的"根据犯罪情节等情况",只能理解为判处死刑缓期二年执行所考虑的依据,即这里的"根据犯罪情节等情况"指的是《解释》第 4 条第 2 款中的"具有自首,立功,如实供述自己罪行、真诚悔罪、积极退赃,或者避免、减少损害结果的发生等情节",如果不是这样的话,那么出台司法解释也就没有任何意义了。

本来,基于《刑法》第 383 条第 3 款从轻处罚后的"无期徒刑"应当与死缓二年期满后正常减为的"无期徒刑"在本质上是没有任何差别的,但是,《刑法》第 383 条第 4 款却规定了死缓二年期满减为无期徒刑后,终身监禁,不得减刑、假释。换言之,《刑法》第 383 条第 4 款所规定的死缓减刑后的"无期徒刑"是不同于普通无期徒刑的特殊的"无期徒刑",[②] 而其特殊的条件就是"犯罪情节等情况"。如前所述,具备《刑法》第 383 条第 3 款的情形,可以从轻处罚判处无期徒刑,而如果不具备该情形被判处死刑缓期二年执行的,正常情况下,应当二年期满后减为可以减刑、假释的无期徒刑,但是,《刑法》第 383 条第 4 款又规定了不得减刑、假释的无期徒刑(终身监禁),二者之间的区别就在于"根据犯罪情节等情况"这一前置性条件,从刑法理论上来讲,犯罪情节应当属于定罪量刑的情节,将其作为未来考虑刑罚执行的情节,针对同一种刑罚采取不同的执行措施,是否妥当是个问题。

[①] 这里的具体化解释规定,指的就是《最高人民法院、最高人民检察院关于办理贪污贿赂刑事案件适用法律若干问题的解释》第 4 条第 1 款所规定的"贪污、受贿数额特别巨大,犯罪情节特别严重、社会影响特别恶劣、给国家和人民利益造成特别重大损失"四个条件。

[②] 终身监禁只是一种刑罚执行措施。

第二节　我国终身监禁制度的法哲学审思

首先，需要阐明的是，任何一种具体的刑罚制度本身都不是完美无缺的，任何人为建构的制度，在以追求"真知"为终极目的哲学视角看来，都必然存在问题与缺陷，但并不意味着这些制度在刑罚理论上和司法实践中是不合理的、应当否定的。在笔者看来，一切挑战人类生理和心理底线的刑罚制度，都必须从法哲学上进行充分的审视和思考，让我们能够更深刻地认识终身监禁这一刑罚制度本身，从法哲学的层面更好地指导部门法的理论建构和司法实践，这也是本节的写作目的之所在。如前所述，基于刑罚的创制，可以将终身监禁分为绝对的终身监禁和相对的终身监禁，在现代人权思想下，作为可以与死刑相并列的，应当是剥夺犯罪分子终身自由直至死亡的绝对的终身监禁，我国的终身监禁制度在类型上就应当归属于此，从这个意义上说，对绝对终身监禁的探究就是对我国终身监禁制度的思考，二者是等同意义的，为了行文的方便，在后文的论述中直接以"终身监禁"指代。

一、人性视野下终身监禁的合理性审视

（一）中国哲学人性本体论视野——人性善恶与终身监禁

对于人性的认识，以先秦时期思想家为代表的中国哲学，从伦理的角度，在本体意义上展开了人性的善恶之争，以孔孟为代表的性善论的儒家思想为基础所主张的"内圣外王"之道；以韩非子为代表的性恶论的法家思想为基础所主张的"严刑峻法"；以老庄为代表的自然性论的道家思想为基础所主张的"无为而治"，都反映出以人性善恶为基础的，各自的政治思想和法治理念。

孟子是性善论的代表，主张人性本善，认为人天生就具有善端，这种善端从哪里来呢？《孟子·告子》中指出源于四心"恻隐之心、羞恶之心、辞让之心、是非之心"，"恻隐之心，仁也；羞恶之心，义也；辞让之心，礼也；是非之心，智也"。恻隐、羞恶、辞让、是非"四心"，是仁、义、礼、智"四德"的发端。世上存在不善之人或事，孟子归结于"不能尽其才"，这个"才"就是天生的

本性，就是前面所讲的善端，因此要加强个人的修养，扩充善的本性。[①] 儒家的这种"性本善"的人性思想，反映在其法治理念上，就是倡导以德礼教化为主、以刑罚惩罚为辅，即所谓"德主刑辅"的治国理念。在儒家思想看来，刑罚固然具有外在的威吓作用，强制民众不敢去犯罪，但是，德和礼的教化却能够直指人心，唤起人天生具有耻辱感和善的本质，从而从根本上消除犯罪的动机，所谓："道之以政，齐之以刑，民免而无耻；道之以德，齐之以礼，有耻且格"[②]。易言之，儒家从"性本善"的人性思想出发，认为犯罪的人是可以通过道德、礼仪的教化而恢复其善的本性，从而从根本上达到消灭犯罪的目的。

荀子主张性恶论，著有《荀子·性恶》，认为人性本恶，所以才需要制礼仪、明法度。关于人性，荀子还提出了"性伪之分"和"化性起伪"的思想，认为人性是与生俱来的，目好色、耳好听、食好味、心好利等等，这些都是"性"，这些源自于生理需求的私欲的性，在荀子看来，都是恶的，而礼仪、道德和法治等则是通过后天学习和加工而成的，这就是伪（通"为"）。在荀子看来，要将人天生恶的本性转化为善，必须通过后天的人为手段，这些手段就是后天的法治、礼仪，即后天的"伪"（为）。以荀子性恶论思想为基础，法家学派集大成者的韩非子，提出了严刑峻法、法术势相结合的法治思想，淡化礼治，强调法布于众、刑无等级、明法去私等一系列具有现代意义的刑法思想。

汉唐至宋流行董仲舒提出的"性三品"，其核心思想认为，人性兼具善恶，根据善与恶的多少与教化难易程度，可以分为三品：一是"圣人之性"，其特点是情欲很少，不教自善的，是圣人具有的天生善性，因此，其具备楷模和教化的功能；二是"斗筲之性"，其特点是不具有"善"的本质，天生只具有"恶"的本性，不可通过教化为善，而只能为恶；三是"中民之性"，其特点是既可为善亦可为恶，弃恶扬善需要道德、礼仪的教化。其中具有"圣人之性"的人才能充当统治者和教化的立法者，斗筲之性的人难以教化，应当予以淘汰，而德教只能适用于"中民之性"的人。从现代刑事法治的角度来看，"性三品"说为犯罪人的分类处遇提供了理论基础，承认极少数性恶的，无法改造的犯罪人格化现象的存在，同时，也从道德、个人品行的角度对立法者、司法者提出

---

① 参见曾凡跃:《中国古代哲学纵与横》，群众出版社 2003 年版，第 222—223 页。

② 语出《论语·为政》第三章，意为"用政令来治理百姓，用刑法来整顿他们，老百姓只求能免于犯罪受惩罚，却没有廉耻之心；用道德引导百姓，用礼制去同化他们，百姓不仅会有羞耻之心，而且有归服之心"。

了更高的要求。

纵观中国古代哲学的人性思想，无论是性善、性恶还是"性三品"，其共通的一个基本理念就是，犯罪的人都是可以教育、改造的，区别在于三种人性论对人性本质的理解不同造成了教育、改造的方法和路径的差异。性善论与性恶论目的都是要导人向善，但是，因为二者在人性本体的出发点上不同，性善论的向善理念是"恢复善"，而性恶论的向善理念则是"压制恶"，向善理念的不同决定了前者更注重道德、礼仪的教化，后者则强调法治、规范的约束。与性善、性恶论的人性哲学思辨不同，"性三品"更具有生活实践的意蕴，其对人性上、中、下的三品划分，更符合社会生活中人性的现实状况，虽然其承认极少数的具有"斗筲之性"的纯恶之人，但是认为绝大多数社会成员还是可以导其向善的，并根据善的程度，采取不同的策略、赋予不同的功能。综上所述，在中国古代人性思想的视野下，对犯罪人的教育改造不仅是可能的，而且是必需的，恢复人的善的本性是刑法这一法律上层建筑所承载的社会使命，也是与儒家传统的政治理想相契合的，用现代刑事法治话语表述就是"任何犯罪人都是可以被教育改造的"。在现代刑罚理念中，对犯罪人教育的内容有二：一是教会其一项生存的基本技能；二是通过各种措施培育其良好的生活习惯和生活方式，最终目的是改变其固有的扭曲的人生观和价值观，将其重新塑造为合格的"社会人"。易言之，通过教育改造恢复犯罪人人性中的"善"并非终极目的，只有使这种"善"重新回归社会，才具有意义，才能体现刑罚的价值。采取终身隔离的刑罚手段，一方面对于真心悔改、一心向善的犯罪人来说，其已经彻底失去了成为社会人的机会，其善的外在行为也不具有社会意义，从这个意义上说，其改造的效果只能停留在思想的悔改和个人的反省之中；另一方面，刑罚的本质是通过"惩恶"的手段来达到"扬善"的目的。刑罚扬善的本质主要体现在三个方面：其一，通过对犯罪人罪行的惩恶，实现对社会大多数成员的善；其二，通过国家刑罚权的公力救济，制止被害人及其亲属的私力复仇，实现对犯罪人的善；其三，通过刑罚的再社会化功能，彰显改造效果的宣示意义，引导社会成员向善。终身监禁导致刑罚再社会化功能的缺失，体现刑罚改造效果的扬善功能自然无法体现，即便是对被害人及其近亲属而言，随着时间的流逝和社会道德水平的提高，其对犯罪人所犯罪行的仇恨感也逐渐趋于淡化，如果再加上犯罪人确实教育改造效果良好，一心向善，事实上，犯罪人与被害人及其近亲属之间已经达成了某种谅解，而终身监禁却对这种刑罚效果所要追求的和解之"善",制造了人为的刑罚措施障碍。总之,对于已经完全改造好的犯罪人,终身监禁使这种可能通过犯罪人"善"的社会回归,从而彰显刑罚人性价值的社会意义归于无形。

(二)西方哲学人性存在论视野——理性人、经验人与终身监禁

古希腊哲学原初是关注宇宙本体,从普罗泰戈拉的"人是万物的尺度"到苏格拉底的"认识你自己",西方哲学实现了从"自然哲学"向"人本哲学"本体论的转向,即从宇宙本体转向人的本体。① 无论是苏格拉底的"真知观"还是柏拉图以理性为最高的"人性三分论",抑或是亚里士多德从人的种属性和理性控制论的角度所阐释的"人的本质是理性"的命题,直至斯多葛学派"自然理性"的提出,古希腊哲学奠定了人性问题的理性主义传统。17、18世纪启蒙运动以来,笛卡尔从普遍怀疑出发,提出作为其第一哲学原理的"我思故我在"这一命题,开创了近代唯理论哲学的先河,彻底摒弃了古希腊的自然理性与中世纪的神与信仰的理性,第一次真正将理性与人性相结合,确立了人的主体性原则,赋予理性以人的本体意义。与笛卡尔的"天赋理性"不同,培根虽然也一定程度上承认理性的作用,但更崇尚试验的认识方法,强调感觉经验的重要性,洛克则更进一步提出了完全经验主义化的"白板说",而真正将经验主义与人性紧密结合的则是大卫·休谟的《人性论》,主张"一切知识都来源于经验""一切外部的事物都不过是人们的一些主观感觉和印象",将经验主义的人性思想推向了极端。随着人类思想的进步,特别是心理学、社会学的发展,人们逐渐认识到理性人和经验人各自所具有的片面性,提出了以"有限理性"②为代表的理性与经验的二重性,强调人性中既有理性的因素,也有非理性的因素。

在刑法学的视野下,理性人所构建的犯罪的人性逻辑起点必然是自由意志,经验人则确定了决定论的犯罪人性论前提,事实上,沿着理性人和经验人两种不同的人性观出发所得出的各种刑法理论,已经被刑法学本身证明存在诸

---

① 参见陈兴良:《刑法的人性基础》,中国人民大学出版社2006年版,第2页。
② 美国学者西蒙曾对有限理性有过精彩论述,他认为理性就是用评价行为后果的某个价值体系,来选择令人满意的备选方案的行为。

多问题，从犯罪的实证考察和刑法的司法实践来看，融合了理性与经验的二重性人性思想是符合实际的，因而是科学合理的。主张人是理性动物，人的行为要受到彰显理性的自由意志的支配，是犯罪人承担刑事责任，国家发动刑罚权的理论根据，而承认在某些具体的犯罪行为中，人要受到冲动、激情等一些非理性因素的影响，则是基于酌定量刑情节基础上的刑罚个别化的人性考量。从理论上来说，人在实施行为时，依据自由意志的理性推理比一时的冲动、刹那间的激情要更加可靠。但是，在复杂的犯罪情景中，往往非理性因素成为支配行为的主要动因。此时，理性的自由意志就由可靠性转化为非理性心理背后的选择可能性，成为承担刑事责任的根据。在刑罚措施中，讨论理性因素与非理性因素的意义在于，根据二者在行为人实施犯罪中所占比例的多少，去衡量刑罚措施改造效果的大小，甚至某种刑罚制度的合理性。对终身监禁而言，从犯罪人的角度来看，其实施的都是极其严重的暴力犯罪，由于死刑、终身监禁等严厉的刑罚威慑力的存在，对大多数的严重的暴力犯罪而言，犯罪人在实施时都或多或少的有非理性因素的参与。从另一角度讲，实施犯罪的人置严厉的刑罚惩罚而不顾，仍然实施严重暴力犯罪，本身就是非理性的表现。从刑罚措施的角度来看，由于终身监禁和死刑一样，具有不可分割性，杀死一人与杀死多人在刑罚效果上没有本质区别，因此，犯罪人在实施首次暴力犯罪后，出于理性的权衡，会继续实施后续可能判处终身监禁的严重犯罪，犯罪人实施犯罪时的非理性可原宥情由，由于终身监禁这种不可分割的刑罚制度的存在，就转化为理性选择连续实施犯罪的不可饶恕的罪恶。从某种意义上讲，可以说，是终身监禁驱使了并非完全决意实施犯罪的人毅然决然地走上了连续犯罪的道路，这也正是人们对与终身监禁有类似性质的死刑的批评之所在。综上所述，考虑到犯罪人实施犯罪时的理性和非理性因素，在刑罚轻缓化、矫治社会化刑罚理念深入人心的今天，绝对的终身监禁和死刑一样，都将可原宥的犯罪人推向了不可饶恕的深渊，从这个意义上说，绝对的不可分割的刑罚制度的存在，不仅对犯罪人本身，而且对其他社会成员，乃至整个社会来说，都是不利的。在这个问题上，我们可以类比刑法理论上对中止犯减免刑罚的根据，在有关中止任意性的学说中，犯罪人理性说正是基于犯罪人理性或者非理性的放弃正在实施的犯罪行为，作为是否具有中止任意性的标准，在笔者看来，其充分考虑到了支配人的行为的人性二重性因素，也具有依据客观事实判断主观心态的可操作性。人性的二重性既是对绝对终身监禁的否定，同时也是可分割刑罚的理论基础，其中，理性因素是对犯罪人实施刑罚处罚的根据，非理性因素则是刑罚个别化和刑罚裁量酌定的基础。刑罚的可分割性不仅能够实现刑罚个别化的刑罚效果，而且其作用还可以辐射到实际的犯罪行为过程中，如同对中止犯减免刑罚一样，最终为犯罪人架起一座返回的"金桥"。

（三）马克思主义哲学人的本质视野：实践人、社会人与终身监禁

根据马克思主义哲学基本原理，人双重存在着，一是自然存在，在这个意义上，人与动物是没有区别的；二是社会存在，这是人之为人的本质特征。人的自然存在与社会存在不是相互割裂的，将二者联结起来的中介是"实践"。实践是自然界与人类社会分化统一的基础。[1] 以劳动为代表的实践活动不仅将人与动物相区别，而且使整个物质世界分化为自然界和人类社会。与此同时，实践是人类能动地改造物质世界的对象性活动，实践活动的过程是一个"主体客体化"和"客体主体化"的双向运动，在这个过程中，主体是将自身的本质力量客体化到物质对象中，而客体则失去对象化的特征，被主体化到人的本质力量和生命结构之中，成为主体的一部分，这种双向运动都是在实践活动中完成的。易言之，实践将物质与精神、主体与客体、人的自然存在与社会存在统一了起来，正是从这个意义上，马克思指出"全部社会生活在本质上是实践的"，由此，马克思主义哲学对人的理解，全面超越了以费尔巴哈为代表的抽象化的感性人学，创立了独一无二的，具有革命性的实践人学。[2] 在马克思主义哲学的视野中，实践人与社会人是在同等层次上对人的本质的不同视角的描述，实践人是立足于人的存在论视角，而社会人则是立足于人的本体论视角。马克思指出，"人的本质并不是单个人所固有的抽象物。在其现实性上，它是一切社会关系的总和"[3]。社会性是人的本质属性，这种社会性是在物质生产和生活中所结成的人与人的关系，要结成这种实践活动中形成

---

[1]　参见《马克思主义基本原理概论》教材编写课题组：《马克思主义基本原理概论》，高等教育出版社 2015 年版，第 26 页。

[2]　马克思在《关于费尔巴哈的提纲》中指出："从前的一切唯物主义（包括费尔巴哈的唯物主义）的主要缺点是：对对象、现实、感性，只是从客体的或者直观的形式去理解，而不是把它们当做感性的人的活动，当做实践去理解，不是从主体方面去理解。"

[3]　《马克思恩格斯选集》第 1 卷，人民出版社 1972 年版，第 18 页。

的人与人的社会关系，必须以自由的人际交往为前提，因此，自由是实现人的本质的前提条件。

在《神圣家族》一书中，马克思和恩格斯重点关注了法国唯物主义者爱尔维修和霍尔巴赫所提出的将个人利益与普遍利益相整合，将道德与立法相结合的消除犯罪的方法。同时批判了鲍威尔借用小说人物"鲁道夫"所主张的，将法学和神学相结合的刑罚思想，指出其根本错误在于，对于刑罚的改造，不是关注基于肉体的人性本身，而是强调宗教上的灵魂救赎，"世俗的惩罚同时必须是基督教道德教育的手段"①。对此，马克思和恩格斯批评道："为了要人改邪归正，就使他脱离感性的外部世界，强制他沉没于自己的抽象的内心世界。"②在马克思和恩格斯看来，这种刑罚理论与康德、黑格尔唯心主义刑罚思想是相一致的，都是纯粹的抽象人类学刑罚理论，完全脱离了人的社会实践性，脱离了现实的法律生活和司法实践。③

马克思和恩格斯从人的社会性和实践性出发，认为犯罪人也是人，其之所以犯罪，是因为违反了维系社会共同体的强制性规则，根源在于其对社会规则的漠视，通过刑罚的隔离剥夺其从事社会实践活动的能力，事实上，也就使犯罪人失去了正常的"社会生活"，从而丧失了"社会性"。但是，刑罚的目的不是惩罚，而是通过惩罚，改造犯罪人，使其重返社会，重塑其"社会性"，对于无法重塑"社会性"的极其严重的暴力犯罪人，因其已经不具有人的本质的品质，其纯粹的"自然本性"会严重危害到社会其他成员和整个社会共同体的生存、发展与稳定，只能适用死刑从肉体上予以淘汰，但是，出于人道主义的价值追求，以终身监禁使其永久与社会隔离而达到与死刑同样的效果。由此可见，绝对的终身监禁通过永久剥夺犯罪分子的社会生活实践活动，从而使其丧失体现人的本质的"社会性"，会对其本人及家属的精神和心理造成严重影响，也并不符合刑罚人道主义的要求，即使对完全丧失了"社会性"的犯罪分子适用，也应当限于极其严重的暴力犯罪，在这种情况下适用，从剥夺其人的本质的社会性来看，终身监禁与死刑已经没有区别了。在马克思和恩格斯看来，既然人性的恶是将个人利益与普遍利益相对立的不

---

① 《马克思恩格斯全集》第 2 卷，人民出版社 1957 年版，第 227 页。

② 《马克思恩格斯全集》第 2 卷，人民出版社 1957 年版，第 228 页。

③ 参见公丕祥主编：《马克思主义法律思想通史》（第一卷），南京师范大学出版社 2014 年版，第 204 页。

道德表现，那么，全部的道德原则就应当建立在使人们的个人利益符合人类利益的基础之上。人的本质是社会性的，人性的发展是由社会环境所造就的，要消灭犯罪，就要创造符合人性的社会环境，使犯罪人的个人利益与整个社会利益趋于一致，刑罚的目的不是惩罚个人的犯罪行为，而是消灭犯罪反社会的温床。从这个意义上说，现代刑罚中行刑社会化理论的崛起，正是通过国家行为使犯罪人个人利益与社会利益趋于一致的过程中，实现一种价值引导示范功能，通过这种功能向全社会表明，不通过犯罪手段，同样可以达到个人与社会利益的一致和谐。有期限的自由刑之所以要对犯罪人进行劳动改造后，使其重新回归社会，道理同样如此。但是，在失去生命和终身自由的情况下，造成了个人利益与社会利益的永久隔绝，与死刑类似的终身监禁使刑罚成为单纯的以惩罚犯罪人和犯罪行为为目的和手段，而已不再是消灭犯罪的反社会温床中的重要一环。

（四）笔者提出的规范人性的视角

对人性的内涵有两种不同的理解，一是本体论意义上的理解，认为人性指的是人天生所具有的本性；二是存在论意义上的理解，认为人性指的是人区别于其他动物所独有的本质属性。但是，无论哪种意义上的人性，有一点可以肯定的是，人性是发端于需要的。马克思指出，"在任何情况下，个人总是'从自己出发的'……他们的需要即他们的本性"[1]。这些在人性驱使下的需要本无善恶之分，而人为了满足这些需要就要去追求，追求外化为手段，手段有理性和非理性之分，这种手段在满足自身需要的同时，必然会对他人和社会产生影响，有影响就有评价，有评价就有善恶之分，这种善与恶的评价是多层次的，有道德的、法律的，刑罚就是对满足人性需要手段之恶的评价，正如有学者指出的"本来，个人的需要是正常的，是人性的体现，但是满足需要的手段方式不能违背法律规定，如果超出法律的界限，满足自己的需要，就不是一种'善'，而是一种'恶'。这种'恶'体现在主体的需要与法律伦理的冲突上"[2]。

---

[1] 《马克思恩格斯全集》第3卷，人民出版社1960年版，第514页。

[2] 李继红、肖渭明：《自由意志行为刑事责任论纲》，《法律科学·西北政法学院学报》1997年第2期。

从上述过程可以看出，对人性善与恶的评价在手段对他人和社会产生影响这个节点才发生，在这个节点之前，对人性无评价，故无善恶之分，对这个节点上的人性的评价有伦理的、道德的、法律的，这些都是规范意义上的评价，刑法正在其中，不过，评价的内容有所不同，从评价内容上看，伦理和道德既有对善的评价，也有对恶的评价，而刑法只针对恶进行评价。因此，在刑法的视野内，人性是恶的，但这种恶不是自然人性意义上的恶，如前所述，如果由"人性的节点"继续往前推，人的需求本身并无善恶之分，换言之，刑法视野之内的"人性恶"是具有规范意义的人性，即规范的人性，刑法对规范人性恶的评价结果就是刑罚。而就刑罚本身来说，刑罚是一种必要的"恶"，为什么是"恶"呢？恶的基本前提是因为惩罚的对象是"人"，惩罚的效果是给人带来痛苦。但是，给人带来痛苦就必然是"恶"吗？对动物、对自然带来痛苦难道就不是"恶"？刑罚的恶在于，它是人对人的同类之间带来痛苦，而无论是实施惩罚的主体还是受到惩罚的主体都是有别于动物与自然界的伦理、道德主体，施刑主体和受刑主体本身都具有善与恶的本性。易言之，整个刑罚运作机制的过程，就是具有善恶本性的主体的互动过程，因此，刑罚的"必要之恶"是针对"规范人性"中的"恶"，其最终的目的是促使犯罪人回归自然人性之善。正是在这个意义上，我们认为，刑罚是"一体两用"的，"一体"是善恶的综合体，"两用"是惩恶扬善，惩恶是手段、扬善是目的，惩恶是通过刑罚的功能来实现的，而扬善是通过刑罚的目的来达到的。

贪污受贿的犯罪分子利用手中的职权非法占有公共财物，当然是一种恶，但是从自然人性的角度来看，满足自身的欲望是每个人与生俱来的本性，至少不能认为其是一种"恶"。如前所述，在刑法规范的视野下之所以将其评价为"恶"，是因为采取满足欲望的手段对他人和社会产生影响的意义上表现为一种"恶"，而不是说其在规范视野之外的自然人性的满足本身是"恶"，正是在这个意义上，我们才说刑罚的目的不是为了惩恶而惩恶，而是通过刑罚对规范人性"恶"的评价、教育、改造犯罪人，使其回归满足"非恶"的自然人性的手段和方式，而不得减刑、假释的终身监禁与死刑一样，通过刑罚的手段，将基于刑法评价的规范人性"恶"推向了极端和绝对化，通过消灭生命和剥夺终身自由的方式彻底消解了自然人性的合理性，否定了犯罪人被改造成具备善的规范人性的社会人的可能，正如高铭暄所说"不得减刑的终身监禁，不符合'人总是可以被改造'的基本理念……是漠视人性的弱点和人受社会环境因素影响的反映"①。

二、社会契约论中终身监禁的合法性思考

社会契约论是西方自由主义国家观的理论基础，社会契约论认为，人们最初生活在完美的自然状态中，在这种状态下每个人都是自己权利的所有者与仲裁者。但是，随着人们之间交往的扩大，彼此之间必然会产生冲突，如果每个人都是自己权利的所有者与仲裁者，那么这种冲突就会加剧，甚至引发战争，导致人类的灭亡，为了将这种冲突限制在合理的范围内，人们签订一个"社会契约"，彼此约定，将自己的权利让渡一部分出去，交给一个公共机构来裁决，这个公共机构就是国家。易言之，自由是天赋的，是人的自然本性，但是，在社会生活中，为了避免彼此的冲突，人与人的交往又受到以社会契约的形式而产生的各种规则的限制，所以人又无法达到那种天赋的自由，因此，卢梭指出"人是生而自由，但却无往不在枷锁中"②。作为社会契约签订者的双方，公民让渡出一部分天赋权利，就具有接受国家管理的义务，与此同时，国家在行使管理公民事务权利的同时，也具有承担不要过多干涉公民自由的义务，对源自于社会契约的国家权力的界限，是将冲突限制在合理的范围内，并且仅此就足够了，代表国家的政府只是充当公民"守夜人"的角色，"管的最少的政府就是最好的政府"，这就是所谓的"自由主义国家观"。古典自由法学派认为，政治权威的存在是为了保障社会成员的确定和不可剥夺的自然权利，国家的统治必须依照作为社会契约的法律展开。③ 以此为理论根基，贝卡里亚指出，人们在最初订立社会契约的时候，只是交给公共当局尽量少的权利，这里面不包括剥夺自己生命的权利，④ 论证了死刑的不正当性，从而认为应当废除死刑。当然，贝卡里亚在提出废除死刑的思想之后，却又赞成终身监禁制度，在笔者

---

① 高铭暄、楼伯坤：《死刑替代位阶上无期徒刑的改良》，《现代法学》2010 年第 6 期。
② ［法］卢梭：《社会契约论》，何兆武译，商务印书馆 2010 年版，第 4 页。
③ 参见钱锦宇：《法治视野中的现代国家治理：目标定位与智识资源》，《西北大学学报（哲学社会科学版）》2016 年第 6 期。
④ 生命权属于最基本的人权，是其他一切权利的基础，基于社会契约而成立的国家，无权剥夺公民的生命权，因为一旦生命权被剥夺，作为国家存在根基的"社会契约"也就不复存在了。

看来，其中的主要原因不外有三：其一，在当时的历史背景下，贝卡里亚提出废除死刑的思想可谓石破天惊，严重地冲击了中世纪以来既有的刑罚观念，为了缓和这种冲击效果，提出了终身监禁这一替代措施；其二，从贝氏提出的赞成终身监禁的理由来看，其是基于刑罚效果的延续性和效用性，认为剥夺终身自由的监禁刑，比短暂剥夺生命的死刑更加具有威慑力，更能够制止犯罪，且不说其观点正确与否，从思路逻辑来看，贝氏提出赞成终身监禁的理由仅是为了说明其废除死刑的合理性，而没有对终身监禁制度本身作出令人信服的论证；其三，贝卡里亚所处的18世纪，正是以残虐刑罚、罪刑擅断为代表的欧洲黑暗中世纪的晚期，而文艺复兴以来的启蒙主义思想刚刚兴起，封建刑事法治现状的野蛮落后与资产阶级人权思想的启蒙进步相互冲突交织在一起，在人权思想已经萌芽但还没有完全深入人心的背景下，贝卡里亚由于其历史局限性，还不能真正看到生命与终身自由之间的等价性。终身监禁与死刑有共通之处，其一，二者都是针对严重暴力犯罪的刑罚；其二，二者都具有不可分割性，杀死一人与杀死多人，对死刑和终身监禁来说都是一样的，没有刑罚轻重之分；其三，二者的目的都是将犯罪人永远与社会隔离。如果说基于社会契约的国家没有权利剥夺一个人的生命，那么它也没有权利去剥夺一个公民的终身自由，因为在一个民主、法治和人权的现代社会中，生命与终身自由实际上是等价的。即使在我们国家保留死刑，但是对于非暴力的贪污受贿犯罪设置终身监禁，不得减刑、假释，这种与严重暴力犯罪判处死刑对等的刑罚，仍然显得是过重的。

三、法的命令下终身监禁与抽象的人格自由

德国哲学家黑格尔既是西方古典哲学集大成者，思辨哲学的大师，同时，在刑法史上，也是旧派的代表人物之一，在他的代表性著作《法哲学原理》一书中，对"自由意志"进行了深入的讨论，被看作是法哲学的基础和核心概念，在此基础上，黑格尔明确提出"法的命令是：'成为一个人，并尊重他人为人'"①。什么是法呢？黑格尔认为，法的本质是"理念的自由"，而法的形式则表现为"自由意志的定在"。说法的本质是"理念的自由"，它的意思是，法

①　[德] 黑格尔：《法哲学原理》，范扬、张企泰译，商务印书馆1961年版，第46页。

的本质不是对自由的限制，而就是自由本身；[1] 说法的形式是"自由意志的定在"，它的意思是，任何能够保障人的自由意志的实定，无论伦理、道德、法律、国家等都是法的表现形式，正因为如此，人们遵守这些规则，并不是基于规则的外在强制给予的压迫和限制，而是遵循了自由的存在方式，也正是在这个意义上，黑格尔指出，对犯罪人进行惩罚，正是尊重其自由意志的理性存在。如何去理解人呢？对人有两种理解的维度：一是作为自然生命体的存在，这是自然的规定；二是作为自由意志的存在，这是自由的规定。[2] 动物与人作为生命体，都要受到自然的规定，都是具有"他律性"的不自由的生命个体，但是，自由意志赋予了人以摆脱"他律"的真正的自由。在黑格尔看来，"人格"是作为与"抽象的国家、政治和权力"相对立的事物而出现的。[3] 人格权，是人的抽象自由的权利，这个抽象是普遍的、一般意义上的抽象，指的是每个人都毫无例外应该享有的权利。在这里，不仅"我"应该享有人格权，"他人"也要享有人格权，因为，如果不是这样，那么"我"享有的人格权就不是普遍性的了，而只是"或然性"或者"偶然性"的，而法并不是为了"偶然性"，而是为了保护"普遍性"，捍卫他人的人格自由，也就是捍卫自己的人格自由。康德的道德哲学也表达了类似的思想，作为绝对命令的道德律是"要按照你同时认为也能成为普遍规律的准则去行动"[4]。意即你自己做某一件事是否符合道德、是否正当的前提是，是否你同时也希望所有人都这样做。一言以蔽之，法的本质是保护作为普遍物的理念的自由，因此，黑格尔才说"法的命令是：'成为一个人，并尊重他人为人'"[5]。黑格尔的这种法哲学思想，也体现在其对刑罚制度的认识上，他坚决反对肉刑、身体刑等残虐的刑罚，但同时却又支持死刑，认为对杀人者处死，正是尊重了其杀人时的自由意志的理性存在，意即他的杀人行为已经表明其同意接受对其实施死刑的惩罚。在黑格尔看来，在生命被侵害的场合，作为对犯罪的第一次暴力的第二次暴力的刑罚，只有通过剥夺

---

① 高兆明：《黑格尔〈法哲学原理〉导读》，商务印书馆 2010 年版，第 78 页。

② 在黑格尔看来，自由与意志就像物体与重量一样，重量是物体的属性，自由则是意志的属性。

③ 参见高兆明：《心灵秩序与生活秩序：黑格尔〈法哲学原理〉释义》，商务印书馆 2014 年版，第 58—60 页。

④ ［德］伊曼努尔·康德：《道德形而上学原理》，苗力田译，上海人民出版社 2005 年版，第 39 页。

⑤ ［德］黑格尔：《法哲学原理》，范扬、张企泰译，商务印书馆 1961 年版，第 46 页。

犯罪人生命的形式才能完成这一否定之否定的过程，最终使犯罪的本质归于虚无，作为普遍权利的绝对的法才能够得到恢复，从而确证自身的存在。对监禁刑，特别是单身监禁刑，黑格尔提出了尖锐的批评，认为对犯罪人进行人为的隔离，是对犯罪人人格的不尊重，而强迫其作为改造的对象和劳动的工具，在本质上，与肉刑、身体刑一样，都属于残虐的酷刑，为后世废除自由刑的思想提供了理论基础。[①] 尽管彻底废除自由刑还是显得过于激进，但是，如前所述，自由是人格权的实质内容，对犯罪人暂时的关押是为了使其成为一个理性人，法对他的命令的"成为一个人"，而永远剥夺一个人的自由，也就意味着永远剥夺了他的人格权，没有"尊重他为人"，这不是法的命令，违背了法的精神。

四、正义理论视域下终身监禁的价值评价

（一）和谐正义视角下终身监禁的社会效果

正义理论是法哲学理论的基本命题之一，也是法律制度所追求的基本价值。在西方法哲学发展史上，关于正义的内涵和价值，一直是观点纷呈、不胜枚举的。柏拉图根据人的生活需要确定的不同分工，将人划分为不同的身份等级，不同等级的人各守本分、各司其职，使整个社会和谐稳定地运行，在柏拉图看来就是完美地体现了正义的理念。由于年代久远，且柏拉图的正义观还是建立在奴隶社会严格的身份等级划分的基础之上的，其历史局限性是不言而喻的。但是，柏拉图所提出的促进整个社会形成一个稳定、和谐的整体即为正义的观念是可取的。事实上，从维护社会秩序的角度来说，法律正义所体现的是维持、保护现有社会秩序的保守主义立场，即便是随着社会形势的不断发展进行的法律变革，归根结底，维护现有社会秩序的和谐稳定，是法律所要追求的最终正义价值。因此，一项刑罚制度是否符合法律正义观念，要看其实施后的社会效果是否有利于促进整个社会的和谐与稳定。绝对的终身监禁，一方面将犯罪人完全隔绝于社会，使其性格扭曲，自暴自弃，对监狱这个"小社会"来说，是极不稳定的危险因素；另一方面，死刑是直接剥夺犯罪人的生命，虽然极其严厉，但毕竟属于一过性短暂的刑罚，犯罪人家属对被害人、对社会的仇

---

① 参见龙腾云：《刑罚进化研究》，法律出版社 2014 年版，第 223 页。

视感、报复感随着时间的流逝会逐渐趋于淡化，但是，终身监禁不仅具有与死刑同等意义上的刑罚严厉性，更重要的是，犯罪人长期服刑的事实和对未来重归社会的绝望，作为一个"标杆"时时刻刻矗立在那里，刺痛着犯罪人家属的神经，导致犯罪人家属对被害人和整个社会的仇恨与不满，随着时间的延长反而越来越深，进而有可能引发报复社会的新的犯罪，不利于整个社会的和谐与稳定。

（二）个别正义视角下终身监禁的刑罚效果

亚里士多德以"善"作为基本范畴，以公共利益和社会秩序为依归，从平等观念的角度，阐述了政治和法律意义上的正义观。亚里士多德将正义分为普遍正义和个别正义，其中个别正义又可分为"分配正义"与"矫正正义"。在分配正义的领域，不同人的身份、地位不同，因而其享有的权力、财富和荣誉就有所差别，在进行分配时应当按照差别比例进行分割，比例的相称就意味着分配的正义。矫正正义则是基于人的等价性原则，其基本理念是，尽管参与分配的各方对利益的获取，因为贡献不同存在比例上的差别，但是基于各方身份、地位的等价性，对利益的差额分配进行矫正，从而实现平等分配的正义原则。在法律的范畴内，矫正正义适用于身份地位平等的民法契约、损害赔偿的领域内，而分配正义则适用于因为犯罪情节不同，施以轻重不同刑罚的犯罪与刑罚。根据分配正义的理论，基于身份的不对等而求得比例的相称，才是符合正义理念的，显然对千差万别的犯罪人施以刑罚的个别化才符合这种分配正义的理念，而终身监禁的不可分割性，决定了其是在设定一个最低适用标准，凡是在此标准之上的所有犯罪人，都实施在服刑效果上绝对同一的刑罚，而不考虑其入狱服刑时年龄的差别所导致的实际服刑期间的不平等。按照矫正正义的理论，基于同等的身份、地位应当实施平等的利益分配，被判处终身监禁的犯罪人在定罪量刑上，与判处其他刑罚的犯罪人或许存在差别，但是，一旦进入定罪量刑后的服刑阶段，如果将终身监禁与判处其他刑罚的服刑人员进行横向比较，作为服刑人员应当是具有等价性的，在这种情况下，依据矫正正义，针对服刑人员的因为立功和具有悔改表现的减刑、假释等刑罚执行措施，应当是平等适用的，而绝对的终身监禁破坏了这一矫正正义的原则，导致身份、地位平等的主体，在面对同样的利益分配时，采取了区别对待的分配原则。

（三）相对正义视角下终身监禁的适用范围

纯粹法学的创始人凯尔森，以康德的不可知论作为思想基础，提出了和奥斯汀的分析法学与拉德勃鲁赫的相对主义完全不同的相对主义正义理论。凯尔森认为，人们普遍理解的正义观念，是每个人都获得幸福的社会秩序，但是，社会成员之间必然产生的利益冲突，导致这种秩序实际上是不可能存在的，即便是使大多数人获得幸福的社会秩序也是不可能的。合乎正义的社会秩序只能是当权的立法者所承认的满足人们某种需要的集体利益，例如：衣食住行的需要，但问题在于，哪些集体需要是值得满足的？它们的先后次序和价值等级是怎样的？不同的人价值立场不同，其做出的价值判断也就不同，一个基督徒和一个唯物主义者对物质财富和人的精神、灵魂的价值判断就完全不同。正因为构成正义观念的价值内容完全是不确定的，因此，"正义是一种主观的、相对的价值判断"①。在纯粹法学的视野中，虽然基于正义的相对性，我们无法判断某种法律是否符合正义，但是，可以在"合法性"的概念之上，去判断法律规则是否符合正义的观念，这个判断标准就是看，根据某一法律规则的内容，能否适用于其应当适用的一切场合，如果能，就是正义的，反之，就是非正义的。换言之，在纯粹法学看来，因为对构成实定法内容的价值判断是相对的，因此法律的正义，不在于实定法本身，而是法律适用的一个特征。显然，纯粹法学所阐释的"合法性"正义，与作为自然法理论基础的正义理念处于不同的层次，前者以现有的实定法作为研究对象，在"实际上是什么样的法律"的框架下，在实定法的范围内去讨论正义问题。后者则是跳出实定法，从作为实定法正义衡量标准的角度，在"应当是什么样的法律"的框架下，去探讨超越实定法的正义理念。在纯粹法学的相对主义正义论看来，超越纯粹实定法的正义理念的讨论，因为人们价值立场的不同，是不会有任何结果的，也不具有任何意义，从这个角度来说，自然法认为存在不能明确规定的正义理念，不过是委婉地承认了正义理念本身的相对性，从而不能被人们所认识。当然，相对主义正义论将人们普遍遵守的正义价值完全虚置，有其片面之处，但是，其所提出的，在实定法的范围内，正义就表现为根据法律规则的内容，能否适用于其应当适用的范围，还是具有启发意义的。就终身监禁来说，终身监禁本身的刑罚

---

① 沈宗灵：《现代西方法理学》，北京大学出版社1992年版，第125页。

性质，决定了其应当适用的范围。在现代人权思想背景下，终身监禁已经成为一种与死刑价值相当的，具有不可分割性的最严厉的刑罚手段，其所适用的范围也应当与传统的死刑一样，及于最严重的侵害人身的暴力犯罪，事实上，世界各国所规定的终身监禁制度也正是如此，但是，我国的终身监禁却只适用于重大的贪污受贿犯罪，这并不符合终身监禁这一刑罚制度本身所应当适用的范围，即便是现在所规定的终身监禁制度只是一种"试验性"立法，但是，实际规定的刑罚制度本身的性质，并不符合其应当适用的范围，在相对主义正义论看来，也并不符合"合法性"意义上的正义理念。

（四）资格正义视角下终身监禁的行刑过程

与罗尔斯建立在现代福利主义国家基础上的社会正义观不同，诺锡克提出的资格正义论，反映了资本主义自由市场经济的自由观，其理论特色在于，颠覆了传统的，作为正义理念核心的人们利益需求满足的方式。在诺锡克看来，满足人们利益需求的资源，不是以往正义理论所主张的"分配"的形式，因为，在自由市场经济条件下，任何社会组织和个人都无权控制并进行资源的分配，真正控制资源的是每一个社会成员，"在一个自由的社会里，不同的人控制着不同的资源"[①]，在此基础上，人们利益需求的满足，并不是依靠某一公共社会组织的"分配"，而是基于控制资源的个人之间的交换、赠与、转让而形成的"持有"，而人们是否有资格获得某项持有物，就是资格正义。在资格正义论看来，个人不能获得其有资格获得的某项持有物，或者获得了其没有资格获得的某项持有物，都是非正义的。在终身监禁行刑过程中，争议最大的就是关于终身监禁减刑、假释的问题，无论是基于刑法教义学的理论分析，还是凭着公平、公正的朴素正义感，都让人觉得，对于认真遵守监规、接受教育改造，确有悔改表现或者立功表现的终身监禁犯罪人，在任何情况下都不能得到减刑和假释是让人难以接受的，我们不禁要问，在法律已经明确规定的情况下，为什么还会让人产生难以接受的不公平感呢？用诺锡克的资格正义论可以解答这一现象，就服刑期间的表现而言，是否可以减刑、假释的资格条件是"认真遵守监规、接受教育改造，确有悔改表现，或者立功表现"，针对服刑人员的减刑、

---

① 张文显：《二十世纪西方法哲学思潮研究》，法律出版社 2006 年版，第 501 页。

假释的优惠资源，不是基于法律分配的，而是基于每个服刑人员是否具有获得资源的资格条件。当终身监禁的服刑人员具备了获得减刑、假释资源的资格条件时，却没有得到与其他具备该"资格"的服刑人员同样应该"持有"的减刑、假释资源时，就是一种资格与持有不相配备的资格不正义。

第五章　我国终身监禁制度的问题与重构

第一节　我国终身监禁制度重构的考量因素

首先需要界定的是，笔者对终身监禁的重构设想主要是在中国刑法语境之下的，当然这里也包括对终身监禁这一刑罚制度本身的思考。在笔者看来，我国刑法中所设置的终身监禁制度无论是在理论上还是司法实务上，都还存在一些可以探讨的问题，当然这与终身监禁这一制度本身有待完善是分不开的。笔者认为，我国终身监禁制度的重构或者说在设置终身监禁之初需要综合考虑以下因素。

一、重构的前提限定

（一）替代刑的限定

在替代刑上，终身监禁作为剥夺终身自由的严厉刑罚，只能限定在替代同样严厉的死刑这一剥夺生命的刑罚上。首先，自启蒙运动以来，随着人权思想的崛起，在现代法治理念中，终身的自由与生命已经具有等价性；其次，从刑罚效果上来看，终身监禁与死刑一样，都具有不可分割性，这样就保证了二者相互替代不存在适用效果不对等的问题；再次，从刑罚进化的历史来看，任何刑罚制度的产生、发展、演变和消亡，都不仅仅是一个单纯的法律问题，而是一个民族历史文化和政治哲学思想的不断演化的反映，而一切文化史和政治思想史又不过是人们物质生产生活演变的历史。因此，一项新的刑罚制度的设立，还要立足于本国、本民族的历史文化传统，归根结底还是要立足于本国人民的物质生产生活水平。从世界范围来看，废除死刑是大势所趋，随着我国现代法治理念的不断发展，刑事立法和司法逐步开始与世界刑法潮流接轨，对待废除死刑的态度，无论是在刑法理论界，还是普通民众，已经从过去的绝不接受到逐渐可以理解，在这方面刑法理论界似乎走在了前面，废除死刑的观点在我国得到了很多学者的支持，但是，我国的普通民众，对待废除死刑的态度，虽然不像过去那样完全拒斥，但绝大多数人还是持保守的态度。究其原因，正如前面所讲的，虽然我国现在已经与世界现代法治文化接轨，但具体到某一项刑罚制度的"激变"，归根结底，还是要受到人们物质生活水平的发展状况的影响。我国目前还处于社会主义初级发展阶段，经济社会发展过程中的很多矛盾凸显，在剧烈的社会转型时期，人们对严重的违法犯罪现象更是敏感，作为守卫社会秩序最后底线的刑事立法，人们对其所抱的期望也就越高，在这种情况下，全面废除死刑在现阶段还是有一定难度的，但是，在现代法治文化的影响下，普通民众毕竟已经可以接受原来不可想象的废除死刑这一议题，这不得不说是法治的进步，在这种情况下，刑法因势利导地引入将来有可能取代死刑的刑罚制度，可以说是顺应未来刑事立法方向的得当之举。

（二）适用方式的限定

在适用方式上，应当赋予绝对的终身监禁以必要的救济途径和刑罚出口。例如：建立刑事特赦制度、建立在更加严格的条件和程序的基础上的终身监禁的减刑、假释的公开听证制度等等。一方面，世界上大多数国家所采取的是相对的终身监禁，在刑事立法上和行刑效果上，更容易与国际接轨；另一方面，可以尽量避免绝对终身监禁制度本身所固有的一些弊端；再有，从刑罚体系的角度考虑，赋予绝对的终身监禁以救济途径，与我国现有的整个刑罚体系更加协调、匹配，对现有终身监禁制度与减刑、假释条款的争议，就是最好的例证。

（三）适用范围的限定

在适用范围上，终身监禁一般只适用于危及人身安全、社会和国家安全的严重暴力犯罪。纵观世界各国设置的终身监禁制度，无论是绝对的终身监禁还是相对的终身监禁，基本上都是针对危害国家、社会和人身安全的严重暴力犯罪，究其原因：其一，终身监禁本来就是取代死刑的刑罚措施，而传统的死刑，无论是在民众观念、法律文化，还是司法实践中，绝大多数都是适用于侵害人身的严重暴力犯罪的；其二，对于非暴力犯罪，例如经济犯罪等，尽管有时造成的损失有可能也很大，但是其侵害的客体，毕竟不能与人的生命和健康相等同，因此，一般也就不能适用类似死刑、终身监禁这种最高等级的严厉刑罚；其三，基于刑法的谦抑性和终身监禁本身作为最严厉刑罚的性质，决定了其适用一定是限制在相对比较狭窄的范围内的。我们传统上，对死刑适用的限制条件，即所谓的"罪行极其严重"这一笼统的说法，实际上是在一个模糊的标准上的死刑适用的泛化，什么叫"极其严重"？犯了哪些"罪行"可以认为是极其严重？表面上看，是限制死刑，实际上是给具体的刑事立法造成了过大的"弹性"，立法者完全可以根据经济社会发展的需要，认定任何一类罪行达到了极其严重的程度，从而给具体的罪名设置死刑。刑事司法实践中，对适用死刑的标准用语也是"犯罪情节特别恶劣、后果特别严重，社会危害性极大"等描述犯罪后状况的用语，显然，无论是刑事立法还是司法，都没有很好地起到限制死刑适用的作用。在具有同样情形的终身监禁的适用上，不是从犯罪后状况的模糊视角，而是从具体罪名设置的清晰视角，在刑事立法环节，从源头上控制其设置，才能从刑事司法环节限制其适用。可以设想，在未来终身监禁全面取代死刑的后死刑时代来临之时，也是中国的刑事法治文化全面走向世界与国际接轨之日，在这种情况下，更应该将终身监禁这种最严厉的刑罚限制在有限的范围之内。

二、刑罚的衔接与协调

（一）终身监禁与罚金刑的衔接

自由刑与罚金刑作为两种有本质区别的刑罚方式，二者的衔接历来是个问题，这个衔接主要涉及在判处自由刑的基础上如何有效落实执行罚金刑，不能缴纳罚金的如何易科自由刑等问题。具体到终身监禁与罚金刑，基于我国所采取的绝对终身监禁本身的性质和适用效果，应当考虑绝对的终身监禁应当与罚金刑如何衔接？是否被判处绝对的终身监禁再判处罚金就没有意义？还是采取特殊的方式来执行罚金刑？对剥夺终身自由的犯罪人而言，采取何种方式执行罚金才能既符合刑罚目的，又能产生良好的刑罚效果？等等一系列问题，本书将在后续终身监禁与刑罚改革中展开具体的论述。

（二）刑罚体系的协调

在制度设计上，要注重终身监禁与其他刑种和刑罚执行措施之间的体系性协调。如前所述，我国终身监禁制度的设计存在很多问题，比如：终身监禁与死缓、终身监禁与无期徒刑、终身监禁与罚金刑、终身监禁与限制减刑等等，诸如此类的问题。造成这些问题的根源，笔者认为，终身监禁制度本身的缺陷固然是原因之一，但是，最主要的还是由我国终身监禁制度有别于其他所有国家的独特性所造成的，从这个意义上说，这种体系性的协调是在目前我国绝对终身监禁语境下的协调。在《刑法》已经明确规定我国终身监禁制度适用对象的情况下，要在一定程度上解决这些问题，其一，要对目前我国终身监禁的刑罚性质进行重新定位，从刑罚执行措施变更为独立主刑；其二，赋予绝对终身监禁以适当的救济出口；其三，贯彻终身监禁替代死刑的应然理念；其四，回归终身监禁适用于惩罚挑战社会秩序和人类道德底线的极端暴力犯罪的刑罚定位。

三、刑罚执行成本的考量

刑罚作为预防犯罪的手段之一，其价值追求是保障整个社会稳定、有序的运行，也正因为如此，传统上我们认为，刑罚的执行是一种国家的公共行为，特别是在我国的现行社会性质下，类似于国外的私营监狱是没有存在可能的。要以刑罚这种方式将实施犯罪行为的犯罪分子改造成不具有侵害性的社会成员，付出一定的刑罚执行成本是必需的。但是，犯罪行为毕竟是对其他社会成员和整个社会秩序的侵害，因此，这种改造和执行的成本也必须控制在合理的范围之内，超过一定的成本界限，其他社会成员恐怕是难以接受的。因为，从根本上说，运用刑罚改造犯罪人所付出的成本代价，是由受到犯罪行为侵害的其他社会成员通过税收的形式来负担的，像我国的绝对终身监禁这种刑罚方式，在执行成本上已经超出了公众所能接受的界限，如何在终身监管之下，充分发挥被执行人员的社会价值，尽量减少刑罚执行的成本，是我国绝对终身监禁制度在执行过程中必须加以考量的问题。

四、特殊服刑人员的社会化处遇

由于我国的终身监禁是绝对的终身监禁，这就意味着犯罪分子必须在监狱中度过一生，从服刑人员的特点和人道主义要求出发，要考虑到高龄年老体衰、患严重疾病等这些特殊的终身监禁服刑人员的社会化处遇的问题。一方面，这类特殊的服刑人员已经基本丧失了再犯能力，不具有再犯可能性，对其给予一定程度的社会化处遇不至于对社会造成危害；另一方面，从人权和人道的角度出发，对这类服刑人员在一定限制下进行社会化处遇，体现出刑罚的教育改造目的，也彰显了现代刑罚理念所包含的人道主义精神。具体的社会化处遇措施可以考虑针对高龄年老体衰者设置专门的"特赦"条款，针对患严重疾病者设置专门的"保外就医"条款，或者采取专门的社区监控医疗。另外，从刑罚的社会效果出发，还应当考虑到终身监禁这种特殊的刑罚对服刑人员家庭带来的影响，特别是那些上有老、下有小、家庭贫困，罪犯本身就是家庭的唯一经济支柱的犯罪人，如何从社会政策、刑事政策的角度予以救助，实现社会政策与刑事政策的良性互动，既惩罚了犯罪又体现了人权，既改造了犯人又救济了家属，实现刑罚的惩罚效果与社会效果的平衡统一，是终身监禁这种特殊的刑罚制度在建构之初，就应当着重考虑的问题。

第二节　我国终身监禁制度的问题分析与重构措施

一、确立恢复性司法的刑事司法理念

传统意义上认为，刑罚的目的在于预防，在笔者看来，这里是以国家追诉作为动态实现手段的静态的刑罚目的，这种静态目的的实现是沿着对行刑对象的关押与改造的单向度路径展开的，或许对普通自由刑，这种预防目的在某种

程度上是可以实现的，因为毕竟犯罪人还有回归社会的可能，所以预防犯罪才是有意义的。但是，对于绝对的终身监禁而言，这种单向度预防是没有意义的。首先，就特殊预防而言，因为其对象是正在服刑的犯罪分子个人，因此，从预防犯罪的角度来说，特殊预防属于"效果"层面的预防，在这个层面的预防包括两个方面：其一，刑罚的直接作用是通过对犯罪分子的隔离，强制剥夺其实施犯罪的条件，通过外在的物理强制手段防止其再次犯罪。其二，通过监狱里的劳动改造，达到三种不同的效果：一是改造犯罪分子的思想，使其从内心深处认识到自己犯罪行为的错误，从而自我谴责，下定决心重新做人。二是虽然思想上并未认识到自身犯罪行为的危害性，但是基于刑罚所带来的身心痛苦，使其感受到刑罚的威慑，畏惧法律，从而使其行为受到约束，不敢也不愿再次犯罪受到刑罚的惩罚。三是对极少数罪大恶极，通过教育改造既不能使其从思想上主动的自我反省罪行，又不能从行动上被动地畏惧刑罚，而无法改造的犯罪人，通过永久的淘汰出社会，防止其再次实施危害社会的行为。从国家设置刑罚的目的来看，第一种效果是特殊预防所追求的直接目标。第二种效果中的思想改造是特殊预防所追求的价值目标，其中的行为改造也达到了特殊预防所追求的底线。第三种效果则是不得已为之，因此，争议也就最大。其次，就一般预防而言，因为其对象是非服刑人员以外的其他社会成员，因此，从预防犯罪的角度来说，一般预防属于"功能"层面的预防，这个层面的预防包括三个方面：一是对社会上不稳定的危险分子，通过的刑罚适用，起到警戒、震慑作用，使其不敢轻易以身试法。二是对被害人亲属，通过刑罚的适用，一来安抚其被害情绪，体现国家正义；二来防止被害人亲属采取报复等私力救济形式，避免新的犯罪发生，维护社会稳定和法律秩序。三是对社会上其他大多数成员，通过刑罚的宣告、适用和执行所产生的示范效应，促使、鼓励人们自觉、主动地同犯罪分子作斗争，从而预防犯罪的发生。从刑罚预防功能的效用上来讲，第一种和第二种是刑罚预防的直接功能的体现，第三种是刑罚预防的间接功能的体现，但是，从国家设置刑罚的目的来看，在刑罚预防犯罪的功能层面，所追求的是第三种功能效果，即通过刑罚的示范效应，掀起全社会对犯罪行为的零容忍的良好氛围，使犯罪成为无源之水、无本之木。综上所述，无论是特殊预防还是一般预防，从国家设置刑罚的目的和刑罚的本质来看，不管是从特殊预防的效果层面考察，还是从一般预防的功能层面考察，其最终的价值目标都不是针对犯罪分子个体的惩罚与改造，而是通过刑罚的教育改造手段，从特殊预防的角度使犯罪人重归社会，成为遵纪守法的社会成员，从一般预防的角度，使整个社会趋于稳定，人们自觉与犯罪现象作斗争，使犯罪失去其存在的社会土壤。一言以蔽之，刑罚预防犯罪的目的，与其说是通过刑罚手段达到预防犯罪的效果和功能，不如说是通过刑罚这种矫正手段，使得犯罪分子重归社会，并从根本上维护整个社会秩序的稳定，这也是现代刑罚矫正理念的核心观念，所以李斯特才说"最好的社会政策，就是最好的刑事政策"。从这个意义上说，我们应当将刑罚看成是为犯罪分子重新走入社会预先做好准备的教育矫正手段。正是基于此种刑罚理念，我们才会对绝对的终身监禁提出质疑和批评。将犯罪人永久地隔离于社会，实际上是单向度的惩罚性思维的体现，对于绝对终身监禁的服刑人员而言，这种单向度惩罚会给犯罪人带来一系列问题。现代心理学已经证明，自由被剥夺达到一定的时限，必然会给人的心理带来影响，终身监禁对人的心理冲击是巨大的，监狱的强制环境，随着时间的推移，会给犯罪人的心理造成巨大影响，表现出焦虑不安、性格暴躁、行为异常等心理和精神方面的问题，最终这种不正常的心理、精神问题极有极大可能外化为实际的行为，从而使犯罪人不再抱有任何希望，自暴自弃、不服改造，实施更多的监狱犯罪。

犯罪是源于社会的，是对社会秩序的极端蔑视，而对犯罪人的改造，最终也应当以回归社会，使其重新成为对社会有用的人为目标，从这个意义上说，对犯罪的惩罚与改造，是一个双向的运动过程，其所要根本解决的是恢复被破坏的社会秩序，在这个认识的前提下，我们认为，监狱也是整个社会的一部分，其所发挥的功能不是单向的惩罚犯罪，而是双向的恢复秩序，这种观念的转变会影响到具体的罪犯改造政策和方案。在笔者看来，解决上述问题的方法在于引入双向恢复性司法的刑事司法理念。终身监禁的犯罪人大多是政治或者行业精英，具有丰富的管理经验或者专业技能，对于被判处终身监禁的犯罪分子，可以建立犯罪人与受害国有主体之间的协商沟通机制，充分发挥犯罪人的专业能力，提供顾问、咨询、决策意见，对于确有成效的，可以实行监狱内的积分奖励机制。如此一来，虽然犯罪人没有回归社会的可能性，但是，在一定程度上修复了其与受害国有主体之间的关系，从另一层面来讲，也充分发挥了犯罪人的能力，在为社会做贡献的同时，其主体的价值也得到了实现，对于预防终身监禁所带来的监狱内犯罪的问题具有积极意义。更为重要的是，人既是自然存在物，更是一个精神存在物，即使是在自由被剥夺的情况下，对自我价值的追求和认知，也是人作为精神存在所必需的。对于被判处绝对终身监禁的犯罪人而言，其人生价值的实现，能够使其精神上得到满足，对其缓解心理问题，增强自我认知具有很重要的意义。

二、构建余刑终身的社区矫正制度

在当前，随着我国反腐工作的全面深入开展，被判处终身监禁的罪犯将持续增加。在未来，随着死刑的逐步减缩，终身监禁势必要逐步扩大到贪污受贿犯罪以外的其他犯罪中去，由此带来了执行成本的问题，具体表现在两个方面：一方面，终身的隔离使犯罪分子对社会几乎没有任何价值和贡献；另一方面，国家要在年老医疗、临终关怀、丧葬处理等方面投入大量的人力和物力，增加财政负担和人员压力。监禁就其本身意义来讲，是与徒刑相对的单纯以限制人身自由为目的的刑罚，因此，基于成本考量，立法上可以比照《刑法》第76条和第85条的规定，[①] 单独设置终身监禁的社区矫正条款，这样，既可以减轻国家投入、节约成本，又可以让服刑人员通过力所能及的社区服务作出相应的社会贡献。此外，除了成本问题，余刑终身的社区矫正对于解决绝对终身监禁的服刑人员在服刑过程中产生的心理和精神问题，提供了一个可供选择的新思路。但是，终身监禁的社区矫正不同于一般的社区矫正，必须满足以下条件：

第一，必须服刑达到法定的最低年限。以服刑人员入狱时的年龄为起点，结合我国的人均平均寿命，分别设置不同的最低服刑年限档次，且最低年限档次应当高于死缓和无期徒刑减刑、假释的最低服刑年限。

第二，年龄和身体状况基本丧失监狱劳动能力。以免部分服刑人员借故逃避监狱劳动改造。

第三，进行人身危险性评估，确保被执行人不具有再犯可能性和人身危险性。

---

① 《刑法》第76条规定："对宣告缓刑的犯罪分子，在缓刑考验期限内，依法实行社区矫正，如果没有本法第七十七条规定的情形，缓刑考验期满，原判的刑罚就不再执行，并公开予以宣告。"第85条规定："对假释的犯罪分子，在假释考验期限内，依法实行社区矫正，如果没有本法第八十六条规定的情形，假释考验期满，就认为原判刑罚已经执行完毕，并公开予以宣告。"

第四，实施限制人身自由的社区矫正。服刑人员必须在指定的社区场所，接受社区矫正人员的监督和约束。

第五，对于终身监禁社会矫正的期限应当直至生命结束。根据《刑法》第85条的规定，无期徒刑假释后社区矫正的期限是假释的考验期，由此，终身监禁社区矫正的期限应当是余刑终身。

从终身监禁与其他刑种比较的角度，就终身监禁这一刑罚制度本身的行刑过程和行刑效果来看，确实存在着执行成本过高的问题，这也是为什么在终身监禁使用率非常高的美国会出现私营监狱的原因。[①] 但是，不同的国情、国家意识形态和法律体系、监狱管理制度等方面的差异，决定了我国不可能采取监狱私营化的模式，正因为如此，笔者才主张上述余刑终身的终身监禁执行模式，以解决终身监禁制度本身执行过程中带来的成本问题。但是，从另一个角度来看，如果将终身监禁制度放到更大的视野中去考察的话，认为其占用司法资源过多、成本过高的观点也是值得商榷的。从当今世界刑事政策发展的潮流来看，"轻轻重重"的形势政策已经逐渐有成为主流的趋势，在国家整体刑事司法资源有限的情况下，集中多数司法资源于少数的严重刑事犯罪，实现了刑事司法资源配置的合理化，针对不同严重程度的犯罪施以轻重不同的刑罚处遇，也是刑事政策核心价值的体现，况且，所谓"集中多数"也只是相对的，从整个刑罚适用状况来看，随着刑罚轻缓化的不断发展，被判处终身监禁刑罚的案件和人数占整个刑罚适用量的比例不会太多，对少数重罪适用终身监禁，从刑事政策的角度彰显了国家全力打击严重刑事犯罪的手段和决心，一定程度上震慑了社会上的不稳定分子，对于减少严重刑事犯罪具有良好的示范效应，从这个意义上说，终身监禁的适用，减少了国家为了应付更多严重犯罪的隐形成本。当然有人也许会说，如果认为终身监禁的适用震慑了犯罪，减少了防止严重犯罪需要投入的成本，那么，死刑岂不比终身监禁更加能震慑严重犯罪？更能减少上述隐形成本？但是，在这样一个全球一体化的时代，当我们将视野扩展到国际刑事司法合作的宏大格局中，就会发现，在很多的重特大犯罪案件中，都会涉及国际刑事司法合作的问题，在"死刑不引渡"的国际刑事司法原

[①] 据实证研究，在美国，监禁一个超过70岁的老人所需要的费用大概在60000美元到70000美元之间，大约相当于两位普通工人税后收入。苏力：《问题意识：什么问题以及谁的问题?》，《武汉大学学报（哲学社会科学版）》2017年第1期。

则的限制下，在保留死刑的我国，没有与国际上其他大多数废除死刑的国家相对接的终身监禁制度，很难取得其他国家的刑事司法协助。由此造成的结果是，很多重大犯罪分子外逃而长期不能引渡回国接受审判，一方面，对我国的司法权威造成了极大的挑战，引发潜在的其他重大犯罪人的侥幸心理，从而促发更多、更严重的犯罪发生，导致预防、监控、调查的成本增加；另一方面，因为死刑的问题而与其他国家长期的谈判、协调，浪费的司法资源及耗费的人力、物力成本更大，近年来旨在追捕境外逃犯的"天网行动""猎狐行动""百名红通"等一系列国际追逃行动中遇到的法律障碍就是例证。易言之，从国际刑事司法合作的角度来看，死刑的存在会极大地增加国内的司法成本，随着我国对外开放和国际刑事司法合作的进一步深化，这种趋势也将更加明显和严重，而终身监禁制度的设立，有效弥合了我国与国际刑事司法原则和制度之间的鸿沟，对于降低跨国追逃难度，减少国际刑事司法合作的我方成本，具有显著的意义和效果。

三、增设终身监禁的"分押分管"措施

我国《监狱法》在第四章第一节中规定了"分押分管"的监狱管理措施，其中《监狱法》第 39 条规定两种不同类型的分押分管措施。其一，是针对不同服刑主体的分押分管。主要是针对男犯、女犯和未成年犯三种不同类型的服刑人员，进行分押分管，以便于监狱管理，其中，依据女犯和未成年犯不同的生理和心理特点，特别强调对这类人员进行分押分管时，要照顾到他（她）们独特的生理和心理状况。其二，是针对罪犯的服刑情状的分押分管。这里的"服刑情状"主要指的是犯罪类型、刑罚种类、刑期、改造表现等服刑前确定的和服刑中变化的不同情状。从《监狱法》所规定的两种不同的分押分管类型，我们可以得出对罪犯分押分管是要达到以下几个目的：第一，便于监狱的日常管理，维护正常的监管秩序。第二，考虑不同罪犯的生理和心理特点，有针对性地予以隔离，以便在平时的监狱管理和罪犯改造过程中，制定相应的个性化方案，进行类型化管理。第三，依据不同的服刑情状，进行分押分管，避免因犯罪类型、刑罚、刑期这些服刑前情节的不同而造成相互斗殴、拉帮结派等扰乱监狱管理秩序的行为。此外，在服刑过程中不同的改造表现，反映出罪犯不同的悔悟决心，将其分押分管，进行同类化管理，一方面对真诚悔过的罪犯，

可以使他们相互影响、鼓励，激发其早日回归社会的信心；另一方面对屡教不改的死硬分子，隔离关押可以避免交叉感染那些改造效果好的罪犯，在此基础上，监狱也可以集中精力，重点对其进行强化教育和改造。

从上述《监狱法》所规定的"分押分管"措施的类型和目的可以看出，在监狱管理层面，不论是针对不同服刑主体，还是针对不同的服刑情状的"分押分管"，对罪犯的教育和改造，主要还是通过分类管理，采取不同的措施，最终达到改造罪犯思想的目的，这其中终身监禁有其非常独特的特殊性。一方面，从服刑主体来说，在我国现有的终身监禁体制下，其服刑人员都是成年人，且一般是以担任公务要职的中、老年人为主，他们一般在公职机关担任多年的高级领导职务，一下子沦为阶下囚，这种身份上的巨大落差会引起剧烈的思想和心理动荡，较一般的罪犯监管难度更大；另一方面，从服刑情状来看，我国判处终身监禁的犯罪严重程度与死刑基本相当，刑期要延续到罪犯生命终了，罪犯的服刑表现，不像其他自由刑那样，能够通过减刑和假释得到反映，导致罪犯改造的心理动机不足，容易自暴自弃、不服监管，甚至实施监狱内的犯罪行为，如果将此类服刑人员与普通服刑人员长期关押在一起，由此带来的监狱管理、交叉感染等问题是阻碍终身监禁行刑效果的又一顽疾。笔者认为，可以在《监狱法》第四章第一节"分押分管"中增设终身监禁的"分押分管"措施，针对终身监禁的特殊性，设置专门的执行场所和人员。当然这种"分押分管"并不是说将终身监禁的犯罪人完全隔离孤立起来，总的原则是与其他服刑人员"分别关押、管理，集中教育、改造"。"分别关押、管理"一是针对终身监禁服刑人员的特殊性便于更好地管理，防止发生集中关押带来的二次犯罪和其他监狱管理问题。二是可以对终身监禁的服刑人员开展不同于其他服刑人员的特殊的心理疏导和干预，便于随时观察和监控其精神和心理状况，以便尽早采取预防措施。"集中教育、改造"是指除了狱室关押以外的其他活动时间，终身监禁的服刑人员与其他服刑人员一起进行集中的劳动教育改造，共同参加监狱学习和娱乐活动，以减轻分别关押带来的负面效应，这也是解决终身监禁服刑人员心理和精神问题的措施之一。

四、建立与终身监禁制度相适应的综合配套诉讼程序

黎宏认为，从刑法的规定来看，我国的终身监禁是一种与死缓有别的另一

种死刑执行方式，本质上属于死刑。① 针对死刑，我国刑事诉讼法在程序上规定了指定辩护人、死刑复核程序，最高人民检察院制定的《人民检察院刑事诉讼规则（试行）》中也规定了专门的死刑复核检察部门、死刑复核意见权等配套措施。但是，对于与死刑同等严厉的终身监禁，我国刑诉法却没有作出任何诉讼程序上的配套规定，这不能不说是刑事一体化指导下的刑事立法技术上的一待完善之处，对未来刑事立法上终身监禁成为独立刑种，以及推进终身监禁向其他犯罪的扩大适用造成了诉讼程序上的一定的障碍。现阶段，解决这一问题的方法，可以选择先依据刑法的规定，参照死刑和死缓的程序规定，制定相配套的诉讼规则，为下一步刑事诉讼法的修改奠定基础，为推进终身监禁的合理、合法适用提供诉讼程序保障。

（一）设置终身监禁复核程序的必要性

死刑复核程序是建立在人的生命一旦被剥夺就意味着其他一切权利都将不复存在的基础上的，而且，死刑具有不可恢复性，因此，立法上在"两审终审制"之外，对死刑这一特殊刑种又单独规定了"复核程序"。对于终身监禁而言，其一，在现代人权思想中，终身的自由与生命已经有了几乎同等重要的价值定位；其二，从刑罚的效果来说，一旦被判处绝对的终身监禁，犯罪人作为一个社会人的基本权利也基本丧失殆尽；其三，终身监禁虽然不像死刑那样，一旦执行就无可挽回，但是，如果不在判决确定之时就通过"复核程序"对终身监禁采取慎之又慎的态度，那么，服刑多年之后的再审平反，对服刑人员身体和精神上的打击也是非常大的，更何况，随着时间的推移，终身监禁也有可能面临着与死刑一样无法恢复的问题；其四，与终身监禁相比，实际行刑效果较轻的死缓都设置了复核程序，作为"真无期"的绝对终身监禁就更有理由规定复核程序了。

（二）终身监禁复核程序的设置

在现有的刑事法律框架下，基于终身监禁本身的定位，其一，其与死缓

---

① 参见黎宏：《终身监禁的法律性质及适用》，《法商研究》2016 年第 3 期。

一样是一种刑罚执行措施；其二，在刑罚力度上，终身监禁轻于死刑、重于死缓；其三，虽然死缓在刑罚性质上，属于剥夺生命的刑罚执行措施之一，但是，在实际刑罚效果上却与终身监禁都在自由刑的范围之内。今后随着我国终身监禁制度适用的进一步扩大，其有在废除死缓的基础上成为独立刑种的趋势，届时，原本属于死缓的复核程序让位于终身监禁是比较合适的。因此，终身监禁的复核应当比照死缓，由高级人民法院进行复核，[①] 并参照死缓的复核程序。

（三）终身监禁复核的检察监督机制

根据《刑事诉讼法》以及最高人民法院和最高人民检察院的司法解释，"最高人民检察院依法对最高人民法院的死刑复核活动实行法律监督"[②]。对死刑案件复核的法律监督工作，具体由最高人民检察院死刑复核检察庭负责承办，省级人民检察院如发现案件的处理确有问题的，应当制作提请监督报告并连同案件有关材料及时报送最高人民检察院。[③] 据此，在法律监督的层面，我国并没有像复核程序一样区分死刑和死缓，而是统一规定了由最高人民检察院行使复核检察监督权，由省级人民检察院行使复核检察监督提请权。监督不同于复核，从运行机制上说，更高级别的监督才能起到更好的效果，因此，在终身监禁由高级人民法院复核的情况下，上述模式对终身监禁也同样是合适的。

五、增设刑事特赦条款

如前所述，绝对的终身监禁存在很多弊端，那么能否采取措施解决这些问题呢？笔者的回答是建立刑事特赦条款，不仅是现实的，也是可能的。首先，从宪法的层面来看，根据《宪法》第 67 条和第 80 条的规定，特赦令由全国人大常委会决定，由国家主席发布。从对象上看，新中国成立以来的九次特赦主要是战争罪犯、反革命罪犯，这其中也包括普通的刑事犯。其次，从刑法的层

---

① 《刑事诉讼法》第 248 条规定："中级人民法院判处死刑缓期二年执行的案件，由高级人民法院核准。"

② 《人民检察院刑事诉讼规则（试行）》第 602 条。

③ 参见《人民检察院刑事诉讼规则（试行）》第 606 条。

面来看，《刑法》第 65 条和第 66 条关于构成累犯的条件都包含了赦免，这里的"赦免"即指的是特赦，即只赦刑而不赦罪。从新中国成立以来我国所颁布的几次特赦令来看，主要是基于政治上的考虑，针对历史遗留问题，对特定范围内的不同政治集团的战犯进行特赦。但是，2015 年由习近平主席签发的第八次特赦令第一次针对符合条件的普通刑事犯进行了特赦，[①] 其不同于以往的最大的特点是，第一次基于"教育改造为主、刑罚惩罚为辅"的教育改造理念和彰显中华文明传统美德的人道主义精神，分别对实施特定犯罪且罪行较轻的未成年人和年满七十五周岁、身体严重残疾且生活不能自理的年老罪犯实施特赦。其示范意义在于，表明我国的刑事特赦制度已经从原来的政治性刑事特赦开始走向教育改造和人道性的刑事特赦，这种理念的转变带来的是制度的转轨，在以往政治性刑事特赦理念指导下，特赦的时间点一般是重要的历史时期和具有纪念意义的年份，具体决定特赦的机关是全国人民代表大会常务委员会，由国家主席签署特赦令，存在着层级过高、次数有限、范围狭窄的问题，而在我国刑法规定了终身监禁以后，以此为契机，建立普通刑事特赦制度是有其必要性和可行性的。

（一）终身监禁刑事特赦条款设置的必要性

1. 刑法谦抑性从抽象走向具象。现代的刑法谦抑性要求刑法必须保持在制止犯罪所必要的范围内，主张刑法必须保持补充性、不完整性和宽容性。在规制人们行为的整个法律体系中，刑法的补充性质决定发动刑法的不完整性，在现代风险社会中，即便是侵害公民权利的犯罪行为，也没有必要毫无遗漏地进行处罚，应保留适当的宽容性。长期以来，上述这些体现了刑法谦抑性的思想，只是在刑事司法领域作为一种抽象的价值理念，模糊地存在于刑事司法人员的观念中，每个判案人员的理解不同，具体的做法也就不一样，

---

① 根据《全国人民代表大会常务委员会关于特赦部分服刑罪犯的决定》，特赦的范围包括四类人员：一是参加过中国人民抗日战争、中国人民解放战争的；二是除特定犯罪和累犯以外的，在中华人民共和国成立以后，参加过保卫国家主权、安全和领土完整对外作战的；三是年满七十五周岁、身体严重残疾且生活不能自理的；四是犯罪的时候不满十八周岁，被判处三年以下有期徒刑或者剩余刑期在一年以下的，但犯故意杀人、强奸等严重暴力性犯罪，恐怖活动犯罪，贩卖毒品犯罪的除外。

缺乏一个在刑事立法上，能真正体现刑法谦抑性的具象的制度性条款，而刑事特赦条款所包含的"教育改造为主、刑罚惩罚为辅"和人道主义精神，能够很好地弥补这一缺陷，使得刑法谦抑性精神从抽象的理念变成具象的制度设计。

2. 死刑替代从形式走向实质。一直以来，终身监禁被看作是死刑的替代措施，但是这种替代也存在不少争议。有学者认为，终身监禁虽然不像死刑那样直接地剥夺人的生命，但是，其实质上还是变相地终结生命，二者的区别无非是剥夺生命的过程，死刑是即时的剥夺，而终身监禁不过是将终结人的生命过程交给了时间，以终身监禁取代死刑，不过是在形式上刑罚名称发生了变化而已，其剥夺人的生命的实质效果是没有变化的。的确，在排除了减刑、假释的绝对终身监禁的条件下，上述观点是有一定道理的，倘若如有学者所主张的，将绝对的终身监禁强行解释为可以减刑、假释，显然会给刑罚的适用带来很多问题，也并不具有说服力。既然刑法针对死刑这一独特的刑种专门设置了诸如死缓这样的限制适用的条款，那么，为什么不能对作为死刑替代措施的终身监禁设置同样的针对性限制条款呢？在笔者看来，一条可供选择的合理路径，是根据终身监禁本身的性质和行刑过程的特殊性，设置专门的终身监禁刑事特赦条款，如同死缓是死刑的特殊执行措施一样，刑事特赦条款也可以成为终身监禁的特殊执行措施。

3. 刑罚适用从冲突走向协调。如前所述，绝对终身监禁最令人所诟病的，就是其不顾罪犯的改造效果，将自由刑推向绝对化、极端化，为了解决这一问题，很多学者力图在现有的刑法规定和刑罚体系框架下，去寻求解决之道，但是，事实证明，要通过刑法教义学的解释和分析，去突破现有的绝对终身监禁的立法话语表述，其结局除了给现有刑罚体系适用带来冲突和混乱之外，并不能从根本上解决问题。在笔者看来，立法或许不能解决所有问题，但是，当一个问题在既有的框架下始终得不到理论和实践的完满解决时，再复杂的理论分析和教义学解释，也不如一条突破性的立法规定有效和直接。因此，与其纠缠于类似终身监禁能不能适用减刑、假释条款，有重大立功和确有悔改表现的终身监禁服刑人员应当如何处理等诸如此类的问题，引发刑罚适用上的冲突和不协调，莫不如在不改变既有刑罚适用规则的前提下，直接设置终身监禁的刑事特赦条款，如此一来，原有的协调依然维持，新的制度没有冲突，才是最好的结局。

4. 终身监禁从残酷走向人道。马克思主义的历史唯物主义认为，法律没有独立的历史，其实质是人们具体的物质活动的历史。在马克思、恩格斯看来，所谓的法律统治史，如同思想脱离了个人及其经验关系，形成了纯粹的思想发展史一样，法律也同样脱离了其现实的基础（物质生活条件），从中抽象出统治者的意志，这种"意志"在不同的时代又以不同的法律形式表现为自己的独立的历史，于是，政治史和市民史也就观念地变成了一个个具体的法律统治史。易言之，法律不过是人们物质生活发展的历史在上层建筑领域的投射，这种投射还要通过能够直接反映人们物质生活的时代精神的哲学、社会学知识作为中介。在整个人类物质生活发展的历史长河中，与生产力水平不高、科技不发达相伴的原始社会、奴隶社会和封建社会，在法律上层建筑领域人们还没有真正认识到自由和人权的价值。随着现代科学的发展，人们物质生活水平的提高，作为反映时代精华的哲学、社会学思想开始觉醒，启蒙运动所开创的人权思想将人的自由与生命，作为"天赋人权"提高到同等重要的地位，"残虐的刑罚"这一命题，在这样一个新的时代也被赋予了新的含义。从现当代的哲学、社会学的思想来看，绝对的终身监禁是比死刑更加残酷和不人道的刑罚制度，永久剥夺一个人的社会属性比直接剥夺生命更加残忍，更让人难以接受。如果说古典刑法思想反对封建刑法的"残虐性"针对的是肉刑，那么现代刑法思想所反对的"残虐性"就是针对死刑和终身自由刑等不人道的刑罚制度的。现代刑罚理念所倡导的人道性，是在保障犯罪人的基本人权和彰显刑罚人性化的基础上，去体现刑罚惩罚犯罪的性质的，不是单纯体现报应的为了惩罚而惩罚，还承载着尊重人权、保障人权的社会引导和国家宣示的教育意义，因此，任何一种不得已而采取的不符合现代刑罚人道性的刑罚制度，在设计之初就应当为其保留"人道主义"的救济出口，从这个意义上说，如同死缓的存在使死刑具有了人道性的意味一样，刑事特赦条款的设立也使终身监禁不那么残酷，符合我们这个时代的文明精神。

5. 特赦制度从理论分析走向司法适用。《公民权利和政治权利国际公约》（ICCPR）将要求赦免和减刑作为公民的基本人权之一，[①] 而《关于保护面对死刑的人的权利的保障措施》也进一步肯定了死刑犯具有要求大赦、特赦和减刑的

---

① 《公民权利和政治权利国际公约》第6条第4款规定："任何被判处死刑的人应有权要求赦免或减刑。对一切判处死刑的案件均得给予大赦、特赦或减刑。"

权利。① 事实上，已经签署并批准实施 ICCPR 的相关各国，均以各种方式，在具体的法律规定中落实了公约中的特赦条款。② 即便只在宪法中规定了特赦条款的国家，由于其宪法具有具体的司法适用性，因此，可以在刑事司法中直接适用宪法的特赦条款。我国作为 ICCPR 的签约国，其正式批准实施该公约只是时间的问题，③ 目前我国历次特赦基本都是基于特定的政治背景和历史时期，对某一范围的犯罪实施赦免，其规定只存在于国家根本大法的宪法层面，而众所周知的一个基本事实是，在我国，对宪法的定位是国家的根本大法，强调政治性与根本性，④ 我国的宪法基本不具有司法适用性，在这种情况下，宪法所规定的特赦条款只能束之高阁，因此，从这个意义上说，我国的特赦制度只是具有理论上的分析价值，而没有司法适用的现实价值，⑤ 倘若这种现状一直维持下去，那么在未来我国批准实施 ICCPR 后，将面临着无法在刑事司法上落实条约规定的法律障碍。但是，从另一方面来看，目前在我国制定专门《赦免法》的时机还并不成熟，在刑法典中设置专门的特赦条款，则是一个可供选择的现实途径。正是基于上述考虑，未来在我国正式批准实施相关国际条约后，应当在刑法典中设置具有司法适用性的刑事特赦条款，以实现与相关国际条约的接轨，促进特赦制度从抽象的理论分析走向具体的司法适用。

（二）终身监禁刑事特赦条款设置的可行性

首先，设置终身监禁的刑事特赦条款具有宪法依据。根据我国宪法的规定，全国人民代表大会常务委员会在全国人民代表大会闭会期间，有权对全国人民代表大会制定的法律进行修改，同时，全国人民代表大会常务委员会有权

① 联合国经济与社会理事会 1984 年 5 月 25 日第 1984/50 号决议附录《保障措施》第 7 条规定"任何被判处死刑的人均有权寻求赦免或减刑，所有死刑案件均可给予赦免或减刑"，1989 年联合国经济与社会理事会补充规定"在对所有案件进行自动复审时，应考虑减免或特赦"。
② 《俄罗斯联邦刑法典》第 13 章第 85 条，日本《恩赦法》第 4 条，韩国制定了专门的《赦免法》。
③ 我国于 1998 年 10 月 5 日在联合国总部签署了 ICCPR，并多次宣布将实施该公约。2008 年 3 月，第十一届全国人大闭幕时温家宝在记者会上回答记者有关胡佳受审一案时回应，"中国是法治国家，这些问题都会依法加以处理"，并承诺尽快施行《公民权利和政治权利国际公约》。
④ 参见王学栋：《我国宪法司法适用性的理论误区》，《现代法学》2000 年第 6 期。
⑤ 参见高铭暄、赵秉志主编：《刑法总论比较研究》，北京大学出版社 2008 年版，第 225 页。

决定特赦，两项职权合并在一起，可以得出结论，全国人大常委会依职权直接修改《刑法》，设置专门针对终身监禁的刑事特赦条款，在宪法的层面，这是不存在法律障碍的。

其次，设置终身监禁的刑事特赦条款具有程序法和实体法的依据。在程序法层面，《刑事诉讼法》第16条规定的依法不追诉原则中，将"经特赦令免除刑罚的"作为不予追诉的6种情形之一，与此相适应，公安部、最高人民检察院和最高人民法院在相关的程序性司法解释文件中，都对特赦作出了规定。① 在实体法层面，《刑法》第65条和第66条关于一般累犯和特别累犯的规定，都肯定了被赦免以后的犯罪分子，符合条件的，仍然可以构成累犯。此外，《中华人民共和国引渡法》《国家赔偿法》《香港特别行政区基本法》《澳门特别行政区基本法》等实体法律也明确规定了特赦。② 综上所述，在我国无论是实体法还是程序法，对特赦规定的频率都很高，但是，除了《宪法》与两部特区基本法作出了十分原则性的规定以外，所有关于特赦的立法，无一不是围绕着特赦的法律后果进行规定的，而作为规定犯罪与刑罚主要法律的《刑法》却没有一条关于刑事特赦的规定，这不能不说是立法的缺憾，甚至可以说是空白。从新中国成立以来历次特赦的情况和《宪法》所规定的特赦的决定主体和发布主体来看，未来在《刑法》中设置刑事特赦条款的犯罪只能是极其严重的，设置刑事特赦的刑罚只能是极其严厉的，而符合这"两极"的只能是被判处死刑和终身监禁的犯罪分子。对于死刑而言，一方面，随着未来终身监禁适用范围的扩展，将进一步压缩死刑的适用空间，死刑罪名将不断减少，直至被彻

---

① 公安部《公安机关办理刑事案件程序规定》第183条规定，经过侦查，发现具有下列情形之一的，应当撤销案件：（四）经特赦令免除刑罚的；《人民检察院办理不起诉案件质量标准（试行）》第1条第2款规定，人民检察院对于经特赦令免除刑罚的犯罪嫌疑人，经检察长决定，应当作出不起诉决定；《最高人民检察院关于公诉案件撤回起诉若干问题的指导意见》第5条规定，案件提起公诉后出现如下情况的，不得撤回起诉，应当依照有关规定分别作出处理：（六）经特赦令免除刑罚的，由人民法院裁定终止审理；《人民法院量刑指导意见（试行）》第3条第5款规定，对于被赦免的犯罪人，仍然可以构成累犯，应当增加基准刑的10%—40%。

② 《中华人民共和国引渡法》第8条规定，被请求引渡人已被赦免的，外国向中华人民共和国提出的引渡请求，应当拒绝引渡。《国家赔偿法》第19条规定，根据《刑事诉讼法》第15条的规定，经特赦令免除刑罚，而不予追究刑事责任的人被羁押的，国家不承担赔偿责任。《香港特别行政区基本法》第48条、《澳门特别行政区基本法》第50条都明确规定，两地的行政长官都有权依法赦免或减轻刑事罪犯的刑罚。

底废除，从这个角度来说，刑事特赦条款主要是针对绝对终身监禁的；另一方面，我国《刑事诉讼法》规定，下级人民法院在接到最高人民法院执行死刑的命令后，应当在 7 日内执行死刑，同时也没有将在执行前有可能获得特赦，作为停止执行死刑的法定原因之一。换言之，在我国目前的死刑执行程序中，一旦判决确定，实际上也很难再适用刑事特赦条款，而终身监禁却不存在类似的问题。

最后，设置终身监禁的刑事特赦条款具有可以类比的先例。终身监禁作为一项全新的刑罚制度引入刑法，其适用效果、适用方式和与其他刑种的协调还有一个相互磨合的过程，在这个过程中，绝对的终身监禁相较于相对的终身监禁而言，规定的内容比较死，与其他刑种相互转化、沟通的渠道很狭窄，这种刑罚本身的性质有些类似于死刑，而与其他刑种相比，死刑有三点"与众不同"：其一，刑罚效果极端严厉，其剥夺的是人的最基本的人权，一旦适用，罪犯的其他权利都没有再行使的可能；其二，作为一个刑种，死刑的规定和适用是封闭式的，与其他刑种之间没有沟通、转化的可能；其三，死刑具有不可分割性和不可逆性，在死刑的范围内，判决上不可能根据罪行的轻重程度采取不同的死刑类型，并且一旦执行就不可恢复。正因为死刑这种刑罚制度所具有的上述特殊性，所以在刑事立法上，对其又增设了特殊的执行方式，即死缓，我们可以发现，死缓这种特殊的死刑执行方式的出现，一下子就同时缓解了上述三点死刑本身固有的问题。同样的问题也存在于绝对的终身监禁之中，从刑罚本身的性质来说，绝对的终身监禁与死刑一样也存在剥夺基本人权、内容封闭、不可分割和不可逆等特殊性，况且，其是作为死刑的替代措施而出现的，因此，绝对的终身监禁完全可以类比死刑设置死缓的做法，设置终身监禁的刑事特赦条款作为终身监禁的特殊执行方式。当然，也许有人会认为，如果对终身监禁设置特赦的刑罚执行方式，实质上就完全改变了终身监禁这种刑罚的性质，以刑罚的执行方式去改变刑罚本身的性质，并不妥当。但是，其一，作为死刑特殊执行方式的死缓，也同样改变了死刑本身的性质；其二，特赦不同于大赦，特赦是只赦免其部分刑罚，但并不赦免其罪，换句话说，对符合条件的终身监禁的罪犯适用刑事特赦条款后，其应当判处终身监禁的罪名和法定刑本身没有变化，只是基于教育改造效果和人道主义等方面的考虑，免除其后续应当实际执行的部分刑罚；其三，刑事特赦条款在适用对象、适用范围、适用条件、方式和程序等各个方面，都具有严格的规定，只有完全符合这些规定的终身监禁的服刑人员才有可能适用特赦条款。易言之，提出"以刑罚的执行方式去改变刑罚本身的性质"的人，其主要的担忧，是害怕刑事特赦条款的滥用而造成终身监禁徒有虚名，而这种担忧是完全可以通过制度设计来解决的。

（三）终身监禁刑事特赦条款设置的具体方案

1．特赦的条件。终身监禁的特赦条件主要考虑预防犯罪和人道主义两个方面，综合考虑犯罪分子的服刑和立功表现、人身危险性、再犯可能性、身体和年龄状况等因素。

2．特赦的范围。在符合特赦条件的前提下，终身监禁特赦的范围，仅限于服刑年限已经达到一定期限的犯罪人。需要注意的是，这里的"服刑年限"指的是绝对的服刑年限，而不考虑服刑人员服刑时年龄的大小。换言之，即使被判处终身监禁时已经年老，在没有达到一定服刑年限的情况下，也不得适用特赦，只能采取保外就医、监外执行等措施。

3．特赦的程序。依据《宪法》和相关国际条约的规定，结合各国的司法实践，终身监禁的特赦申请人，可以是符合条件的犯罪人本人及其近亲属、被害人，由监狱管理机关根据服刑监狱的罪犯服刑情况进行审核、签署意见，并逐级上报到最高司法机关，最终根据《宪法》的规定，由国家主席发布特赦令。

4．特赦的效果。特赦不同于大赦，从特赦本身的含义来看，其特别之处除了对象的特定之外，更重要的是，在赦免效果上的特殊。根据国际惯例，对终身监禁的特赦，只赦其刑，而不赦其罪。再有，终身监禁因为刑罚的特殊性，对其特赦除了要遵循普通刑罚的特赦不免其罪之外，其更为独特的是，对其也不是免除全部刑罚，而是根据不同的情况，免除部分刑罚给予确定的刑期。从这个角度来看，终身监禁刑事特赦的实际效果类似于减刑，但是，其与减刑在适用对象、适用范围和适用程序上均有很大的差异，这种差异正是为了避免对终身监禁直接适用减刑而带来的诸多矛盾所必需的。此外，被特赦后其犯罪前科并不消灭，并且如果再实施犯罪，符合累犯条件的，仍然构成累犯。

六、在废除死缓的基础上将终身监禁设置为独立刑种

在我国的刑罚体系中，终身监禁是否应该从只针对重大贪污受贿罪的刑罚

执行措施，扩展到可以适用于特定范围内所有犯罪，进而成为与其他刑种相并列的独立刑种？对于这个问题，研究者们似乎持一种相对谨慎的态度，当然，这也是可以理解的，因为，刑种的增设关乎整个刑罚体系的重大变化，虽然近年来我国刑法进行了频繁的修正，但绝大多数还只是罪名的增减，绝少涉及刑罚体系，特别是刑种的变化。笔者认为，终身监禁在我国刑法中的确立，为我国刑罚体系的变革带来了契机，终身监禁应当成为我国刑罚中独立的刑种。

第一，终身监禁在适用效果上，具有成为独立刑种的独立品格。我国的终身监禁作为一种刑罚执行措施，在其适用的条件中，适用的起点是论罪当死的死刑，适用的过渡是作为死刑刑罚执行方式的死缓，适用的最终前提是依法减为的无期徒刑，而从终身监禁的实际适用效果来看，其既不同于死刑，也不同于死缓和无期徒刑。换言之，终身监禁作为一种刑罚执行方式，其在实际的刑罚适用效果上，并不依附于任何主刑或者附加刑，因此，我们也就很难如死缓依附于死刑那样，说它是哪一种主刑的执行措施，正是从这个意义上说，终身监禁在适用效果上具有成为独立刑种的独立品格。

第二，终身监禁应当在废除死缓的基础上，成为我国的主刑之一。如前所述，死缓与终身监禁存在着很多矛盾和冲突，此其一。其二，死缓历来为很多学者所关注，我国的死缓极少有在二年考验期满后执行死刑的，再经过数次减刑，在实际适用效果上，其基本等同于有期徒刑，在"少杀、慎杀"的刑事政策的影响下，司法实践中判处死缓比死刑立即执行的案件要多得多。但是，刑法对死缓的定位又是死刑的执行方式，本质上还是属于死刑，这就导致从统计学的角度来看，我国属于死刑判决的数字比实际具有死刑立即执行效果的数字要大得多。从某种意义上说，终身监禁与死刑并列成为独立刑种后，死缓的存在，除了在国际社会上可能会给我国树立一个死刑大国的不良形象之外，没有什么意义，在终身监禁作为刑种确立后，死缓就应当完成其历史使命，最终退出历史舞台。

第三，终身监禁成为独立刑种后与死刑立即执行的关系。在废除死缓后，终身监禁应当在一段历史时期内与死刑并列成为我国的主刑，主要原因，还是考虑到我国的基本国情和传统文化的影响，短暂时间内全面废除死刑不太现实。但是，终身监禁一旦成为主刑，就应当被视为一个取代死刑的标志，并且随着时间的推移，司法实践中适用终身监禁越来越多，死刑越来越少，可以反过来影响刑事立法，在后续的刑法修正中让终身监禁以独立刑种的身份逐步

"侵入"原来死刑罪名的"领地",进一步压缩死刑罪名,司法实践中适用死刑的情况就会越来越罕见,如此一来,司法实践影响刑事立法,刑事立法限制司法实践,在两方面的共同作用下,我国死刑的彻底废除也就为时不远了。易言之,就如同很难想象死缓能够取代死刑一样,终身监禁只有成为独立的主刑后,才能具备与死刑立即执行相抗衡的刑罚地位。可以说,终身监禁在我国刑法中被确立为主刑,将是我国在全面废除死刑道路上迈出的重要一步。

七、综合考虑各种因素确定终身监禁的适用范围

我国目前的终身监禁制度只是一种刑罚执行措施,因此,在适用范围上暂时并不需要进行严格的界定。但是,如果未来终身监禁一旦成为我国刑罚体系中的独立刑种,就存在终身监禁适用于哪些犯罪的问题,这不仅是终身监禁制度本身的问题,也关系到终身监禁的未来命运、死刑的未来命运以及我国的刑罚体系建构和罪刑配置等诸多问题。

确定适用终身监禁的范围要综合考虑三个方面的因素:其一,首先考虑终身监禁制度本身的性质和定位问题,从性质和定位去确定其应当适用的罪名范畴;其二,参考国外发达国家相对比较成熟,具有丰富的终身监禁的立法和司法实践经验的国家,分析不同国家的终身监禁设置模式和适用状况,综合其优缺点,作出取舍;其三,在上述两个因素的基础上,结合我国的基本国情、罪刑配置、刑事政策、司法实践以及刑事立法和刑罚体系的现状,最终确定具有中国特色的终身监禁制度所应当适用的范围。

首先,如前所述,从近代终身监禁制度诞生的过程来看,无论是其首创者贝卡里亚的人道主义刑罚观,还是后续边沁的功利主义刑罚观,都是基于对死刑批判的角度提出终身监禁的刑罚观念的,易言之,从产生终身监禁的动因来看,其就是基于死刑的残酷性、非人道性、无效性,而作为一种替代死刑的刑罚手段出现的。当然,每个不同的时代,人们对终身自由与死刑价值比较的理解是不一样的,但是,这种差异,从时间上来说,往往要历经数百年的哲学、社会学思潮的发展演变和文化观念的转变,从近代终身监禁的鼻祖贝卡里亚到现在仅仅过去了200多年的时间,目前阶段我们还很难说,我们这个时代对终身自由与生命的价值理解已经大大超越了贝氏所处的启蒙运动的繁荣时代。从空间上来说,不同国家历史文化背景也导致了对这一问题的理解不同,就我国

的传统文化观念而言，"好死不如赖活着""人死万事空"的观念在普通民众的思想意识中还是根深蒂固的。基于对上述时空条件的分析，可以得出结论，就我们现在所处的社会历史发展阶段而言，终身监禁依然不能超出其作为死刑替代措施的性质与定位，因此，我们在确定我国终身监禁的适用范围时，应当将视线集中在我国现有的死刑适用范围上，这是一个基本原则和大的范围的框定。其次，参考国外的立法例。纵观各国终身监禁制度，美国大多数州采取的是不得假释的终身监禁，在模式上与我国相近，但是，其缺陷是适用范围过广。欧洲由于在废除死刑和刑罚轻缓化改革方面引领了世界的潮流，因此，其基本不存在剥夺终身自由的终身监禁，而采取的是可以减刑、假释的相对的终身监禁模式，与我国绝对的终身监禁差别较大。对于不可裁量的终身监禁而言，虽然在执行效果上可以减刑、假释，但是，从其立法的动机来看，立法者认为这部分犯罪的严重性已经达到了足以直接判处终身监禁而没有其他选项的程度，从这个意义上说，不可裁量的终身监禁的适用范围可以作为我国不得减刑、假释的终身监禁的参考对象。从目前欧洲各国的情况来看，其不可裁量的终身监禁基本上集中在危害国家安全的犯罪、严重侵害人身安全的暴力犯罪和毒品犯罪这三类犯罪中。最后，我国正处在经济、社会的结构性变迁和制度性转轨的关键时期，现阶段，无论是从国家政治意识形态的角度还是从公众诉求的角度，"强力高压反腐"已经成为具有中国特色的社会主义法学理论和法律体系所必须面对和关注的重点课题。综合上述因素，以替代死刑为定位，我国的终身监禁在成为独立刑种后，其适用范围大致可以限定为以下四类犯罪：第一类，危害国家安全的犯罪。人类社会在发展阶段上，还处在阶级社会的必然王国的时期，要充分考虑到政治国家在维持人类社会生活秩序和维系国民情感底线的价值与意义。在现有的危害国家安全罪中的 7 个死刑罪名中，背叛国家罪，分裂国家罪，武装叛乱、暴乱罪，投敌叛变罪四种犯罪，要么直接采取暴力手段，要么采取其他手段直接侵害和动摇国家统一和安全的根基，应当设置终身监禁。但是，间谍罪，为境外的机构、组织、人员窃取、刺探、收买、非法提供国家秘密罪、情报罪、资敌罪三种犯罪，应当排除在终身监禁的适用范围之外。第一，从犯罪人的角度来看，在司法实践中，犯罪人实施此类犯罪的主观动机绝大部分并不是处于政治上分裂国家、背叛国家的意图，而只是由于受到美色、经济利益的诱惑或者发泄工作、事业的不满情绪，甚至有的是受到了诱骗、威胁。第二，从行为方式上来看，这三类犯罪所采取的都不是直接的暴力手段。第三，从造成犯罪发生的原因来看，这类犯罪之所以能够发生并成功实施，犯罪人本身的固然是主要原因，但是，其跟我国的国家安全、情报保密等制度不健全、执行不严格，相关工作人员责任心、警惕性不高也有一定的关系。第四，从改造的难易程度来看，实施上述三种犯罪的犯罪分子，一般在经过一定年限的教育改造后，是能够认识自己的罪行和错误，从而予以再社会化的。第二类，严重侵害人身安全的暴力犯罪。事实上，在《刑法修正案(九)》草案进行审议时，就已经考虑将终身监禁适用于八种严重的暴力犯罪（故意杀人、强奸、抢劫、绑架、放火、爆炸、投放危险物质或者有组织的暴力性犯罪），同时扩大适用于贪污受贿犯罪，只是相关部门和专家学者之间有争议，所以最终才只保留了终身监禁适用于重大贪污受贿罪。① 由此可见，立法机关最初对终身监禁的定位实际上主要就是针对严重暴力犯罪的，只是彼时立法时机尚不成熟，才未能按照最初的立法设想"一步到位"，因此，未来作为主刑的终身监禁应当还原其本来的立法目的和意图，适用于上述严重的暴力犯罪。第三类，毒品犯罪。世界上大多数国家对毒品犯罪都规定了终身监禁，甚至有些国家还专门针对毒品犯罪规定了死刑，由此可见，毒品犯罪具有极其严重的危害性是全球各国的共识。目前，我国刑法中对走私、贩卖、运输、制造毒品罪规定了死刑，其同样也应当是终身监禁的适用对象。第四类，重大贪污受贿犯罪。终身监禁制度在成为刑罚执行措施之初就是从重大贪污受贿罪开始的，在其未来成为独立刑种扩大适用的范围内，理应有贪污受贿犯罪的一席之地。如前所述，这不仅是我国现阶段的基本国情所决定的，而且，也是保证对相同犯罪，前后刑罚适用公平的措施之一。上述四类犯罪是从终身监禁作为死刑替代措施的角度，综合考虑了各种因素，得出的我国终身监禁制度在成为独立刑种后的适用范围。至于现有的其他适用死刑的罪名是否也应当被纳入终身监禁的适用范围，就如笔者在本书中所强调的，终身监禁取代死刑是一个渐进式的过程，这就决定了，即使终身监禁成为独立的刑种，在一段时期内，终身监禁

---

① 根据全国人大法工委向与会委员们提供的材料，这一新的刑罚实施方式本来是对《刑法修正案（八）》中限制减刑的升级，针对的是故意杀人等八类严重犯罪，同时扩大到贪污受贿犯罪。7 月 16 日，法工委刑法室曾召集最高人民法院、最高人民检察院、公安部、司法部的有关人员和几位学者进行座谈。除公安部和最高人民检察院赞成外，其他部门和专家都明确反对或持审慎态度。以上报道参见任重远：《刑法修正案九：嫖宿幼女罪没了，终身监禁来了》，《南方周末》2015 年 8 月 27 日。

与死刑有可能是一种并存状态，终身监禁的适用范围有一个"由小到大、由窄到宽"地侵入死刑领地的过程，先从最严重、最应当设置终身监禁的罪名入手，解决了这部分犯罪"死刑该当性"的问题之后，对其他相对比较轻的犯罪，以终身监禁直接取代死刑也就比较简单了。

第六章　我国终身监禁制度的未来命运与刑罚改革

第一节　多维视角下我国终身监禁制度的未来命运

一、死刑改革的视角：后死刑时代是否需要一种最高等级的严厉刑罚

在全球一体化的大背景下，我国在刑事法律领域也正在加快融入国际刑事法律的大潮，表现在对待死刑的问题上，追随刑罚轻缓化、刑罚人道化思潮，在立法上减少死刑、司法上慎用死刑、观念上否定死刑。但是，不可否认的是，从世界范围来看，我国以限制和废除死刑作为基本目标的死刑改革进程还有待加快，究其原因，我国对死刑这一刑种的态度，存在着传统与现代、理论与实践、学者与大众之间的割裂。具体而言，几千年传承下来的"杀人偿命"的传统刑罚观念，使得普通民众无法接受现代的"死刑无用论"思想。尽管刑法理论上一再呼吁废除死刑是大势所趋，而司法实践中基于各种原因对待某些犯罪还是比较依赖死刑。在对待死刑的问题上，学者们关心的是刑罚进化的整体趋势，而普通民众则关心的是满足个案的现实正义。在废除死刑的进程中，如何去弥合上述割裂是当前所要思考的核心问题，要弥合割裂就必须消解对立，而消解对立的唯一途径就是对立双方的相互妥协，即理论上对死刑的残虐、不人道的批判与民众"杀人偿命"的传统观念的对立与妥协，将这种对立与妥协抽象地反映到刑罚理论上，就是我国目前刑罚体系中

157

"死刑过重与生刑过轻"之间的对立与妥协，这也给我们提出了一个全新的问题，那就是在后死刑时代，在我国是否需要一种介于"过重"的死刑与"过轻"的有期限自由刑之间的刑罚措施？对这个问题的回答，并不是一个简单的刑法理论问题。首先，从历史的角度来看。在我国几千年的封建刑事司法中，实体上，是以"杀人偿命、欠债还钱"的基本伦理道德观作为定罪处刑的标准的。程序上，从中央的"君权神授、法自君出"，到地方各级官吏的行政权与司法权一体化，刑事司法程序带有明显的君权行政色彩。这种实体与程序的特点，决定了从历史的角度来看，我国封建社会对死刑的判决和适用是随意的、广泛的和频繁的。这种几千年来刑事司法在实体和程序上所形成的"惯性"，导致人们对以死刑为核心的"重刑主义"已经习以为常，这种历史的"惯性"所导致的"重刑主义"，要求在废除死刑后，必须有一种与之相当的严厉刑罚来缓冲。其次，从文化的角度来看。近代以来继文艺复兴后的启蒙主义思想，倡导人权、自由、民主、平等，才使得刑法得以突破欧洲中世纪的封建专制与宗教权威，提出了刑法与宗教的分离、法律面前人人平等、罪刑法定、罪刑相称等一系列现代刑事法治思想，也正是在此基础上贝卡里亚最终提出了废除死刑，经过 200 多年的现代刑事法治文化的培育与熏陶，当代全世界大多数国家的民众都已经接受了废除死刑的文化，尤其是在启蒙运动发源地，"没有死刑的欧洲"与其说是一个刑事法治现象，不如说是一个民众普遍接受废除死刑的文化现象。然而，这股 16 世纪末到 18 世纪席卷西方的文化启蒙运动，在中国"闭关锁国"的封建专制思想下，没有对我国产生任何影响，可以说，同时期的中国在刑事法治文化上已经全面落后于西方，即便是在现代刑事法治保障人权、刑罚轻缓化的理念倡导下，废除死刑在普通公众看来也无异于放纵犯罪。死刑的废除不仅仅是一个刑法理论问题，还需要刑事法治文化的"培育"，建立一种比死刑更加人道、对犯罪人冲击力更小，并且能为普通民众所接受的刑罚制度，以此为突破口，逐渐培育起人们对"刑罚轻缓化"的文化认同，才是推进未来刑罚改革的根本。最后，从现实的角度来看。我国正处在社会转型时期，政治体制改革和经济体制改革导致利益分配主体和方式的多元化，各种社会矛盾得以凸显，作为应对的刑事法律体系还不完善，难以满足在各种复杂矛盾丛生的社会转型时期，人们对重大刑事犯罪的法治期望，在这种情况下，寻求废除死刑后的替代措施，作为最高等级的严厉刑罚就成为必需的现实选择。

综上所述，从"重刑主义"的历史惯性、"刑罚轻缓化"的文化培育、"社会转型"的现实选择等不同的维度来考量，在后死刑时代，我国的刑罚体系中必须要设置一种与死刑具有相当可比性的最高等级的严厉刑罚制度，而从目前我国刑法中所规定的现有的刑罚措施来看，唯有终身监禁能够承担起这一使命。

二、刑罚轻缓化的视角：生命与终身自由孰轻孰重

随着近代以来人权思想的兴起，在刑事法律领域，以刑法谦抑性、刑罚人道性、行刑社会化作为理论基础的刑罚轻缓化思想，主导了世界各国的刑罚改革实践。在笔者看来，刑罚轻缓化只是一个引导刑罚改革的观念和思潮，具体到每个国家的刑罚设置和执行的状况不同，刑罚轻缓化也是一个相对的标准，只能在一个国家整体的基础刑罚状况上去设定一个相对合理的刑罚轻缓化目标。就目前我国的刑罚状况而言，在刑罚轻缓化改革的道路上，死刑的废除可以说是一个具有标志意义的事件，而随着终身监禁制度的引入，以终身监禁取代死刑成为一个可供选择的方案，但是，这种替代是否符合刑罚轻缓化的思想？更进一步说，生命与终身的自由孰重孰轻？是一个必须厘清的前提性问题。刑罚轻缓化的判断标准有两个方面：一是客观的视角：刑罚内容的轻重程度；二是主观的视角：刑罚执行方式对犯罪人和公众造成的冲击。就刑罚的内容而言，死刑是对人的生命的剥夺，而生命权是一个人一切权利的基础，马克思指出，维持人的肉体生存的物质生产实践，是作为人的存在方式的实践活动的第一种，也是最基本的实践形式，只有解决了维持生命存在的物质生活资料的问题，才能从事其他一切社会实践活动。[①] 作为终身监禁刑罚内容的终身的自由，彻底剥夺的是人的自由权，人的其他权利更多的是在这个前提下受到了一定程度的限制，但毕竟不像生命权那样，一旦被剥夺其他一切权利便不复存在。易言之，由于死刑和终身监禁所直接剥夺的犯罪人的"原权利"（生命和终身自由），对犯罪人的其他权利的意义不同，因此，从刑罚的内容来看，终身监禁要轻于死刑。就刑罚执行的冲击效果而言，死刑是以一种即时的、瞬间

---

① 参见李秀林等主编：《辩证唯物主义和历史唯物主义原理》，中国人民大学出版社 2004 年版，第 68—69 页。

的暴力方式结束一个人的生命，[①] 无论是对犯罪人本人、近亲属还是社会公众来说，其心理的冲击力都是巨大和难以承受的，因此，我们才会说死刑是不人道和残虐的。而终身监禁，从执行方式来看，它是长期的关押，虽然服刑人员内心知道永远不能重获自由，但是，习惯的力量会使其慢慢适应这种生活，相较于死刑而言，这种冲击力是相对缓和的。也许有人会认为，终身剥夺自由会给犯罪人带来很多心理和精神问题，甚至比死刑更不人道，但这只是从学者和研究人员的角度，刑罚毕竟是直接适用于犯罪人进而影响一般社会公众的，站在服刑人员和公众的角度，"好死不如赖活着"恐怕是绝大多数人的心理，说终身自由刑有可能给服刑人员造成心理和精神问题，并没有可靠的实证调查依据，即便是有个案的例证也不能作为整体的结论。相反，有不少在服刑了十几年、二十几年后，重新回归社会的犯人并没有出现心理和精神问题。换言之，这些并不是终身监禁所独有的，长期的有期徒刑也有存在同样问题的可能，甚至有服刑人员在经过长期的关押被释放后，无法适应社会生活，想要重回监狱的情况。从这个意义上讲，与其说长期关押会给服刑人员造成心理和精神问题，不如说是会给其造成社会适应能力的问题，而这种社会适应能力问题是可以通过各种方式得到解决的。一言以蔽之，从刑罚执行方式的冲击力来看，终身监禁对犯罪人和社会公众，无论是在心理上还是在精神上的，相较于死刑还是要缓和得多。综上所述，无论是从刑罚内容的轻重程度，还是从刑罚执行方式的冲击效果来看，终身监禁所剥夺的终身的自由要比死刑所剥夺的生命更符合刑罚缓化的标准，正因为如此，我们才认为，在未来以刑罚轻缓化为导向的刑罚改革进程中，终身监禁有进一步扩大的趋势。

三、犯罪分层的视角：极重罪的刑罚设置标准

（一）犯罪分层的标准选择

伴随着当今世界"轻轻重重"的刑事政策潮流，为了使我国的刑事政策的制定和实施有一个明确而连贯的理论和思路，不少学者提出在我国刑法中实行

---

① 即便是注射方式执行死刑，本质上仍然是以暴力的方式结束人的生命，况且，近年来的研究表明，注射执行死刑可能比枪决更加令犯罪人痛苦。

犯罪分层。就犯罪分层本身来讲，有两个核心的问题，一是犯罪分层的模式选择；二是犯罪分层的标准确定。从国外的实践来看，在犯罪分层模式上，主要有二分法、三分法、四分法和多分法。① 在犯罪分层标准上，有形式标准和实质标准之分。② 具体到我国应该采取何种模式和标准来进行犯罪分层呢？笔者认为，要在分析各国采取不用模式的原因的基础上，根据我国的刑事立法和司法的实际状况而定。首先，就犯罪分层的模式选择而言，美国之所以采取多分法，将犯罪分为 43 级之多，是因为美国作为一个联邦制国家，每个州都有自己的刑法制度和轻重犯罪的认定标准，其在统一划分犯罪层次时，需要兼顾各州的标准，此其一。其二，美国是判例法国家，没有一部标准的统一刑法典，对犯罪轻重程度的认定主要还是来自司法实践，相较于成文刑法的明确性和约束性来说，其划分犯罪层次本身的限制要少得多，再加上在刑事司法中所遇到的犯罪轻重程度千差万别，导致犯罪层次的划分呈现出多级化的形态。我国无论是国家形态还是刑事法律制度都与美国完全不同，因此，多级的犯罪分层模式显然不宜采取。德国和法国所采取的二分法和三分法，是建立在采取刑法典、单行刑法和附属刑法"分散式"的刑事立法模式的基础上的，在这种刑事立法模式下，重罪、轻罪和违警罪的区分基本是明了的，而对于我国"集中式"的刑事立法模式而言，这种分层模式就显得有些粗糙了，再有，不同于二分法和三分法的国家，在我国现在仍然保留并经常适用死刑的情况下，仅仅在犯罪分层中区分"重罪"，恐怕还是不够的，因为其包含的范围太广，不能将判处死刑的犯罪区分出来。由此，在犯罪分层的模式选择上，笔者认为，应当采取"四分法"，即将我国的犯罪分为极重罪、重罪、轻罪和轻微罪，比较妥当。在犯罪分层的标准上，笔者认为，应当采取以犯罪严重程度的实质标准为主，以刑罚轻重的形式标准为辅。基本理由是，刑罚标准虽然具有明确、客观、易于判断等优点，但是，不同的时代人们对同样的犯罪事实的认识不同，所判处的

---

① 德国、意大利、挪威、瑞士等国采取二分法模式，即将犯罪分为重罪和轻罪，或者重罪和违警罪；法国、西班牙等国采取的是三分法模式，即将犯罪划分为重罪、轻罪和违警罪三个层次；俄罗斯和越南则实行的是四分法模式，将犯罪分为特别严重犯罪、严重犯罪、中等严重的犯罪（一般犯罪）和轻罪（轻微犯罪）；多层分层模式的典型代表是美国，在美国量刑委员会编纂的具有法律约束力的《量刑指南》中，将犯罪共分为 43 级。

② 所谓犯罪分层的形式标准指的是，以直观、明确的刑罚的轻重和刑罚量作为划分轻罪和重罪的标准。而实质标准则指的是，依据犯罪本身的严重程度作为犯罪分层的标准。

刑罚差异巨大，不同的文化背景，对同一犯罪事实的理解也不同，判处的刑罚也各异。此外，人们的立场、价值观和社会经济发展水平、社会治安状态等诸如此类的因素都会影响到刑罚的设置和具体的量刑。易言之，刑罚的轻重并不能完全反映犯罪的严重程度。而作为实质标准的犯罪严重程度，虽然具有模糊性、主观性，但是，可以通过犯罪情节、数额、后果、影响范围等罪量要素予以具体化，再辅以相应的刑罚轻重标准，以此作为标准是符合犯罪分层的本来意义的，因而是可取的。

（二）犯罪分层中极重罪的标准和终身监禁的定位

如前所述，笔者认为，我国应当采取四分法的实质标准为主、形式标准为辅的犯罪分层模式，将罪犯划分为极重罪、重罪、轻罪和轻微罪四个层次。那么，在这种犯罪分层模式中，极重罪的刑罚设置标准是什么呢？终身监禁又处于什么样的地位呢？首先，从必要性来看。在犯罪分层的框架下，从刑罚设置的角度来说，对极重罪的刑罚设置与其他层次的犯罪相比，必须具有质上的区别，其他层次的犯罪基本是以有期限的自由刑为主的，并且相互之间互有交叉，只是在刑罚量上的差别。因此，从这个意义上说，对极重罪的刑罚设置只能在生命刑和终身自由刑这两种具有"质"的独特性的刑罚中予以选择适用。显然，在我国原有的刑罚体系中，只有死刑符合这一要求，但是，如果将死刑作为极重罪的刑罚，一方面，与废除以死刑为代表的刑罚轻缓化的世界刑事法律发展潮流不符；另一方面，也不利于我国在国际刑事司法交流与合作、境外追逃等各方面工作的开展，这也是为什么至今我国始终没有实行犯罪分层的原因之一。如前所述，从长远来看，犯罪分层将是我国刑事立法的必然选择，在这种情况下，作为犯罪分层中最高等级的极重罪的刑罚设置，在未来还需要重新进行考量。其次，从现实性来看。如果说我国原有的刑罚体系在有期限的自由刑和生命刑之间缺乏过渡性的刑罚措施，因而被指存在"死刑过重、生刑过轻"的刑罚体系"断层"的问题，那么，在《刑法修正案（九）》设置了终身监禁制度以后，使这种"断层"有了弥合的可能，尽管出于国家政策和刑罚试验的考虑，我国目前的终身监禁还仅限于重大的贪污受贿罪，但是，可以认为，终身监禁是为了未来建构轻重相继的犯罪分层而建立的无缝连接的刑罚体系中的一种。

首先，从犯罪分层的实质标准来看。对极重罪的界定，国际条约认为，最严重犯罪"应理解为不应超出具有致命性或者其他极其严重之结果的故意犯罪"[①]。而我国《刑法》对死刑适用的条件则规定的是"罪行极其严重"，显然，与国际条约的规定相比，我国刑法对极重罪的认定没有了"致命性""结果"等限制条件，范围要宽泛得多。司法实践中，将犯罪数额、犯罪客体、犯罪对象、犯罪情节等也都作为认定罪行极其严重的参考因素，这也是我国保留了较多死刑罪名的原因之一。也许有人会说，我国对极重罪的界定不一定要局限于判处死刑的犯罪，对于不判处死刑的犯罪，只要达到了"罪行极其严重"的程度，同样可以认定为极重罪。诚然，从犯罪分层的实质标准来看，这种观点似乎也没有什么问题，但是，就目前我国的刑罚体系而言，除了死刑以外，还没有一种主刑能够与"罪行极其严重"的实质标准相匹配的刑罚制度，从这个意义上说，目前在我国所谓的极重罪，只能是被判处死刑的犯罪，这也从另一个侧面反映出我国犯罪分层的实质标准和形式标准之间的不匹配。但是，另一方面，我们应当看到，"罪行极其严重"的实质标准是限制死刑适用的必要条件，而不是充分条件。换言之，如果没有达到"罪行极其严重"就不能判处死刑。反过来说，也并不是所有达到"罪行极其严重"的犯罪都必须判处死刑，而"罪行极其严重"这个确定极重罪的实质标准本身又具有很大的模糊性，到底哪些罪行符合极其严重的标准？并没有一个明确的界定。因此，在这种情况下，就必须确定一种与死刑具有相当性的刑罚，适用于达到"罪行极其严重"的实质标准，但又不是必须判处死刑的极重罪，同时，这种刑罚制度还必须作为一种独立的刑种，承担起犯罪分层的形式标准功能，而我国的死缓制度只是死刑的执行方式不是独立的刑种，因此无法承担起这一功能。从上述分析和我国刑事立法的现实状况来看，能够承担起上述功能的只有终身监禁这一终身自由刑。

其次，从犯罪分层的形式标准来看。传统上，我国学术界一般以犯罪的法定刑为标准，将犯罪区分为轻罪和重罪。根据通说的观点，法定最低刑为3年以上有期徒刑的为重罪，法定最低刑为3年以下有期徒刑的为轻罪。如前所述，以此为基准采取"四分法"，轻微罪则应当定位在有期徒刑以下，即法定刑为管制、拘役或者非刑罚处罚措施，极重罪则应当定位于有期徒刑以上，即

[①]　联合国经济社会理事会1984年通过的《关于保护面对死刑的人的权利的保障措施》第1条。

法定刑为无期徒刑、死刑。将死刑作为极重罪的法定刑标准，在废除死刑已成为大势所趋的今天，不符合刑罚轻缓化、人道化的国际潮流，即便是像我国一样保留死刑的国家，将死刑作为极重罪的法定刑标准，在刑罚的行刑效果上也太过单一，不利于开展国际刑事司法合作。那么，将无期徒刑作为极重罪的法定刑标准是否合适呢？笔者认为，由于我国目前无期徒刑的设置存在着结构性问题，因此，也不宜作为极重罪的法定刑标准。首先，我国的无期徒刑在服刑满一定期限后即可获得减刑、假释，其实际行刑效果与有期徒刑别无二致。根据《刑法》的相关规定，有期徒刑最高可达到 25 年，经过数次减刑后，不低于原刑期的二分之一，即最低服刑 12 年半，而普通的重罪无期徒刑经过数次减刑后，其实际服刑期限最低为 13 年，二者基本相同。① 其次，根据《刑法修正案（八）》的规定，在减刑的问题上，无期徒刑的内部又可以分为"重罪死缓犯的无期徒刑"和"普通死缓犯的无期徒刑"，"重罪的无期徒刑"和"普通的无期徒刑"，其中"重罪死缓犯的无期徒刑"经过数次减刑后，其实际服刑的刑期最低为 25 年，而同样情况下，其他三种无期徒刑的最低服刑年限则为 13 年，同为无期徒刑，二者之间的差距过大。因此，无论是从有期徒刑与无期徒刑之间的关系来看，还是从无期徒刑内部的协调来看，将无期徒刑作为极重罪的法定刑标准都存在着与重罪标准（有期徒刑）界限不清，作为极重罪标准本身又弹性过大的问题。正因为如此，早在《刑法修正案（九）》颁布之前的 2006 年，就有学者提出，可以借鉴国外"三振出局"的立法经验，设置不得减刑、假释的绝对监禁刑，甚至极具前瞻性地指出可以先在重大贪污受贿犯罪中实施。② 事实上，在我国目前的刑罚结构中，"生刑过轻"已经是一个公认的事实，而目前无期徒刑存在的上述问题正是这一事实的具体表现。综上所述，笔者认为，基于死刑和无期徒刑各自存在的问题，从犯罪分层的角度来看，未来我国的终身监禁制度应当成为独立的刑种，作为极少数挑战人类道德和伦理底线，对社会秩序造成严重危害的极重罪的法定刑标准。

---

① 这里的"普通的重罪无期徒刑"指的是《刑法》第 50 条第 2 款规定的"判处死刑缓期执行的累犯以及因故意杀人、强奸、抢劫、绑架、放火、爆炸、投放危险物质或者有组织的暴力性犯罪被判处死刑缓期执行的犯罪分子"以外的犯重罪的犯罪分子被判处死缓减为无期徒刑，或者直接被判处无期徒刑的情形。

② 参见谢望原：《欧陆刑罚改革成就与我国刑罚方法重构》，《法学家》2006 年第 1 期。

四、刑法与司法解释的视角：为终身监禁改革预留空间

从刑法和司法解释的规定来看，对终身监禁的适用有三个步骤，即论罪当死、具有减轻为死缓的法定情节、考虑酌定的犯罪情节等情况适用终身监禁。其中"论罪当死"是适用终身监禁的情节基础条件，"减为死缓"是适用终身监禁的刑罚前提条件。在"论罪当死"的情节基础条件中，《刑法》第383条规定的情节是"数额特别巨大，并使国家和人民的利益遭受特别重大损失"，因为该条是针对贪污罪的处罚规定的，因此，从情节来看，其是针对贪污受贿犯罪的特点，分别从数额和造成公共利益损失两方面进行规定的，也正因为如此，我们才说我国目前的终身监禁是专门针对贪污受贿犯罪的。但是，司法解释的规定却让我们看到了最高司法机关对终身监禁这一制度的不同考虑。根据《最高人民法院、最高人民检察院关于办理贪污贿赂刑事案件适用法律若干问题的解释》（以下简称《解释》）第4条的规定，对适用终身监禁的"论罪当死"的情节基础条件包含四个具体情节，即贪污、受贿数额特别巨大，犯罪情节特别严重，社会影响特别恶劣，给国家和人民利益造成特别重大损失。相较于《刑法》带有明显的贪污受贿犯罪特点的情节规定，《解释》增加的"犯罪情节特别严重，社会影响特别恶劣"两个适用终身监禁的情节基础条件，是可以适用于其他的有可能判处死刑的严重暴力犯罪的情节，那么，司法解释为什么要在《刑法》已有明确规定的基础上，又增加了两个情节呢？或许有人会说，那是因为《刑法》所规定的终身监禁是附加在贪污受贿罪的条款中的，因此，在适用终身监禁的基础情节上，只能受限于贪污受贿罪的"论罪当死"的情节规定。换言之，《解释》新增两个情节并不能说明有什么其他意图。可问题是，《解释》本身就是针对办理贪污贿赂案件适用法律问题的解释，按理其所规定的适用终身监禁的基础情节，也不应当超出《刑法》规定的贪污受贿罪的"论罪当死"的情节规定。在笔者看来，司法解释之所以这样规定，是告诉刑事司法工作人员，有可能适用终身监禁的量刑情节不仅仅是带有贪污受贿罪特点的"数额"和"公共利益损失"，还包括"犯罪情节特别严重，社会影响特别恶劣"这两个有可能适用于其他严重暴力犯罪的情节，体现出对未来终身监禁适用范围的一种司法导向，从刑事司法的角度为未来终身监禁制度向其他"论罪当死"的严重暴力犯罪的扩展预留了空间。

五、国际刑法的视角："死刑不引渡"原则的突破

随着世界上大多数国家废除了死刑和对人权问题关注，"死刑不引渡"原则①已成为国际刑事司法合作中的基本原则之一，1990 年通过的《引渡示范条约》第 4 条（d）项将其规定为国际引渡合作的基本原则。近年来，由于经济社会形势的发展，我国在国际追逃领域，很大一部分集中在外逃的重大贪污腐败的官员，中央反腐败协调小组部署的"天网行动"、最高人民检察院开展的"职务犯罪国际追逃追赃专项行动"和公安部组织的"猎狐行动"，都是追捕外逃贪官和经济犯罪分子的专项行动，由于各个国家的刑事司法制度的差异和国际刑事司法条约的限制，在境外追逃行动中必须得到其他国家的刑事司法协助，与外逃人员所在国开展广泛的国际刑事司法合作。但是，由于我国现行《刑法》中对重大的贪污受贿犯罪保留了死刑，其他严重的暴力犯罪和非暴力犯罪中也保留了相当数量的死刑，因此，在向境外所在国寻求引渡犯罪人时，往往要受制于"死刑不引渡"的国际引渡合作原则，导致引渡请求遭到拒绝。如何解决上述困境呢？近年来，我国的刑事立法在这方面也作出了一些努力，例如：我国在 2006 年全国人大批准的《中华人民共和国和西班牙王国引渡条约》中，首次规定了死刑不引渡的条款。②2000 年 12 月 28 日起实施的《中华人民共和国引渡法》也作出了相应的变通规定。③ 但是，首先，从刑事司法的角度来看。一方面，逃往境外的贪官和其他罪分子所实施的，一般都是贪腐数额特别巨大，犯罪情节特别严重的重大犯罪行为，依照我国国内刑法的规定和一般的量刑原则，应当判处死刑，倘若在法定最高刑为死刑的情况下，对上述人员

---

① 所谓"死刑不引渡"，指的是根据请求方法律，被请求引渡人可能因引渡请求所针对的犯罪被判处死刑，除非请求方作出被请求方认为足够的保证不判处死刑，或者在判处死刑的情况下不执行死刑，否则，被请求方应当拒绝引渡。

② 《中华人民共和国和西班牙王国引渡条约》第 3 条规定，有下列情形应当拒绝引渡，即"根据请求方法律，被请求引渡人可能因引渡请求所针对的犯罪被判处死刑，除非请求方作出被请求方认为足够的保证不判处死刑，或者在判处死刑的情况下不执行死刑"。

③ 《中华人民共和国引渡法》第 50 条规定："被请求国就准予引渡附加条件的，对于不损害中华人民共和国主权、国家利益、公共利益的，可以由外交部代表中华人民共和国政府向被请求国作出承诺。对于限制追诉的承诺，由最高人民检察院决定；对于量刑的承诺，由最高人民法院决定。"

承诺不判处死刑，显然没有做到罚当其罪、罪刑相适应；① 另一方面，对国内犯同样罪行，甚至犯比外逃贪官还轻的罪行的贪污腐败分子判处死刑，显然会造成刑法适用的不公平，违反了刑法面前人人平等的基本原则。其次，从犯罪分子的角度来看。一些贪污、受贿数额特别巨大，社会影响特别恶劣，给国家和人民利益造成特别重大损失的犯罪分子，自知留在国内一旦案发难逃死刑，往往利用"死刑不引渡"的原则逃往境外，这样一来，不仅给引渡回国制造了障碍，而且即便是经过各种国家间的刑事司法合作，最终达成了引渡协议，也必须承诺不判处或者不执行死刑，对他们而言也就逃避了死刑的处罚，而在我国的刑罚体系中，除了死刑，最严厉的刑罚措施只能是无期徒刑，经过数次减刑后，最终的结局是，这些按照我国刑法规定论罪当死的犯罪分子，不仅保全了自己的生命，而且还恢复了自由，如此一来，造成大量的重大贪污腐败分子外逃，并且心存侥幸，能不被引渡就不被引渡，即使被引渡，也能逃避死刑最终恢复自由，逃往境外成了贪官的"免死牌"。当然，我们可以认为承诺不判处死刑是为了引渡境外逃犯回国接受我国刑事司法制裁而作出的必要妥协，相关法律在明确主权、国家利益和公共利益原则的基础上，依据相关司法机关的职能，分别对限制追诉和量刑的承诺作出了规定。② 但是，就贪污受贿犯罪本身的性质来讲，其所侵犯的客体是国家工作人员职务行为的廉洁性和公共财产的所有权，由于我国社会主义国家的基本性质，因此，很难说贪污受贿罪侵犯的客体没有损害我国的国家利益和公共利益。在笔者看来，要根本解决引渡难的问题，还是必须对我国现有的刑罚体系进行调整，调整的基本理念是，要在国际刑罚潮流和现实与我国的基本国情和刑事法律体系之间寻求一个平衡点。

---

① 被称为"中国开埠第一巨贪案"（广东开平案）的主犯，原中国银行广东开平支行行长余振东，涉案达 40 多亿元人民币，在潜逃到美国、加拿大后，为顺利解决余振东的遣返问题，2003 年我国有关部门向美国相关部门书面承诺，免除对余振东的死刑处置，并放弃对其妻子所犯罪行的追讨。2004 年 2 月，余振东同意采取"辩诉交易"以换取较轻的刑罚，承认自己在美所犯罪行，并承担被遣返后的法律后果。我有关部门也给美方以书面承诺将对余振东判处不超过 12 年的有期徒刑。以上消息来自新浪网新闻中心：《余振东为何只被判刑 12 年》，http://news.sina.com.cn/c/2006-04-05/02088614176s.shtml，2018 年 11 月 20 日访问。

② 《中华人民共和国引渡法》第 50 条规定："对于不损害中华人民共和国主权、国家利益、公共利益的，可以由外交部代表中华人民共和国政府向被请求国作出承诺。对于限制追诉的承诺，由最高人民检察院决定；对于量刑的承诺，由最高人民法院决定。在对被引渡人追究刑事责任时，司法机关应当受所作出的承诺的约束。"

"死刑不引渡"原则是建立在刑罚轻缓化这一国际刑罚潮流和大多数国家废除了死刑这一现实的基础之上的，我国的基本国情又决定了，在短期内无法彻底地废除死刑，而适用现有刑罚体系中的无期徒刑又会明显造成违反刑法基本原则和造成处罚不公平等问题，一个可供选择的途径是，在根据我国的基本国情保留死刑的前提下，在无期徒刑之上增加一种更加严厉的刑罚措施，即终身监禁，以平衡引渡障碍和我国刑罚体系之间的矛盾，从根本上解决我国在国际刑事司法合作中存在的瓶颈，从这个角度来说，随着未来全球一体化的不断推进，国际刑事司法合作的不断加强和我国境外追逃工作的不断深入，在作为对国际刑法回应的国内刑法中，终身监禁有进一步扩大适用，并最终成为独立刑种的趋势。

第二节　终身监禁制度对我国刑罚改革的启示与借鉴意义

一、建立增设新刑种和刑罚执行措施的评估机制

继社区矫正之后，终身监禁是我国在借鉴西方刑罚制度的基础上，新增的一项具有自身特色的刑罚执行措施，虽然目前它还只是针对重大贪污受贿犯罪分子的一种刑罚执行措施，但是在实际适用效果上，终身监禁已经具备了成为一个独立刑种的条件。由于我国的终身监禁在适用范围和适用效果上明显不同于国外的终身监禁制度，因此，在其确立之初就引发了理论界的激烈争论和公众的广泛关注，由此造成的结果是，立法上决定设置不得减刑、假释的终身监禁到底是否科学、合理？是否符合我国的国情和现有的刑罚结构和执行状况？其未来的命运到底会如何？是最终取代死刑成为一个新的独立刑种吗？还是随着其完成死刑过渡的历史使命，而最终走向消亡？所有的这些问题，我们的立法者在讨论决定设置终身监禁制度之初，或者说在新增任何一项新的刑种和刑罚执行措施之初，都应该建立一套完整、全面的评估机制，以权衡利弊，保持刑罚立法的连续性和刑罚体系的相对稳定性。

（一）增设新刑种和刑罚执行措施，需要广泛听取公众意见

在学界很多人都主张在将某一行为纳入到犯罪圈，或者对某一犯罪配置法定刑时必须向公众征求意见，以提高刑事立法的科学性和合理性，鲜有人提及增设新刑种的问题。究其原因，主要是因为自我国《刑法》颁布实施以来，历次刑法修正大都集中在罪名和法定刑配置的修改上，很少涉及刑种和刑罚执行措施的修改，但是，随着刑罚轻缓化、刑罚个别化、行刑社会化等一系列新的刑罚思潮的兴起，在可预见的未来，我国传统的刑罚体系必然要迎来大的变革，类似于终身监禁等一些新的刑罚制度，在将来有可能会成为我国刑罚体系中新的刑种。相比较罪名而言，由于刑种数量的有限性和稳定性，增设一项新的刑种和刑罚执行措施，不仅对刑法本身来说是一件影响深远的巨大变动，而且极易引起公众的极大关注，相比较增设新的罪名而言，一项新的刑种和刑罚执行措施的确立，能让公众对刑法有更加直观的感受。终身监禁虽然不是独立的刑种，但是，不可否认的是，在普通公众的眼中，终身监禁实质上已经起到了独立刑种的作用，所以，《刑法修正案（九）》增设终身监禁这一刑罚执行措施才会引起公众的巨大反响。笔者认为，未来我国刑罚体系在增设新的刑种和刑罚执行措施时，应当充分利用现代化的网络、多媒体等先进信息技术手段，广泛征求公众意见，在征求意见时，不仅仅是在"赞同"或者"不赞同"之间进行选择，而且应当将经过立法机构和相关法律专家讨论过的不同意见和方案，设置成几种不同的选项交给公众选择。以终身监禁为例，可以为公众提供不得减刑、假释的终身监禁，可以减刑、假释的终身监禁，增加特赦条款的终身监禁，改造现有的无期徒刑等几种不同的选项，将公众的选择结果作为刑事立法的参考。

（二）立法机关对增设新刑种和刑罚执行措施利弊的预估和论证

从我国终身监禁的立法过程来看，其是在《刑法修正案（九）》草案三审时才突然增加的，而且是在适用范围有不同意见的情况下最终确立的，整个过程略显得比较匆忙，对可能存在的问题预估不够、论证不充分，从而导致了理论上和实践中出现了很多问题和争论。增设一个新的罪名影响的只是其所涵盖的人和行为，但是增设一个新的刑种和刑罚执行措施，其所影响的却是刑法分则中有可能适用该刑种和刑罚执行措施的全部犯罪，并且还涉及与其他刑种和

刑罚执行措施相互协调，以实现刑罚目的和刑罚功能。再有，一旦新刑种和刑罚执行措施确立并实际适用后，再想更改和废除，就会影响到已经适用该刑种和刑罚执行措施的服刑人员和应当适用该刑种和刑罚执行措施的犯罪分子的服刑和刑罚适用问题。上述一系列问题，要求立法机关在考虑增设新的刑种和刑罚执行措施时，必须提前预估到可能存在的副作用，当然，根据马克思主义基本原理，任何事物都是矛盾的统一体，不存在没有问题的完美的事物，立法者所要做的是，在确立一项新的刑罚制度前，要充分论证、权衡其可能存在的副作用和现实立法需求的迫切性之间的矛盾，必要时，可以设置一些配套立法措施，以尽可能减少其副作用和可能产生的问题。可以说，我国目前的终身监禁就是一项有利有弊的刑罚执行措施，一方面，它是适应国家反腐形势需要，贯彻从严治党、高压反腐政策的法律体现；另一方面也顺应了民众要求严惩腐败的诉求，一定程度上有利于缓解公众提出的，现有刑罚措施对贪腐官员处罚过轻的不满情绪，进一步震慑了贪官。但是，其弊端也是明显的，例如：剥夺终身自由使犯罪人失去改造信心，对犯罪人精神和心理的影响，导致罚金刑空判，刑罚目的和功能的缺失，等等。对上述利弊两方面，立法者在讨论增设新刑种和刑罚执行措施之初，就应当进行预估和论证，采取有效措施，必要时，可以由立法机关牵头组织公、检、法和监狱管理机关以及律师共同进行模拟刑罚实施，以论证和减少新刑种和刑罚执行措施实施可能带来的副作用，以便在具体实施后充分发挥其惩罚和预防的功能。

（三）在监管人员和服刑人员中进行实证调研，以增加新刑种和刑罚执行措施的科学性

刑罚的最终适用对象是服刑人员，现代刑罚理念是以围绕着犯罪人的基本情况，以特殊预防为重点，以再社会化为目的的刑罚个别化。一项新的刑种和刑罚执行措施的确立除了考虑宏观的刑罚目的、国家政策、刑事政策、民众意见等因素外，还必须关注到微观的服刑人员的个体适应情况。例如：在设立社区矫正之初，就应该在其拟适用人群中进行调研，根据我国服刑人员目前的人员结构、适应能力、总体的改造教育效果等各种情况进行综合评估。另外，还要对监狱管理机关的工作人员和相关的监管人员进行实证调研，他们处在接触、监管服刑人员的第一线，对服刑人员的实际状况最了解，对某一项刑种和

刑罚执行措施的适用效果有最直接的感受，通过对一线的监管人员就现有的刑种和刑罚执行措施的利弊进行客观的访谈和调查研究，在此基础上就拟增设的刑种和刑罚执行措施征求他们的意见，使新的刑罚制度的确立更具有可行性和实践的可操作性，在今后的具体适用过程中更能发挥其效果。例如：对于管制、缓刑的考察监督义务，尽管立法的设想很好，规定得也很明确，但是，很多一线的监管人员都清楚，实际上根本就没有得到很好的执行，长期以来处于一种"无人监督""无人考察"的局面，也正是由于这种现象的存在，立法者在修订刑法时，才分别在第 38 条和第 76 条对管制和缓刑规定了社区矫正的刑罚执行措施。

（四）充分考察引进新刑种和刑罚执行措施的制约因素

我国的刑事法律制度在经过几十年的借鉴、吸收、发展和完善后，已经初步形成具有中国特色的刑罚体系，但是，在世界刑罚发展的浪潮中，我们也不可避免地要与时俱进，根据我国的基本国情和刑事司法的现实需要引进其他国家已经相对成熟的刑罚制度，在这个过程中，刑事立法者必须考虑国情、民意、刑罚执行状况和刑事立法现状等各个方面的制约因素，使引进的刑罚制度能够更好地融入到我国现有的刑罚体系中。

1. 国情的制约因素。我国是发展中的社会主义国家，刑法作为国家上层建筑的一部分，必然要立足于本国的经济基础，反映本国的意识形态，因此，在引进国外新的刑种和刑罚执行措施时，必须要考虑到我国现阶段的经济社会发展状况，不能盲目地引进明显不适合我国基本国情的刑罚制度，比如，在监狱管理方面的美国私营监狱制度。再比如，罚金刑中受到我国很多学者赞许和肯定的日数罚金制，被认为是很好地兼顾了对罪责的评价和行为人实际支付能力的考虑，但是，国外之所以能够推广日数罚金制，是因为发达国家的劳动力成本很高，普遍实行的是按日计酬，同时，社会福利和保障制度也很健全，这就使行为人在保障每日基本生活的条件下，能够按日缴纳罚金。但是，在我国目前的经济发展水平和国民收入水平下，社会保障并不健全，劳动力成本也相对低廉，而且习惯上都是按月结算劳动报酬，即便是按每月的劳动报酬换算后按日缴纳罚金，也会对行为人的日常生活造成很大的影响，更何况很多从事临时工作的劳动者，其每月的工资报酬是不固定的，又不能像国外劳动者一样按日结算，因此，这种广受推崇的日数罚金制虽然在刑罚理念上很先进，但是，却并不适合我国的基本国情，这也是为什么我们一直没有采取日数罚金制的主要原因之一。

2. 民意的制约因素。在现代民主法治国家，一个国家的刑罚制度是公众普遍关心的问题，例如：在对待死刑的问题上，世界各国基本都是在全民公决或者广泛征求民意的基础上作出存废决定的，显然，由于"杀人偿命"传统思想的影响，彻底废除死刑在我国现阶段还显得并不现实和超前。还有像国外动辄判处犯罪分子数百年的刑期的情况，在我国的公众看来是没有任何实际意义的，反而有可能通过多次减刑、假释、保外就医等其他途径，逃避本该受到严惩的重罪处罚，与其如此，不如直接判处死刑更能达到他们心中的"罪刑相适应"，这也是为什么在立法上通过引进不得减刑、假释的终身监禁，来逐步引导废除死刑的原因之一。

3. 刑罚执行状况的制约因素。我国目前的刑罚执行是以监狱作为执行主体，以有期徒刑作为主要执行对象，以参加劳动作为执行手段，以教育改造作为执行理念。我们在引进国外新的刑罚制度时，就必须充分考虑到这一系列因素。比如：根据我国刑法的规定，任何有劳动能力的人，都必须参加劳动改造，那么终身监禁这一刑罚制度的引入，就带来这样一个问题，没有减刑、假释可能，被剥夺终身自由的服刑人员，是否还需要被强制参加劳动？劳动教育改造是为了使犯罪人通过劳动改造自己的行为模式和思想方式，以便今后能够更好地回归社会，成为有用的新人，但是，被判处终身监禁的服刑人员已经没有回归社会的可能，从刑罚效果来讲，劳动教育改造对其已经没有任何意义，其在心态上对强迫劳动是拒斥的，如果强制其参加劳动的话，会不会引发服刑人员新的问题？这是一个必须考虑的刑罚执行因素。

4. 刑事立法现状的制约因素。现实中，我国引进的某些刑罚制度受到了刑法理论界的质疑，究其原因，并不是制度本身有多大缺陷，而是国外的刑罚制度受到我国刑事立法现状的制约，其中比较典型的就是终身监禁制度的引进，应该说，在我国目前这样一个仍然保留了相当数量的死刑使用率和执行率的国家，终身监禁是一个比较好的死刑替代措施或者说过渡措施，如前所述，基于基本国情、传统刑罚文化和民意的考虑，我国最终选择了针对重大贪污受贿罪的不得减刑、假释的终身监禁制度，从刑罚理论上来看，也是存在一定不足。但是，造成这种不足的原因并不是终身监禁这一制度本身，像美国大部分州也都规定了不得减刑、假释的终身监禁，所不同的是，我国在刑事立法上缺少类似于国外的刑事特赦制度，无法给绝对的终身监禁以救济的出口。易言之，不是制度本身，而是刑事立法的现实状况造成了制度的缺陷，从而引起了理论的纷争。

二、建立减刑、假释的司法听证制度

在我国的刑罚体系中，之所以要增加终身监禁这一刑罚执行措施，固然有国家反腐倡廉的政策需要，但是，归根结底到刑罚制度的层面，一个根本的原因是我国减刑、假释制度所存在的诸如减刑、假释的滥用，二次腐败，重刑的"名重实轻"等诸多问题，而造成这些问题的症结就在于我国目前减刑、假释制度的封闭式裁决模式、不透明的程序运作以及参与主体的狭窄与不合理，终身监禁只是这些问题的一个缩影，其所能够解决的只是"论罪当死、依法从轻"的重大贪污受贿的犯罪分子的刑罚执行问题，但是，当我们将这个"缩影"放大到如何解决其他犯罪和刑罚所存在的减刑、假释问题时，构建一个公开、透明运行的长效法律机制就成为一个必然选择，而"司法听证"本身的特点和优势，决定了其是有效解决减刑、假释所存在的上述问题的切实、可行的方案。

（一）减刑、假释听证的称谓

听证制度最早是源于行政领域，一方面是为了保障行政相对人的陈述、申辩、质证等各项权利的充分行使；另一方面，也是通过听证的公开、透明和参与主体的广泛性对行政执法行为进行监督，从广义上说，司法和行政都属于执行行为，所不同的是，司法是一种居中裁判，司法的执法机关在司法活动中是一种"中立者"的角色，而行政行为是实现国家目的的直接活动，行政机关在实施行政行为时，是代表国家执行行政法律法规，在行政法律关系中处于主导地位，尽管有学者认为"减刑、假释兼具司法与行政特征"[①]，但是，从减刑、假释实施的程序和目的来看，是对符合条件的服刑人员，依照

---

① 程绍燕：《我国减刑、假释听证制度研究》，《政法论坛》2016 年第 4 期。

法定程序，客观、真实地居中裁判是否许可减刑、假释的司法活动，应当称之为"减刑、假释司法听证"较为妥当。有些学者将之称为"减刑、假释刑事听证"，笔者认为不妥，"刑事"是相对于"民事"而言的，是有关犯罪和刑事责任的实体和程序的事项，具有严格的实体法和程序法的规定，不宜再冠以"听证"。再者，对服刑人员的减刑、假释裁判，是对犯罪人在服刑期间改造良好的奖励和激励措施，应当广义地理解为刑罚执行机关进行监狱管理的司法活动，并不涉及犯罪的认定和刑事责任的承担，即使称之为"刑事听证"的学者，也不得不承认"笔者赞同减刑、假释权是司法权"[①]。综上所述，笔者认为，减刑、假释的听证在称谓上，应当统一固定为"减刑、假释司法听证"，以免造成误解和混乱。

（二）减刑、假释司法听证的可行性

尽管我们国家相关的刑事法律和部门规章对减刑、假释等刑罚执行措施也作出了一些程序性的规定，[②] 但是，严格的程序并不代表能够严格地执行，不接受公开监督的严格程序等同于形同虚设，相较于定罪量刑过程而言，减刑、假释等刑罚执行措施的实施过程，基本处于不受公众监督的灰色地带。那么，刑罚执行措施的实施过程可否像定罪量刑一样采取公开审理的诉讼模式呢？答案显然是否定的。首先，二者所处的刑事司法阶段不同，各自实施的刑事法律依据也不一样，统一实施程序存在着立法障碍；其次，定罪量刑是以犯罪分子已经确定的犯罪情节和刑事法律规定，追求罪刑相适应的单一固定目标的静态过程，而刑罚执行则是以服刑人员不同时期的具体服刑表现，而不时要运用各种刑罚措施进行阶段性调整的动态过程。易言之，二者各自的特点决定了前者

---

① 程绍燕：《我国减刑、假释听证制度研究》，《政法论坛》2016 年第 4 期。

② 《中华人民共和国刑事诉讼法》第 273 条规定："被判处管制、拘役、有期徒刑或者无期徒刑的罪犯，在执行期间确有悔改或者立功表现，应当依法予以减刑、假释的时候，由执行机关提出建议书，报请人民法院审核裁定，并将建议书副本抄送人民检察院。人民检察院可以向人民法院提出书面意见。"司法部《监狱提请减刑假释工作程序规定》第 7 条第 1 款规定："提请减刑、假释，应当根据法律规定的条件，结合罪犯服刑表现，由分监区人民警察集体研究，提出提请减刑、假释建议，报经监区长办公会议审核同意后，由监区报送监狱刑罚执行部门审查。"第 2 款规定："直属分监区或者未设分监区的监区，由直属分监区或者监区人民警察集体研究，提出提请减刑、假释建议，报送监狱刑罚执行部门审查。"

是个"一过性"的静态过程，后者则是一个"多阶段"的动态过程，而以向公众开放旁听监督为特征的公开审理程序，是一个司法成本较高、程序要求严格的刑事司法程序，显然，并不适合作为处于动态变化中的刑罚执行措施的固定程序性规定；最后，在我国的司法行政程序中已有相关的听证程序规定。司法部1998年颁布的《司法行政机关行政处罚听证程序规定》第2条规定："司法行政机关对依法应当进行听证的行政处罚案件在作出行政处罚决定之前，依照本规定进行听证。"总结起来，实行减刑、假释等刑罚执行措施的司法听证制度有以下几点优势。

第一，符合提请减刑、假释等刑罚执行措施的基本原则。司法部《监狱提请减刑假释工作程序规定》第2条规定"监狱提请减刑、假释，应当根据法律规定的条件和程序进行，遵循公开、公平、公正的原则"，公开听证制度的透明性、参与主体的广泛性，符合"公开"原则的基本要求。

第二，听证的时间灵活性、程序简便性，与减刑、假释等刑罚执行措施的适用方式相契合，也有利于节约司法成本。我国目前还没有建立起一整套完备的听证法律制度体系，在现有的法律法规中，《行政处罚法》就有可能对行政相对人产生重大影响的行政行为，赋予了当事人要求听证的权利，并规定行政机关有告知的义务。① 从该规定来看，行政处罚的听证是当事人的一项权利，是依当事人申请而召开的。换言之，听证的召开并没有固定的时间限制，具有临时性、随时性。从实际情况来看，各个行政机关在具体组织听证的时候也基本遵循了这一原则。将上述行政听证原则引入司法听证后，与减刑、假释等刑罚执行措施的适用方式相契合，在遵循既有的减刑、假释等刑罚执行措施的严格司法报批和审查程序的前提下，既保证了实施过程的公开性，也显著节约了司法成本。

第三，参与主体的广泛性、灵活性，有利于减刑、假释等刑罚执行措施从提请到裁定的整个过程接受公众监督，防止二次腐败的发生。与此同时，随着经济社会的发展和相关刑事法律的修改完善，与时俱进，不断纳入新的主体和成员参与到减刑、假释等刑罚执行措施的司法听证中来，以确保刑罚执行措施

---

① 《行政处罚法》第42条规定："行政机关作出责令停产停业、吊销许可证或者执照、较大数额罚款等行政处罚决定之前，应当告知当事人有要求举行听证的权利；当事人要求听证的，行政机关应当组织听证。"

实施的科学性和合理性。

第四，司法听证使服刑人员由被动转变为主动。减刑、假释等刑罚执行措施是关系到服刑人员切身重大利益的事项，应当赋予其一定的主动权，将原有的服刑人员只能被动接受审查的司法行政模式，转变为服刑人员可以主动申请听证的司法听证模式，不仅让减刑、假释人员本人及其家属心服口服，而且也给其他服刑人员以公开、公正的示范效应，有利于广大服刑人员真心悔改，认真遵守监规，争取立功表现，接受教育改造。

（三）减刑、假释司法听证的制度建构

1. 减刑、假释司法听证的适用范围

首先，在我国目前的减刑、假释审理程序中，除了一些特定案件和特殊情况外，可采取开庭审理或者书面审理两种不同的方式。① 而在司法实践中，由于减刑、假释案件数量繁多，特别是对一般犯罪的减刑，适用范围涉及几乎所有的自由刑，适用的最低条件也只是"认真遵守监规，接受教育和改造，确有悔改表现"这一常规的被动遵守监规，而且减刑的起始时间和间隔时间都较短，② 再加上不受减刑起始时间和间隔时间限制的重大立功表现，导致减

---

① 《最高人民法院关于减刑、假释案件审理程序的规定》第6条规定："人民法院审理减刑、假释案件，可以采取开庭审理或者书面审理的方式。但下列减刑、假释案件，应当开庭审理：（一）因罪犯有重大立功表现报请减刑的；（二）报请减刑的起始时间、间隔时间或者减刑幅度不符合司法解释一般规定的；（三）公示期间收到不同意见的；（四）人民检察院有异议的；（五）被报请减刑、假释罪犯系职务犯罪罪犯，组织（领导、参加、包庇、纵容）黑社会性质组织犯罪罪犯，破坏金融管理秩序和金融诈骗犯罪罪犯及其他在社会上有重大影响或社会关注度高的；（六）人民法院认为其他应当开庭审理的。"

② 《最高人民法院关于办理减刑、假释案件具体应用法律的规定》第6条第1款规定："被判处有期徒刑的罪犯减刑起始时间为：不满五年有期徒刑的，应当执行一年以上方可减刑；五年以上不满十年有期徒刑的，应当执行一年六个月以上方可减刑；十年以上有期徒刑的，应当执行二年以上方可减刑。有期徒刑减刑的起始时间自判决执行之日起计算。"第6条第3款规定："被判处不满十年有期徒刑的罪犯，两次减刑间隔时间不得少于一年；被判处十年以上有期徒刑的罪犯，两次减刑间隔时间不得少于一年六个月。减刑间隔时间不得低于上次减刑减去的刑期。"第8条第1款规定："被判处无期徒刑的罪犯在刑罚执行期间，符合减刑条件的，执行二年以上，可以减刑。……无期徒刑罪犯减为有期徒刑后再减刑时，减刑幅度依照本规定第六条的规定执行。两次减刑间隔时间不得少于二年。"

刑的适用频率很高，在司法资源有限的情况下，除了法律明确规定的必须公开审理的案件以外，司法实践中，各地的刑罚执行机关、审判机关和检察机关对减刑、假释的案件，实际上采取的都是书面审理的方式。其次，之所以要建立减刑、假释的司法听证制度，其主要目的就是要改变其在实际审理和现实操作过程中存在的不公开、不透明性，预防和减少违法、违规和司法腐败的发生，而之所以选择听证制度，就是因为其具有方式灵活、过程公开、参与主体范围广、有利于节约司法资源等优势。基于上述减刑、假释存在的问题和听证制度本身的特点，除了特殊案件以外，应当对减刑、假释案件的听证范围实行全覆盖。最后，从国外的司法实践来看，多数国家对减刑、假释案件都规定必须开庭审理或听证，并且允许新闻媒体报道和采访。① 基于以上几点，笔者认为，在我国目前的减刑、假释审理模式下，如果要建立减刑、假释的司法听证制度，应当采取"例外模式"，即除了以下几类案件以外，对一般的普通案件，应当实行减刑、假释案件听证的全覆盖：第一，涉及国家秘密、商业秘密，公开听证有可能会危害国家安全和商业安全的减刑、假释案件；第二，涉及个人隐私和相关服刑人员、司法工作人员、证人的人身安全，不宜公开听证的减刑、假释案件；第三，由于社会道德和公共秩序的原因，不宜采取公开听证的减刑、假释案件；第四，其他不宜采取公开听证的减刑、假释案件。

　　2. 减刑、假释司法听证的提请主体

　　（1）正在服刑的罪犯本人，符合减刑、假释的基本条件，有权提请听证。根据我国目前的监狱管理制度，监狱服刑人员的减刑、假释从提请、研究、审核、审查、评审到最终决定，都是在相关的监狱管理机关和人员的主导下进行的，在这个过程中，并没有赋予作为被减刑、假释主体的服刑人员以任何自主权。② 但是，刑罚直接作用的对象是犯罪人本人，随着刑罚个别化、轻缓化，

---

① 国外减刑程序的共性有以下二点：1. 都采用言词方式进行审理或听证。许多国家还规定庭审或听证应当向公众公开，允许新闻记者采访和报道。2. 检察机关、刑罚执行机关的代表以及被害人、被判刑人都有权出席庭审或听证，并可相互辩论。被害人以及被判刑人有权委托辩护人或代理人。参见陈永生：《中国减刑、假释程序之检讨》，《法商研究》2007 年第 2 期。

② 《监狱提请减刑假释工作程序规定》第 6 条第 1 款规定："监狱提请减刑、假释，应当由分监区或者未设分监区的监区人民警察集体研究，监区长办公会议审核，监狱刑罚执行部门审查，监狱减刑假释评审委员会评审，监狱长办公会议决定。"

以及基于目的刑主义的特殊预防论的教育刑的兴起，围绕犯罪人再社会化改造理念使得监狱管理的核心从监管主体开始向被监管主体转移，减刑、假释是关系到服刑人员切身重大利益的事项，随着监狱改造理念的不断进步，应当赋予服刑人员以减刑、假释听证请求权。因为减刑、假释是促进犯罪分子认真改造的奖励措施，这种"奖励"是建立在服刑人员积极主动进行劳动改造的基础上的，既然如此，赋予其主动提请减刑、假释的听证权对鼓励其争取更加良好的表现具有积极的意义，不仅如此，从另一个角度而言，也可以在一定程度上杜绝监狱管理人员的腐败、渎职行为的发生。这种权利，既包括符合法定条件享受减刑、假释待遇的实体权利，也包括按照规定提出减刑、假释申请的程序权利。

（2）刑罚执行机关依职权，根据情况决定提请听证。我国的刑罚执行机关主要是监狱，而在监狱服刑的有期徒刑、无期徒刑、死刑缓期二年执行的服刑人员，占到了减刑、假释案件的绝大多数。其中，根据刑期的长短，对有期徒刑和无期徒刑、死缓分别规定了不同的减刑、假释程序，[①] 但是，有一点是共同的，那就是它们的减刑、假释的提请主体都是监狱。据此，其一，监狱等刑罚执行机关，提请减刑、假释司法听证申请，具有法律依据，是其法定的职权之一；其二，作为具体的刑罚执行机关，监狱的司法管理人员直接接触服刑人员，对其平时的性格特征、服刑表现、改造效果等对减刑、假释有直接影响的情节最具有发言权，从这个角度来说，拥有减刑、假释提请权是从其本身职责中衍生出的当然逻辑结论，也是其应当履行的义务。综上所述，无论是从行使职权还是从履行义务的角度提请减刑、假释申请，都是为了保证整个过程的公开透明，刑罚执行机关应当根据具体情况和需要依职权提请听证。

（3）检察机关依据法律监督权，建议提请听证。最高人民检察院于2014年7月21日通过的《人民检察院办理减刑、假释案件规定》（以下简称《规定》）第2条规定："人民检察院依法对减刑、假释案件的提请、审理、裁定等

---

① 司法部《监狱提请减刑假释工作程序规定》第3条规定："被判处有期徒刑和被减刑为有期徒刑的罪犯的减刑、假释，由监狱提出建议，提请罪犯服刑地的中级人民法院裁定。"第4条规定："被判处死刑缓期二年执行的罪犯的减刑，被判处无期徒刑的罪犯的减刑、假释，由监狱提出建议，经省、自治区、直辖市监狱管理局审核同意后，提请罪犯服刑地的高级人民法院裁定。"

活动是否合法实行法律监督。"根据此项规定，各级人民检察院的法律监督贯穿了减刑、假释的全过程，而之所以要实施减刑、假释的司法听证制度，也是为了保证整个过程的公开、透明，所采取的手段也是纳入更多的监督主体，对减刑、假释的整个程序加强监督。因此，从这个意义上说，检察机关对减刑、假释的监督权与减刑、假释的司法听证制度所采取的手段和要实现的目的是基本一致的。根据《规定》第9条，人民检察院对应当减刑、假释，但没有提请的，基于法律监督权有权建议提请。尽管基于具体的职能分工不同，检察机关不能直接提请减刑、假释，但是，检察机关建立在法律监督基础上对减刑、假释的司法建议权，仍然是提请减刑、假释司法听证的重要来源之一。

3. 减刑、假释司法听证的参与主体

听证本是一个行政法上的概念，最早的行政听证制度起源于英美普通法的"自然公正原则"，从这一原则中又引申出"任何人的辩护都必须被公平地听取"，因此，在听证制度诞生之初，其基本理念就决定了参与主体的广泛性和灵活性。就减刑、假释的司法听证而言，其参与主体具体可以分为三类：一是减刑、假释能够影响其切身利益的人；二是能够影响和决定减刑、假释程序和结果的人；三是能够对减刑、假释的适用起到监督作用的人。具体包括：（1）刑罚执行机关；（2）裁决减刑、假释的法院；（3）负责监督减刑、假释程序的检察机关；（4）拟被减刑、假释的服刑人员及其近亲属；（5）有被害人的，被害人本人及其近亲属；（6）相关的社区矫正机构代表；（7）社会公众代表（包括普通民众、相关专家、人大代表或者相关专业技术辅助人员）。

4. 减刑、假释司法听证的程序和内容

第一，听证信息公开。整个听证过程应当公开，通过各种方式和渠道提前予以公示，告知公众减刑、假释司法听证会召开的案由、时间、地点等基本信息。原则上听证的地点应当在犯罪人的服刑场所，鼓励公众、新闻媒体旁听、报道和监督，以彰显听证的公开性并区别于庭审形式。第二，当事人陈述。在举行听证的过程中，首先应当由拟被减刑、假释的服刑人员及其近亲属进行陈述，说明其在服刑期间认真遵守监规，接受教育、改造的具体表现，表明其确有悔改表现的意愿和决心。第三，宣读法律文书、出示证明材料。由具体的刑罚执行机关宣读《提请减刑建议书》或者《提请假释建议书》，并出示《罪犯减刑（假释）审核表》等服刑人员减刑、假释的相关证明材料。第四，检察机关发表检察意见。检察机关作为减刑、假释的法律监督部门，对"减刑或者假释建议书"和相关的证明材料、处理流程有异议的,可以发表检察意见,并要求刑罚执行机关当场予以说明。对于有被害人的案件,由被害人及其近亲属阐述意见,并针对减刑、假释程序和实体提出问题。第五,辅助意见征询。由主持听证的机构和人员向社区矫正机构的代表和社会公众代表,依据上述证据材料和专家意见对拟被减刑、假释的服刑人员的平时表现、心理评估等问题提出佐证和意见,并由社区矫正机构代表对罪犯被假释后可能对社区的影响发表意见。

5. 减刑、假释司法听证的法律效力

在经过法定程序召开听证会,听取各方陈述、意见并接受质询后,最终由法院召集和主持,成立专门的独立的听证委员会,其组成人员主要应当在具有客观中立地位的参与听证过程的人员中选择(应当排除服刑人员及其近亲属,被害人及其近亲属),也可以根据需要选择1到2名没有参加听证程序的无利害关系公众参与。听证委员会在法院的主持下,综合审核相关的减刑、假释材料和听证过程中参与各方提出的意见,最后集体讨论,通过投票表决的形式做出最终的《减刑、假释司法听证决定书》。在法律效力上,该决定书与交通肇事案件中公安交通管理部门所出具的《道路交通事故认定书》有类似之处,即应当客观、全面、真实地反映服刑人员服刑期间的表现,对是否符合减刑、假释的条件进行客观综合评价,具有一定的法律效力,但是并不具有当然的生效执行的法律效力,还需要经过有管辖权的法院最终认可,以法院裁决书的形式做出具有法律效力的准予或者不准予减刑、假释的裁定书。裁定书与听证决定书结论一致的,发生法律效力并交付执行,裁定书与听证决定书结论不一致的,法院应当在裁定书中进行司法说理,阐明理由,并载明检察机关的同意意见,如果检察机关不同意,则应当向法院发出书面的法律监督意见书,法院在收到法律监督意见书后,在规定的期限内另行组成由检察机关派员参与的合议庭重新做出终局裁定。①

三、刑罚目的转向:从"三振出局"的终身监禁说起

从我国的刑罚目的的观念来看,无论是在刑事立法上还是刑事司法上,都

---

① 参见程绍燕:《我国减刑、假释听证制度研究》,《政法论坛》2016年第4期。

是比较偏重于刑罚一般预防的目的，而对特殊预防则重视不够，造成这种现象的原因主要有以下几点：第一，中国传统刑罚法律文化的影响。战国政治家商鞅以李悝的《法经》为蓝本主持制定的《秦律》开了我国封建社会重刑威慑主义的刑罚思想之先河。法家代表人物韩非在继承了商鞅重刑思想的基础上，进一步强调，之所以要实行重刑，不单单是针对犯罪人本人，而是为了给大众提供一个衡量行为的尺度和准则，惩罚单个的罪行，不过是惩罚某个犯罪人本身，通过惩罚单个犯罪人的罪行去肃清奸邪，威慑其他社会成员，杀一儆百，最终达到受到重惩的是盗贼，害怕犯罪的是良民的效果，这才是刑罚的目的。[①] 中国传统刑罚文化中的重刑思想、肉刑和死刑行刑的公开性、株连等制度，无不体现出对刑罚一般预防的示范效应的追求，由此，消极的一般预防的刑罚目的贯穿中国整个封建社会。第二，刑事政策的影响。在我国，刑事政策对刑事立法、司法和执法都具有指导意义，从过去的"严打"到现在的"宽严相济"、社会治安的综合治理，各个时期的刑事政策都是着重于一般预防的需要，专门针对犯罪人个体进行特殊预防，而制定的刑事政策很少。第三，刑罚理论和实践对特殊预防重视不够。在我国传统的刑罚理论中，对刑罚特殊预防功能的发挥，只是单纯地强调了监狱的教育改造，笼统地将特殊预防所要追求的效果描述为"改造成遵纪守法、弃恶从善的新人"[②]。而现代刑罚理论早已证明，改造犯罪人是一项社会系统工程，需要多种监狱的和社会的、刑罚的和非刑罚的手段紧密配合、综合运用，才能充分发挥刑罚特殊预防的功能，而且特殊预防的效果也不仅仅局限于犯罪人弃恶从善，而是如何以健康的心理和足够的生存技能重新再社会化。

　　"三振出局"的终身监禁制度，其具体内容可以概括为，犯罪人如果实施了3次暴力重罪而被法院起诉定罪，那么，他将被判处无假释的绝对终身监禁，在监狱度过一生。[③] 从规定的内容来看，"三振出局"的终身监禁实际上是在"轻轻重重""以重为主"的两极化刑事政策态势的指引下，针对严重暴

---

①　原文语出《韩非子·六反》："且夫重刑者，非为罪人也，明主之法揆也。治贼非治所揆也，所揆也者，是治死人也。刑盗非治所刑也，治所刑也者，是治胥靡也。故曰：重一奸之罪，而止境内之邪。此所以为治也。重罚者盗贼也，而悼惧者良民也，欲治者奚疑于重刑。"

②　马克昌主编：《刑罚通论》，武汉大学出版社1999年版，第62页。

③　参见［美］托马斯·R.戴伊：《公共政策新论》，罗清志、陈滋玮译，台湾伟伯文化出版社1999年版，第119页。

力犯罪而规定的特殊累犯制度，其所体现出的刑罚目的的观念是重视针对犯罪人个体的特殊预防。事实上，针对严重暴力犯罪，尤其是多次实施严重暴力犯罪的累犯采取绝对的终身监禁，是以剥夺犯罪分子犯罪能力，作为实现特殊预防的刑罚手段的。一个不可否认的事实是，在我们的社会生活中，存在着极少数挑战人类道德和伦理底线，而为社会所不容的极端犯罪行为，"三振出局"制度实际上是社会在尽到了最大容忍的前提下，对这部分极少数犯罪人进行的以特殊预防为目的的个别化处遇，而能够满足这种极端处遇方式的只有死刑和终身监禁这两种同样极端的刑罚措施，基于人道主义和轻缓化的刑罚理念，终身监禁就成为唯一的选择。易言之，终身监禁是社会在尽到最大容忍的前提下，基于特殊预防的需要和人道主义的考虑，对极端犯罪分子所实施的极端刑罚的刑罚个别化处遇措施，其基本理念是"极少数人对极端的暴力犯罪行为负责"。

从世界范围来看，肇始于新派的以犯罪人为中心的刑罚个别化的思想，已成为现代刑罚理论的主流，与此相适应，各种致力于通过刑罚个别化的方法以实现特殊预防，进而减少犯罪的刑罚理念和刑罚手段层出不穷。但是，就我国刑罚理论和实践的现状来看，对特殊预防的研究还停留在对犯罪人刑罚改造效果的宽泛描述上，对实现特殊预防目的的具体手段还缺乏系统的研究。就世界范围来看，在刑罚论领域，随着刑罚轻缓化、刑罚个别化思想的盛行，在承认犯罪人个性和犯罪不同情况的基础上，针对不同的犯罪人和不同类型的犯罪适用不同的刑罚方法来进行特殊预防，从而减少和预防犯罪的发生，已成为刑罚论的重要课题。

四、终身监禁对比短期自由刑的弊害

在自由刑的范围内，终身监禁与短期自由刑处于自由刑的两个极点，二者都具有自由刑所具备的普遍缺陷，但是，又因为剥夺自由期限的不同，存在着各自所特有的问题。

（一）短期自由刑对犯罪人心理的影响

终身监禁会对犯罪人的心理产生冲击，长期的监禁会造成服刑人员精神和心理健康问题。那么短期自由刑就不会给犯罪人心理造成影响吗？过去，我们重点关注的是短期自由刑因为交叉感染的问题，会影响犯罪人的行为模式，但是对其心理的影响关注很少。事实上，如果说终身监禁对犯罪人心理的影响是一个长期的和渐进的过程，那么短期自由刑对犯罪人心理的影响就是一个短暂的、即时的过程。心理突变，就其最一般的意义来说，就是当人在遭遇日常学习、生活等熟悉环境的突然剧烈的变化时，而引发的精神和心理结构的改变，进而影响或者改变身处其中的人的人生价值观。被判处短期自由刑的犯罪人，一般都是罪行比较轻微的初犯、偶犯，大多都是未成年人，他们的人生观和世界观都处在形成的关键时期，当处在监狱这样的特定环境中，只需要很短的时间，就有可能使其心理产生巨大的变化，很多未成年人在进过一次监狱后，不仅没有感到耻辱，认为是一种教训，反而从此认为"进去过"是一种炫耀的资本，这种心理的突变，比受到其他犯人行为影响的交叉感染更加令人担忧和根深蒂固，因为这种心理的突变会严重扭曲未成年人的世界观和人生观，进而使其在经历短期自由刑的处罚后，不仅没有吸取教训，反而会在错误的世界观和人生观的指导下实施更多、更严重的犯罪。

（二）短期自由刑对犯罪人未来的影响

刑罚之所以被认为是一种最为严厉的惩罚措施，不仅仅是因为其对犯罪人本人带来的冲击，更重要的是它代表了国家和社会对犯罪人的否定性评价，这种评价不仅表现在刑罚的具体执行上，而且这种评价还将伴随着犯罪人今后的社会生活，产生一种"标签效应"。如果说终身监禁让犯罪人失去了恢复自由生活的希望，那么，在我国还没有全面实行前科消灭和前科封存的情况下，[①]短期自由刑则是因为行为人一时的错误，失去了恢复正常社会生活的希望，不仅如此，相比较适用终身监禁的范围、条件、频率和人数，短期自由刑所造成的前科"标签效应"范围要广泛得多，影响面也更大。

---

① 我国的《刑事诉讼法》只是规定了针对未成年人犯罪的前科封存制度。《刑事诉讼法》第286条规定："犯罪的时候不满十八周岁，被判处五年有期徒刑以下刑罚的，应当对相关犯罪记录予以封存。犯罪记录被封存的，不得向任何单位和个人提供，但司法机关为办案需要或者有关单位根据国家规定进行查询的除外。依法进行查询的单位，应当对被封存的犯罪记录的情况予以保密。"

（三）短期自由刑对监狱资源的影响

传统上，我们认为短期自由刑占用大量的监狱资源，造成监狱管理的人力、物力、资金的浪费和过多占用是其固有的弊端之一，这主要是从短期自由刑本身的特点出发去考虑其实际的监狱资源占用状况，如果与其他自由刑，特别是终身监禁联系起来考虑，从监狱资源的整体分配的角度去考量，就会对短期自由刑的成本与效益有一个比较清晰的认识。从监狱资源整体分配的角度来看，短期自由刑本身的特点决定了，对其资源的投入具有"大范围的短期性"特点，与之相反，对终身监禁等重刑的资源投入则具有"小范围的长期性"的特点。基于当前"轻轻重重、以重为主"的刑事政策潮流，从监狱资源整体分配的角度来看，短期自由刑过多地挤压了作为刑事政策关注重点的终身监禁等重刑的监狱资源，从而导致监狱资源管理所付出的机会成本过大，更重要的是，对于判处短期自由刑的初犯、偶犯的犯罪人和轻罪、轻微罪的犯罪类型，除了关押进监狱外，并不是没有其他更加安全、经济、有效和便捷的教育改造方式。易言之，短期自由刑过多占用监狱资源的弊端，并不仅仅是对监狱管理资源浪费的问题，而是关系到整个刑事政策是否能够得到有效的贯彻、犯罪分层和行刑社会化等理念能否被接受等宏观层面的问题。

如何解决短期自由刑的弊害呢？首先，从刑事政策的层面，要明确和贯彻"轻轻重重，以重为主"的指导思想，在犯罪分层的基础上，将罪行轻重不同的犯罪进行分类处遇，在具体的处遇措施上，明确划分需要监狱监管改造和非监禁的社会化改造的界限。其次，实行短期自由刑的易科制度。在众多易科制度的选择上，笔者认为，易科社区矫正比较可取，其一，社区矫正是在社区监管下从事一定的社区劳动服务，犯罪人一方面没有脱离其原有的社会关系和人际关系，保持了其社会性的人格特征；另一方面，也将犯罪人与其他的惯犯、累犯和实施严重犯罪的犯罪人隔离开来，使其远离有可能交叉感染的监狱环境。其二，我国《刑法》在第38条第3款和第76条分别针对判处管制和缓刑的犯罪分子适用了社区矫正，而管制和缓刑实际上在适用的对象上（包括犯罪人和犯罪情节），与短期自由刑有很大的相似之处，因此，对短期自由刑易科社区矫正是有现实的立法基础的。最后，建立短期自由刑的前科消灭制度。短期自由刑弊害中最大的一个问题是，使犯罪人具有前科记录，给犯罪人贴上了"罪犯"的"标签"，使其在今后的工作和生活中背负沉重的心理和社会评价负担，甚至因此而自暴自弃、仇恨社会，走上实施更多更严重犯罪的道路。尽管我们国家借鉴西方的前科消灭制度，在刑事诉讼法中专门针对未成年犯罪规定了犯罪记录封存制度。但是，其一，"封存"并不是"消灭"，在某些特定的情况下仍然可以在一定范围内被公开查询，作为某种评价的依据，这对涉世未深、心理极度脆弱和敏感的未成年犯罪人而言，实际效果未必能有想象的那么好。其二，对犯罪前科的特殊处理，不能仅仅以年龄作为衡量标准，既然是犯罪前科，其考虑的重点应当放在行为人以前实施过的犯罪的情节、性质，以及因此受到处理的情况。从短期自由刑的适用对象来看，很大一部分是青少年。从短期自由刑的适用情节来看，大都是初犯、偶犯。从短期自由刑的适用效果来看，刑期基本都在一年以下。从短期自由刑惩罚的犯罪性质来看，都是社会危害性较小的轻微罪。因此，从前科消灭本身的目的和意义出发，综合考虑短期自由刑的所有因素，应当实行短期自由刑的前科消灭制度。

五、终身监禁与罚金刑冲突的启示：罚金刑易科"劳动补偿"

随着刑罚轻缓化、非监禁化以及对短期自由刑弊害的认识的深入，世界各国对轻微犯罪、经济犯罪和基于利欲性动机的犯罪适用罚金刑的比例越来越高，从我国历次刑法修正案来看，罚金刑在我国也呈现出繁荣发展的趋势，但是在罚金刑的具体执行过程中，一个最突出的问题是罚金刑的实际缴纳。不同于自由刑对每个人都同等的人身自由的剥夺和限制，罚金刑独立于人身之外，每个人的实际情况都不相同，因此，很容易造成刑罚执行上的不公平和空判。特别是对于终身监禁这一特殊的终身自由刑而言，判处罚金对犯罪分子来说没有任何实际的意义，可以说，自从确定终身监禁的判决那一刻开始，就意味着罚金刑的"空判"，而且，对犯罪人家属来说，代为缴纳罚金实际上也没有减轻犯罪分子服刑期限的可能，如此等等，造成了罚金刑执行难问题的凸显。那么，如何解决上述问题呢？理论上提出了几种不同的解决方案。第一，延期缴纳与分期缴纳。其针对的是暂时没有能力足额缴纳罚金的犯罪人而设置的变通方案，但是，实际情况是，对这部分犯罪人即便是实行延期缴纳和分期缴纳，其日后仍然是无力全部缴纳罚金，尤其是对判处有期徒刑并处罚金的犯罪分子而言，待其出狱后，一方面由于受到刑事处罚，找工作比较困难；另一方面，由于自由刑服刑完毕，一般说来，他们也不愿缴纳判处的罚金。即便是司法机关进行追缴，也要付出巨大的执行成本，有可能得不偿失，如此一来，罚金刑也就失去了刑罚的内涵，减弱了其作为刑罚的意义。第二，罚金刑缓刑制度。所谓罚金刑的缓刑，实际上是与自由刑的缓刑一样，都是附条件的不执行原判罚金刑的制度，只要行为人在规定的缓刑考验期内没有再次实施犯罪，原判罚金刑就不再执行。罚金刑缓刑制度或许对单处罚金是一种比较好的变通制度，但是，对于被判处自由刑同时并处罚金的犯罪人而言，因为自由刑的服刑已经剥夺了其人身自由处于监狱严密监管的情况下，特别是被判处终身监禁的犯罪分子，规定其不得再次实施犯罪的罚金刑缓刑考验期实际上是没有意义的。或许有人会说，可以在自由刑执行完毕之后，根据自由刑服刑表现，再单独设定罚金刑的缓刑考验期。但是，一方面，在并处罚金的判决中，罚金和自由刑一样都是并列的刑罚措施，而不是依附于自由刑而存在的，要设定罚金刑的缓刑考验期不能在自由刑服刑完毕后，根据自由刑的服刑表现，再另行设定；另一方面，比照现有的自由刑的缓刑考验期的设定规则，我国《刑法》第73条第3款明确规定："缓刑考验期限，从判决决定之日起计算。"既然罚金刑的缓刑考验期是比照自由刑设定的，那么，对其缓刑考验期也应当自判决决定之日计算，而不能等到自由刑服刑完毕后另行计算。第三，易科自由刑。即在犯罪人不能缴纳罚金时，对犯罪人以自由刑来替代罚金，世界上有不少国家都规定了罚金易科自由刑制度。[①] 但是，在理论上对罚金刑易科自由刑却有很多否定的声音。首先，设置罚金刑的主要目的之一，就是避免短期自由刑的弊害，倘若将罚金易科自由刑，就违背了设立罚金刑的初衷，使短期自由刑进一步扩大适用；其次，每个人所拥有的财富数量都是不一样的，且一个人金钱数量的多与少，往往是与其社会地位、教育程度、成长环境等密切相关的，将不能缴纳罚金的情况易科为自由刑处罚，会造成刑罚适用的不公平，形成富人、社会地位高的人就可以通过缴纳罚金不进监狱，而穷人、社会地位低的人因为交不起罚

---

① 《德国刑法典》第43条规定："不能追缴之罚金，以自由刑代之。单位日额金相当于一日自由刑。代替的自由刑以一日为其最低度。"《意大利刑法典》第136条规定："科以罚金与罚缓之受刑人，无支付能力而无从强制执行者，易服3年以下监禁或2年以下拘留。第23条及第25条所定自由刑之最低期限亦适用之。受刑人扣除已执行自由刑期满后，将其余罚金或罚缓全部缴清者，应即停止易服自由刑执行。"此外，波兰、土耳其、希腊、澳大利亚、阿根廷以及英美等国家都采取了罚金刑易科自由刑制度。

金而被迫进监狱服刑。在我国的学术界和司法实务界一直以来也对罚金刑易科自由刑持否定态度，最高人民法院在答复地方法院的批复中，也明确指出不得将罚金刑易科自由刑。①

笔者认为，上述各种罚金刑的变通执行措施，都存在各自固有的问题和缺陷，造成这些问题的根本原因主要是没有考虑到罚金刑与自由刑之间存在的冲突问题，特别是在自由刑并处罚金的情况下，如果将罚金刑易科自由刑，那么，易科的自由刑刑期与原判的自由刑刑期如何进行协调？在原判已经确定自由刑刑期的情况下，又将不能缴纳罚金的犯罪人再易科自由刑，是否存在违反罪刑法定原则的情况？等等，而且，无论采取何种罚金刑的变通方式，对于被判处终身监禁这种剥夺终身自由刑罚的犯罪分子都是没有效果的。那么，如何解决上述罚金刑执行存在的问题呢？笔者认为，将罚金刑易科"劳动补偿"是一个比较好的解决方式，理由如下：

第一，符合罚金刑的性质和定位。罚金刑在表现形式和刑罚感受上与自由刑存在很大的差异，但是，罚金刑作为一种独立的刑罚制度，应当具备刑罚的本质特征，即对犯罪的惩罚性，这种惩罚性必须是建立在给犯罪人一定的痛苦之上。将罚金刑易科劳动补偿，让犯罪人以自己应得的劳动所得去补偿应当缴纳的罚金，符合对罚金刑的定位。

第二，可以同时适用于单处罚金和并处罚金。在单处罚金的情况下，可以根据犯罪情节和犯罪人本人的情况，在不限制其人身自由的情况下，指定一定的劳动服务量，以其劳动抵偿罚金，或者对犯罪人的正常劳动收入进行监管，在保障其基本生活的情况下，每月定期扣划一定金额抵偿罚金。对于并处罚金的犯罪人，可以用其在服刑期间参加劳动应得的报酬予以抵偿罚金，不足以抵偿的部分，服刑期满出狱后，再以前述单处罚金的方式继续以其劳动所得抵缴罚金。

第三，保证了实质意义上的刑罚的"公平性"。罚金刑易科劳动补偿是建立在"劳动"这一平等基础之上的，不论是富人还是穷人，社会地位高的人还是社会地位低的人，都用自己在一定时间内从事的劳动去缴纳罚金，对犯罪人

---

① 最高人民法院在 1960 年 5 月 12 日答复新疆维吾尔自治区高级人民法院的《最高人民法院关于不能用罚金折服劳役问题的复函》中明确指出："法院对海关移送依法科处罚金而被告抗延不交的案件，应当强制执行，或根据具体情节给予适当的刑事处分，不能以罚金折服劳役。如果查明被告人确实无力缴纳罚金，应与海关协商考虑斟酌减免。"

来说，具有实质意义上的公平性。

第四，为终身监禁的罚金刑执行提供了一种可能的渠道。如前所述，被判处终身监禁的犯罪分子及其近亲属，由于失去恢复自由的希望，也就没有缴纳罚金的动力，但是，根据我国刑法的规定，对于被判处有期徒刑和无期徒刑的服刑人员，凡是有劳动能力的，都必须接受劳动改造，对于终身监禁的服刑人员可以通过其参加劳动应得的报酬抵偿判处的罚金。一方面，这种方式有效地解决了终身监禁刑的罚金刑执行的问题；另一方面，对犯罪人而言，其以自己的劳动去冲抵"刑罚"，或多或少能够减轻其"负罪感"，增加其"成就感"，对减轻终身监禁的服刑人员的心理负担能够起到一定的作用。

第五，对单处罚金刑的犯罪人，可以避免易科自由刑带来的交叉感染。对于单处罚金的犯罪人，通过劳动补偿，可以避免因易科自由刑而导致的与自由刑服刑人员的接触，有效防止交叉感染，特别是对未成年的犯罪人员，通过劳动补偿罚金，还有助于培养他们自食其力、劳动光荣的责任感，一定程度上纠正他们好吃懒做的不良习气。

第六，罚金刑与自由刑在我国的传统民众文化中有着不一样的理解。虽然从刑法的角度来看，罚金刑和自由刑一样都是一种刑罚制度，其法律效果也一样，一旦适用就意味着犯罪人有了前科记录，但是，在我国的普通民众看来，二者还是有着一定的区别的，罚金更多地被理解为一种类似于行政、治安处罚的"处罚"措施，而自由刑就意味着"进去"坐牢了，二者在普通民众眼中得到的评价完全不一样，在他们看来，进去坐牢就意味着是有前科的坏人，而缴纳罚金则只是犯错受到了处罚，这种民间评价对犯罪人今后的工作、生活都会产生一定的影响，将两种具有完全不同的民众评价的刑罚措施互相转换，对犯罪人来讲，可以说是一种降低了社会评价的非法律意义上的不公平。

六、改革刑罚执行，贯彻落实实质意义的罪刑相适应

罪刑相适应是我国刑法的基本原则，其内涵是犯罪分子所犯罪行，应当与其所承担的刑事责任相适应，这一内涵的核心意义在于"相适应"，而"相适应"可以分为两个阶段或者说两个层面。一是定罪量刑阶段的罪刑相适应，这一阶段"相适应"的特点是，在一系列完善的实体和程序规则的保障下，

最终由法官以刑事判决书的形式确定犯罪分子所犯罪行并匹配与之相当的刑罚，在这个意义上，可以称之为形式意义上的罪刑相适应；二是在定罪量刑后的刑罚执行阶段，通过监狱管理、考核等监狱管理制度，根据犯罪分子在服刑期间的动态表现，运用减刑、假释、立功、监外执行、保外就医等一系列动态的刑罚执行措施后，犯罪分子所实际服刑的刑期与其所犯罪行之间的适当比例关系，以及不同犯罪人实际服刑之间的差异比例关系，而这些比例关系，是在判决后的刑罚执行期间，真正实现对犯罪分子惩罚与改造、体现刑罚本质的重要环节，可以称之为实质意义上的罪刑相适应。一个不容忽视的事实是，历来在我国的刑法学界和刑事司法实践中，对形式意义上的罪刑相适应，在刑事案件的侦查、起诉、审判的一系列过程中，都具有实体和程序上的制度保障，无论是理论上还是实践中，都备受重视，相对而言也贯彻和坚持得比较好。反观实质意义上的罪刑相适应，不仅是理论上较少论及，司法实践中也存在诸多问题，造成这一现象的原因主要有以下几点：第一，在观念上，在我国传统的刑事司法观念里，重定罪量刑而轻刑罚执行是一个长期存在的问题，正因为如此，才有了程序上"重证据、不轻信口供""重调查研究""禁止刑讯逼供""非法证据的排除"，实体上"以事实为根据、以法律为准绳"等一系列旨在确保准确"定罪量刑"的刑事司法规则和刑事司法的指导思想，但是，在刑罚执行领域类似的规则和指导思想却鲜有所见。第二，在制度保障上，由于受到观念的影响，相较于定罪量刑完善的实体和程序的制度措施，在刑罚执行领域缺乏完备的相关制度保障。第三，在实际执行上，基于观念的重视和制度的完备，定罪量刑在"以事实为根据、以法律为准绳"刑事司法思想的指导下，严格执行相关程序、准确把握实体问题，最终确保形式意义的罪刑相适应的比例较高，但是，在刑罚执行中，即便规定有减刑、假释、立功等刑罚执行措施，由于执行力度不够、监管不到位以及二次腐败等诸多原因，最终导致实质意义上的罪刑相适应得不到保障，被破坏的比例较高。第四，在公众关注度上，由于定罪量刑的程序和实体的公开性和透明性，公众参与、评判的渠道更畅通、关注度更高，其罪刑相适应的形式意义得到了彰显。而刑罚执行的过程是在监狱这样的密闭场所，其整个执行过程，包括减刑、假释、立功等各项刑罚执行措施的具体实施过程都处在公众的视野之外，导致实质意义上的罪刑相适应实际上一直处于灰色地带，不为普通公众所关注。第五，基于上述所有原因，一旦形式意义上的罪刑相适应被人为故意破坏，违法裁判的相关刑事司法人员会很快被置于"聚光灯"下，受到严肃的司法追究，但是，破坏实质意义上的罪刑相适应的行为，却不容易引起公众的注意，即便是个案暴露于阳光之下，对其相关责任人员的追究也是不尽如人意。事实上，上述问题早已引起了刑事司法理论界和实务界的注意，特别是在重大的贪污受贿犯罪中问题更为突出，相较于其他的普通刑事犯罪而言，重大贪污受贿犯罪的服刑人员在案发前一般都身居高位或者要职，掌握着一定的权力和官员人脉资源，重大的腐败窝案，甚至已经形成了一定范围的政治生态圈，一旦某一官员案发被判处重刑后，其原有的人脉关系或者圈内文化，在后续的服刑过程中就起到了破坏实质意义上的罪刑相适应的负面作用，通过各种违法甚至非法的手段为重大贪污腐败分子服刑期间的减刑、假释、保外就医等大开绿灯，滋生二次腐败的同时，严重地破坏了实质意义上的罪刑相适应，近年来类似案件的频发，已经引起了公众的巨大关注。在这种情况下，在少杀、慎杀、严格控制适用死刑的刑事政策的指导下，针对重大贪污受贿犯罪分子设置终身监禁的刑罚执行措施，不仅具有现实意义，而且对全面落实实质意义上的罪刑相适应，从而将我国刑法所规定的罪刑相适应这一基本原则，真正彻底贯穿至侦查、起诉、审判、定罪量刑、刑罚执行整个刑事司法程序与实体的全部过程，具有非常重要的示范效应。当然，终身监禁的这种现实意义与示范效应，并不是说要对所有的重大刑事罪犯都实施不得减刑、假释的终身监禁，而是对今后的刑罚执行的改革提出以下几点可供参考的理念。

首先，在刑罚执行的观念上。对罪刑相适应原则的理解，实现从形式走向实质，从静态的刑事判决形式到动态的刑罚执行公平，从定罪量刑的准确到减刑、假释等刑罚变更措施恰当的转变。

其次，在刑罚执行措施的标准和程序的制定上。进一步严格限制减刑、假释、保外就医、监外执行、取保候审等有可能破坏实质意义的罪刑相适应的刑罚执行措施，可以考虑结合犯罪分层制度，根据现实的刑罚执行情况，针对不同程度的轻罪、重罪和极重罪，实行刑罚执行措施适用标准和程序的多元制，以做到同等罪行程度的服刑人员适用相同刑罚执行措施所产生的效果相一致，不同罪行程度的服刑人员适用不同刑罚执行措施与各自的罪行严重程度相匹配。

再次，实行减刑、假释等刑罚执行措施的司法听证制度。减刑、假释、保外就医、监外执行等影响实质意义上的罪刑相适应的刑罚执行措施，之所以饱受诟病，一个根本原因就在于整个刑罚执行措施的实施过程不具有公开性和透明性，使得整个减刑、假释的程序流程基本处在司法系统的内部运行和监督之中，远离普通公众的视线，有鉴于此，我国应当建立起多元主体共同参与的，旨在让减刑和假释运行于"阳光司法"下的司法听证制度，对此的具体展开，笔者另有专门论述。

最后，加大徇私舞弊破坏实质意义上的罪刑相适应行为的惩处力度。从现有的刑事法规的规定来看，我国对违法违规对不符合条件的服刑人员进行减刑、假释的惩处力度不可谓不大，《刑法》第401条专门规定了"徇私舞弊减刑、假释、暂予监外执行罪"，中央政法委2014年1月21日发布的《中共中央政法委关于严格规范减刑、假释、暂予监外执行切实防止司法腐败的意见》中也特别强调要"强化减刑、假释、暂予监外执行各个环节的责任"，"从严惩处减刑、假释、暂予监外执行中的腐败行为"，但是，从实际的执行情况来看，对违法违规实施减刑、假释的司法人员的惩处力度不尽如人意。事实上，我国现有的刑事法律法规体系已经对违法、违规减刑、假释的处罚力度作出了一整套明确规定。第一，《刑法》的规定。《刑法》第401条规定的"徇私舞弊减刑、假释、暂予监外执行罪"规定："司法工作人员徇私舞弊，对不符合减刑、假释、暂予监外执行条件的罪犯，予以减刑、假释或者暂予监外执行的，处三年以下有期徒刑或者拘役；情节严重的，处三年以上七年以下有期徒刑。"本罪的具体表现为，司法工作人员利用职务上的便利和权力，对明知不符合减刑、假释和暂予监外执行条件的罪犯，采取虚构事实、隐瞒真相、伪造条件等手段，将不符合法定条件的罪犯予以减刑、假释或者暂予监外执行。从《刑法》对本罪的规定来看，其一，本罪的犯罪主体较广。与《刑法》第400条所规定的私放在押人员罪中所规定的主体"司法工作人员"相比，本罪的"司法工作人员"不仅包括刑罚执行机关的司法工作人员，还包括人民法院、人民检察院、公安机关以及监狱管理机关等有可能影响、改变和决定减刑、假释和暂予监外执行的司法工作人员。其二，本罪是行为犯。只要行为人实施了对不符合减刑、假释、暂予监外执行条件的罪犯，予以减刑、假释或者暂予监外执行的行为，就能够构成本罪。其三，在构成犯罪的程度标准上，构成徇私舞弊减刑、假释、暂予监外执行罪并不需要达到情节严重的标准，情节严重只是从重处罚的情节标准。第二，司法解释的规定。《最高人民检察院关于人民检察院直接受理立案侦查案件立案标准的规定（试行）》在"二、渎职犯罪案件"中的"（九）徇私舞弊减刑、假释、暂予监外执行案（第401条）"中规定了徇私舞弊减刑、假释、暂予监外执行罪应予立案的四种情形。[①] 从该规定来看，涉及的立案的主体包括公安机关的工作人员、刑罚执行机关的工作人员、人民法院和监狱管理机关以及不具有报请、裁定或决定减刑、假释、暂予监外执行权的司法工作人员。涉及的行为，包括对不符合相关条件的服刑人员通过出具虚假文件，伪造材料、事实等违法违规行为，对不符合暂予监外执行，减刑、假释条件的服刑人员违法违规申报、审批的行为。易言之，只要有可能对减刑、假释和暂予监外执行的裁定和决定产生影响的司法工作人员以及非司法工作人员，都能够成为徇私舞弊减刑、假释、暂予监外执行罪的立案主体。第三，党内法规的规定。《中共中央政法委关于严格规范减刑、假释、暂予监外执行切实防止司法腐败的意见》分别对责任落实、检察监督、腐败惩处等各个方面都作出了规定，[②] 并且规定"徇私舞弊、权钱交易、失职渎职构成犯罪的，一律依法从重追究刑事责任，且原则上不适用缓刑或者免予刑事处罚"。综上所述，从刑法、司法解释、党内法规，相关的刑事法律法规已经对违法、违规实施减刑、假释的行为规定了一整套处罚措施，现在的关键问题不是法律法规不够健全，而是在司法实践中，相关的规定没有严格执行，对相关的违法犯罪行为的惩处力度不够，具体表现在

[①] 《最高人民检察院关于人民检察院直接受理立案侦查案件立案标准的规定（试行）》"二、渎职犯罪案件"中的"（九）徇私舞弊减刑、假释、暂予监外执行案（第401条）"规定："徇私舞弊减刑、假释、暂予监外执行罪是指司法工作人员徇私舞弊，对不符合减刑、假释、暂予监外执行条件的罪犯予以减刑、假释、暂予监外执行的行为。涉嫌下列情形之一的，应予立案：1.刑罚执行机关的工作人员对不符合减刑、假释、暂予监外执行条件的罪犯，捏造事实，伪造材料，违法报请减刑、假释、暂予监外执行的；2.人民法院和监狱管理机关以及公安机关的工作人员为徇私情、私利，对不符合减刑、假释、暂予监外执行条件的罪犯的减刑、假释、暂予监外执行申请，违法裁定、决定减刑、假释、暂予监外执行的；3.不具有报请、裁定或决定减刑、假释、暂予监外执行权的司法工作人员利用职务上的便利，徇私情、私利，伪造有关材料，导致不符合减刑、假释、暂予监外执行条件的罪犯被减刑、假释、暂予监外执厅的；4.其他违法减刑、假释、暂予监外执行的行为。"

[②] 该意见第11—16条分别规定了减刑、假释、暂予监外执行的执法司法人员责任制度；审判机关建立专门审判庭制度；检察机关的监督追究制度；执法司法人员违纪犯罪处罚制度；非执法司法单位和个人违纪违规追责和构成犯罪的追究制度；任何单位和个人干预减刑、假释和暂予监外执行的追责制度。

处罚程度过轻、处罚范围过窄、以党纪政纪处分代替刑事处罚。[①]

七、自由与生命"质的鸿沟"消解：有期、无期、终身到死刑废除的渐进

从世界刑罚发展的潮流来看，死刑作为一种最古老的刑罚制度终将成为历史，这已经成为学术界的共识。但是，具体到每个国家应当在什么时候、采取何种方式废除死刑尚没有一定之规。正如犯罪是产生于社会生活中一样，刑罚也是人们在社会生产和生活实践中逐步形成和发展起来的，单纯地脱离一国的国情、民情去讨论一种刑罚制度的存废不过是理论的抽象演绎和想象，没有任何实践意义，即便是今天死刑的废除已经成为国际共识，但是，具体到某一个国家的死刑废除，不是一蹴而就的，而要受到诸如哲学思想、文化传统、民众认知、刑事司法的现状、刑罚体系的特点、刑事政策的走向等诸多因素的影响，是一个渐进性的过程。在笔者看来，这所有的问题都可以归结于一点，那就是自由与生命的价值。在整个刑罚体系中，不可否认的是，自由刑和生命刑是两种对犯罪人打击最直接、最严厉的刑种，同时，二者之间也存在着本质的区别，从普通民众和犯罪人的角度来看，自由被剥夺和生命被剥夺之间还是存在着"质的鸿沟"，这种"质的鸿沟"在终身监禁诞生之前显得难以跨越和无法弥补。从有期徒刑到无期徒刑（实际上是与有期徒刑相比的"长期徒刑"），再到终身监禁（剥夺终身自由），当剥夺自由的梯度对生命不断逼近时，二者之间"质的鸿沟"也逐渐趋于模糊，从而最终得到消解。从某种意义上说，终身监禁之所以在启蒙主义和人权思想的背景下，以废除死刑为契机而诞生，正是基于近代以来人们对终身自由与生命的哲学思考和价值衡量。如果说在封建社会自由甚至终身自由与生命相比不值一提，那么，近代文明已经通过有期限自由终身自由的不同梯度逐渐逼近了生命的价值，由此带来的结果是，以剥夺

[①] 就在中央政法委的《意见》颁布的当年，即 2014 年 3 月至 12 月最高人民检察院在全国开展减刑、假释、暂予监外执行专项检察活动，严查"花钱买刑""以权赎身"，促进刑罚依法正确执行，共立案查办违法减刑、假释、暂予监外执行相关职务犯罪案件 213 件 252 人。其中，徇私舞弊减刑、假释、暂予监外执行案件 49 件 66 人，检察机关建议相关部门对 39 名执法司法人员追究党政纪责任。以上消息来自《新京报》2015 年 3 月 10 日报道，http://epaper.bjnews.com.cn/html/2015-03/10/content_565673.htm?div=-1，2018 年 11 月 22 日访问。

生命为目的的死刑已经不具有惩罚最极端犯罪的终极意义，也不再被当然地认为是最严厉的刑罚措施，从这个意义上说，终身监禁在渐进式废除死刑的过程中是具有决定意义的一环的，正因为这种与死刑在刑罚性质上完全不同，但在价值上又具有可比性的刑罚制度的存在，才能够最大限度地消解上述死刑废除过程中的诸多问题和障碍。

正是基于以上观念和理解，笔者认为，死刑既是一种刑罚制度，也是一种文化现象。在我国这样一个受到几千年重刑主义和死刑文化的封建刑罚思想影响的国家，要想最终融入彻底废除死刑的国际刑罚大潮，必须遵循"以刑罚立法为先行、以引导文化观念转变为根本"的原则。相较于专业复杂的犯罪理论以及刑事实体和程序规定，不同的刑种给予公众的是一种最简单、最直接的严厉程度感受和善恶报应感应，因此，刑罚立法应当承载起公众对不同刑种的价值认知引导功能，而对于死刑这种深受以"杀人偿命"为代表的中国传统刑罚价值观念影响的极端刑罚，必须采取一种渐进式的刑种价值引导，传统的从有期、无期再到死刑的刑种梯度设计，显然不能实现这种价值引导，只有在自由刑与生命刑之间嵌入终身监禁这一能够在一定程度上使公众摆脱对死刑依赖心理的刑罚制度，死刑才有望逐渐从观念和文化的层面被消解，最终"水到渠成"地从立法上走向消亡，因此，就目前我国的基本国情和刑事法律状况而言，有期、无期、终身再到死刑这一刑种的渐进式梯度设计，是废除死刑这一渐进性过程的必然选择。

结　语

必须承认，在现代人权思想中，作为一种可以与死刑相提并论的刑罚制度，终身监禁已不仅仅是一个刑罚理论问题，更是一个哲学、社会学问题，这是所有冲击人类生理和心理底线的极端刑罚的共性，在现代文明社会中，这种"冲击"的效果必须接受哲学、社会学的审视与检验。从比较法的角度来看，由于适用对象、适用效果和适用条件的差异，终身监禁已经成为我国一项独特的刑罚制度，这种"独特"是由国家意识形态、刑事政策、刑罚结构和民意诉求等各方面的因素综合而形成的。正是基于上述原因，我们认为，具有中国特色的终身监禁制度，既有终身监禁制度本身所固有的"形而上"的不足，也存在中国刑法语境下具体的"形而下"的问题，对这些问题和不足的探讨、审思和重构，是终身监禁制度在我国刑罚体系和结构中从存在走向合理的必由之路。由此出发，在更广阔的时间和空间研究视野下，我国终身监禁制度的确立，绝不仅仅是一项刑罚制度的引入，更带来的是"牵一发而动全身"的整个刑罚体系和结构的震动，正是在这个意义上，无论终身监禁制度在我国的未来命运如何，其对我国刑罚改革"以小见大"的启示与借鉴，是本书研究我国终身监禁制度的重要意义和价值之所在。本书所遵循的本体—历史—现实—未来的逻辑线索，正是基于对上述我国终身监禁制度存在的所有问题的思考而展开的。

终身监禁从一种典型的外国刑罚制度，到在我国作为刑罚执行措施而得到确立，尽管有学者认为，其不过是为了适应我国现阶段反腐倡廉的形势发展要求，在强力反腐刑事政策指导下的一种阶段性刑罚措施，从长远来看，在刑罚理论和功能的层面，终身监禁是作为死刑废止的一种"过渡性"措施而临时存在的。[①] 但是，一方面，从世界各国的终身监禁制度的现状来看，终身监禁本身是一项相对稳固和成熟的刑罚制度；另一方面，即便不考虑反腐倡廉的形势发展要求，就我国目前刑罚制度所存在的体系性问题，在刑罚执行、国际刑事司法合作、后死刑时代的刑罚体系建构等各个方面，终身监禁都发挥了不可替代的作用。诚然，就目前我国终身监禁制度本身来说，其确实存在不少问题，但是，在笔者看来，这些问题大部分都是基于我国现有的刑罚体系和结构与终身监禁的定位之间的矛盾和冲突所造成的。从我国现有的刑罚体系和结构来看，终身监禁制度的引入对于进一步改善我国"死刑偏重、生刑偏轻"的刑罚结构板结状态具有一定作用，特别是对推进死刑的废除、加强国际刑事司法合作等方面具有积极意义。至于终身监禁本身存在的问题，就像书中所提出的，可以通过立法的、司法的、实体的、程序的等各种途径和具体的制度手段进行改善和解决。对于终身监禁在我国刑法中未来的命运会怎样，笔者在本书中分别从死刑改革、刑罚轻缓、犯罪分层、国际刑法、刑法与司法解释几个应然的不同视角，提出了自己的"一家之言"，但是，在实然的层面，笔者对此不敢妄加揣测。可以肯定的是，就目前的情况来看，终身监禁在一定时期内将成为我国的一种刑罚存在应该是没有疑问的。最后，笔者本人对我国终身监禁的基本态度可以归结为一句话，即"立法上赞同、制度上改造、司法上慎用"。

---

① 参见黄云波：《论终身监禁措施之宏观定位与实践适用》，《刑法论丛》2016年第1期。

参考文献

一、中文参考文献

（一）著作类

1.《马克思恩格斯全集》第 2 卷，人民出版社 1957 年版。

2.《马克思恩格斯全集》第 3 卷，人民出版社 1960 年版。

3.《马克思恩格斯选集》第 1—4 卷，人民出版社 1995 年版。

4. 柏桦：《中国古代刑罚政治观》，人民出版社 2008 年版。

5. 蔡枢衡：《中国刑法史》，中国法制出版社 2005 年版。

6. 蔡一军：《刑罚配置的基础理论研究》，中国法制出版社 2011 年版。

7. 陈兴良：《规范刑法学》，中国人民大学出版社 2017 年版。

8. 陈兴良：《刑法的价值构造》，中国人民大学出版社 2006 年版。

9. 陈兴良：《刑法的人性基础》，中国人民大学出版社 2006 年版。

10. 陈兴良：《刑法哲学》（修订版），中国政法大学出版社 1997 年版。

11. 储槐植：《美国刑法》，北京大学出版社 1996 年版。

12. 储槐植：《刑事一体化论要》，北京大学出版社 2007 年版。

13. 戴玉忠、刘明祥主编：《刑罚改革问题研究》，中国人民公安大学出版社 2013 年版。

14. 房清侠：《刑罚变革探索》，法律出版社 2013 年版。

15. 高铭暄、赵秉志主编：《刑罚总论比较研究》，北京大学出版社 2008 年版。

16. 高绍先：《中国刑法史精要》，法律出版社 2001 年版。

17. 高兆明：《黑格尔〈法哲学原理〉导读》，商务印书馆 2010 年版。

18. 高兆明：《心灵秩序与生活秩序：黑格尔〈法哲学原理〉释义》，商务印书馆 2014 年版。

19. 公丕祥、龚廷泰总主编：《马克思主义法律思想通史》（第一—四卷），南京师范大学出版社 2014 年版。

20. 何勤华、夏菲主编：《西方刑法史》，北京大学出版社 2006 年版。

21. 何勤华主编：《外国法制史》，法律出版社 2016 年版。

22. 黄风等：《国际刑法学》，中国人民大学出版社 2007 年版。

23. 江恒源：《中国先哲人性论》，山西人民出版社 2014 年版。

24. 黎宏：《日本刑法精义》（第二版），法律出版社 2008 年版。

25. 黎宏：《刑法学各论》（第二版），法律出版社 2016 年版。

26. 黎宏：《刑法总论问题思考》（第二版），中国人民大学出版社 2016 年版。

27. 李瑞生：《中国刑罚改革的权力与人文基础研究》，中国人民公安大学出版社 2011 年版。

28. 李秀林等主编：《辩证唯物主义和历史唯物主义原理》，中国人民大学出版社 2004 年版。

29. 李亚彬：《道德哲学之维——孟子荀子人性论比较研究》，人民出版社 2007 年版。

30. 李永升：《犯罪学基本理论与实践叙说》，法律出版社 2015 年版。

31. 李永升：《刑法的功能与价值》，中国检察出版社 2012 年版。

32. 刘艳红：《实质犯罪论》，中国人民大学出版社 2014 年版。

33. 刘耀彬：《马克思主义犯罪学思想研究》，东南大学出版社 2012 年版。

34. 刘远：《刑事政策哲学解读》，中国人民公安大学出版社 2005 年版。

35. 龙腾云：《刑罚进化研究》，法律出版社 2014 年版。

36. 马克昌、卢建平主编：《外国刑法学总论》（第二版），中国人民大学出版社 2016 年版。

37. 马克昌主编：《犯罪通论》，武汉大学出版社 1999 年版。

38. 马克昌主编：《近代西方刑法学说史》，中国人民公安大学出版社 2016 年版。

39. 茅仲华：《刑罚代价论》，法律出版社 2013 年版。

40. 梅传强主编：《犯罪心理学》，中国法制出版社 2014 年版。

41. 孟祥沛：《中国传统行刑文化研究》，法律出版社 2009 年版。

42. 邱帅萍：《刑罚目的论：基于近现代思想史的考察》，知识产权出版社 2016 年版。

43. 邱兴隆：《关于惩罚的哲学：刑罚根据论》，法律出版社 2000 年版。

44. 邱兴隆：《刑罚理性导论——刑罚的正当性原论》，中国政法大学出版社 1998 年版。

45. 曲新久：《刑法的精神与范畴》，中国政法大学出版社 2003 年版。

46. 群众出版社编著：《历代刑法志》，群众出版社 1988 年版。

47. 沈宗灵：《现代西方法理学》，北京大学出版社 1992 年版。

48. 王立峰：《惩罚的哲理》，清华大学出版社 2013 年版。

49. 王云海：《监狱行刑的法理》，中国人民大学出版社 2010 年版。

50. 王志亮：《刑罚学研究》，中国法制出版社 2012 年版。

51. 徐大同主编：《当代西方政治思潮》，天津人民出版社 2001 年版。

52. 薛静丽：《刑罚权的动态研究》，法律出版社 2014 年版。

53. 严存生：《西方法哲学问题史研究》，中国法制出版社 2013 年版。

54. 杨春雷：《中国行刑问题研究》，人民出版社 2011 年版。

55. 杨锦芳主编：《监狱行刑理论与实务探索》，知识产权出版社 2013 年版。

56. 杨震：《法价值哲学导论》，中国社会科学出版社 2004 年版。

57. 由嵘等编：《外国法制史参考资料汇编》，北京大学出版社 2004 年版。

58. 袁登明：《刑罚适用疑难问题精解》，人民法院出版社 2012 年版。

59. 袁江华：《马克思主义刑罚思想中国化论纲》，知识产权出版社 2012 年版。

60. 翟中东：《刑罚个别化研究》，中国人民公安大学出版社 2001 年版。

61. 张德军：《中国自由刑制度改革研究》，中国政法大学出版社 2014 年版。

62. 张明楷：《刑法的基本立场》，中国法制出版社 2002 年版。

63. 张明楷：《刑法分则的解释原理》（第二版），中国人民大学出版社 2011 年版。

64. 张明楷：《刑法学》（第五版），法律出版社 2016 年版。

65. 张明楷：《责任刑与预防刑》，北京大学出版社 2015 年版。

66. 张明楷：《外国刑法纲要》（第二版），清华大学出版社 2007 年版。

67. 张乃根：《西方法哲学史纲》，中国政法大学出版社 2008 年版。

68. 张绍彦：《刑罚实践的发展与完善》，社会科学文献出版社 2013 年版。

69. 张文显：《二十世纪西方法哲学思潮研究》，法律出版社 2006 年版。

70. 张文显：《西方法哲学》，法律出版社 2011 年版。

71. 赵秉志主编：《当代刑罚制度改革研究》，清华大学出版社 2015 年版。

72. 赵秉志主编：《刑法争议问题研究》（上卷），河南人民出版社 1996 年版。

73. 赵志华：《论刑罚轻缓化的实现途径》，人民法院出版社 2012 年版。

74. 周炽成：《荀·韩：人性论与社会历史哲学》，中山大学出版社 2009 年版。

75. 周国文：《刑罚的界限——Joel Feinberg 的"道德界限"与超越》，中国检察出版社 2008 年版。

76. 朱勇主编：《中国法制史》，法律出版社 2016 年版。

77. 曾凡跃：《中国古代哲学纵与横》，群众出版社 2003 年版。

78. 曾小滨等：《监狱刑罚执行法律理论与实务》，中国政法大学出版社 2010 年版。

79. 曾粤兴：《刑罚伦理》，北京大学出版社 2015 年版。

80. [德] 阿图尔·考夫曼：《法律哲学》，刘幸义等译，法律出版社 2011 年版。

81. [德] 冯·李斯特：《论犯罪、刑罚与刑事政策》，徐久生译，北京大学出版社 2016 年版。

82. [德] 汉斯·海因里希·耶赛克、托马斯·魏根特：《德国刑法教科书》（下），徐久生译，中国法制出版社 2017 年版。

83. [德] 汉斯·约阿希姆·施奈德：《犯罪学》，吴鑫涛、马君玉译，中国人民公安大学出版社 1990 年版。

84. [德] 黑格尔：《法哲学原理》，范扬、张企泰译，商务印书馆 1961 年版。

85. [德] 伊曼努尔·康德：《道德形而上学原理》，苗力田译，上海人民出版社 2005 年版。

86. [德] 梅尔：《德国观念论与惩罚的概念》，邱帅萍译，知识产权出版社 2015 年版。

87. [德] 米夏埃尔·帕夫利克：《人格体 主体 公民：刑罚的合法性研究》，谭淦译，中国人民大学出版社 2011 年版。

88. [德] 乌尔斯·金德霍伊泽尔：《刑法总论教科书》，蔡桂生译，北京大学出版社 2015 年版。

89. [日] 平野龙一:《刑法的基础》,黎宏译,中国政法大学出版社 2016 年版。

90. [日] 宗冈嗣郎:《犯罪论与法哲学》,陈劲阳、吴丽君译,华中科技大学出版社 2012 年版。

91. [日] 西原春夫:《刑法的根基与哲学》,顾肖荣等译,法律出版社 2004 年版。

92. [英] 艾伦·诺里:《刑罚、责任与正义:关联批判》,杨丹译,中国人民大学出版社 2009 年版。

93. [英] 边沁:《道德与立法原理导论》,时殷弘译,商务印书馆 2000 年版。

94. [英] 吉米·边沁:《立法理论》,李贵方等译,中国人民公安大学出版社 2004 年版。

95. [英] 洛克:《政府论》下篇,叶启芳、瞿菊农译,商务印书馆 1964 年版。

96. [英] 休·柯林斯:《马克思主义与法律》,邱昭继译,法律出版社 2012 年版。

97. [英] 休谟:《人性论》,关文运译,商务印书馆 2009 年版。

98. [美] 道格拉斯·胡萨克:《刑法哲学》,姜敏译,中国法制出版社 2015 年版。

99. [美] E.博登海默:《法理学:法律哲学与法律方法》,邓正来译,中国政法大学出版社 2017 年版。

100. [美] 托马斯·R.戴伊:《公共政策新论》,罗清志、陈滋玮译,台湾伟伯文化出版社 1999 年版。

101. [法] 卢梭:《社会契约论》,李平沤译,商务印书馆 2011 年版。

102. [意] 切萨雷·贝卡里亚:《论犯罪与刑罚》,黄风译,北京大学出版社 2008 年版。

103. [意] 杜里奥·帕多瓦尼:《意大利刑法学原理》,陈忠林译评,中国人民大学出版社 2004 年版。

(二) 论文类

1. [英]罗吉尔·胡德:《英国死刑的废止进程》,《刑法论丛》2008 年第 1 期。

2. 蔡道通：《论受贿罪加重情节的地位及其解释立场》，《法律适用》2018年第19期。

3. 蔡武进：《宪政视域下死刑问题"不确定"之"确定"——基于弗曼诉佐治亚州案的再反思》，《刑法论丛》2011年第3期。

4. 蔡雅奇：《美国的"三振出局法"及其对我国累犯制度的启示》，《北京工业大学学报（社会科学版）》2010年第2期。

5. 车浩：《刑事立法的法教义学反思——基于〈刑法修正案（九）〉的分析》，《法学》2015年第10期。

6. 陈金林：《刑罚的正当化危机与积极的一般预防》，《法学评论》2014年第4期。

7. 陈伟：《教育刑与刑罚的教育功能》，《法学研究》2011年第6期。

8. 陈兴良：《法治国的刑法文化——21世纪刑法学研究展望》，《人民检察》1999年第11期。

9. 陈兴良：《回顾与展望：中国刑法立法四十年》，《法学》2018年第6期。

10. 陈兴良：《贪污贿赂犯罪司法解释：刑法教义学的阐释》，《法学》2016年第5期。

11. 陈永生：《中国减刑、假释程序之检讨》，《法商研究》2007年第2期。

12. 程静：《中国传统刑法文化的再思考》，《理论界》2010年第3期。

13. 程绍燕：《我国减刑、假释听证制度研究》，《政法论坛》2016年第4期。

14. 崔爱鹏、李淑娟：《论立功制度的本质》，《法学评论》2000年第3期。

15. 董进宇、董玉庭：《浅谈刑罚的宽和化——兼评贝卡里亚的刑罚观》，《法制与社会发展》2001年第3期。

16. 高铭暄、楼伯坤：《死刑替代位阶上无期徒刑的改良》，《现代法学》2010年第6期。

17. 韩立新：《黑格尔伦理国家观的矛盾及其解决——个人再何种意义上能成为国家的创建者》，《河北学刊》2018年第6期。

18. 韩璞庚、陈平：《罗尔斯"公共理性"理念及其启示》，《云南社会科学》2007年第6期。

19. 何佳馨：《论贝卡里亚与近代酷刑和死刑的废除——兼评〈论犯罪与刑罚〉》，《政治与法律》2006年第3期。

20. 何显兵：《死缓终身监禁的价值审视及适用规诫》，《中国政法大学学报》

2018 年第 5 期。

21. 胡冬阳:《贿赂犯罪"数额＋情节"模式运行实证研究——以 J 省 2016—2017 年的判决书为研究样本》,《湖北社会科学》2017 年第 10 期。

22. 胡江:《贪污贿赂罪终身监禁制度的规范解读与理论省思——以〈刑法修正案（九）〉为视角》,《西南政法大学学报》2016 年第 6 期。

23. 胡祥福、马荣春:《论刑法之真——刑法文化的第一个勾连》,《南昌大学学报（人文社会科学版）》2014 年第 2 期。

24. 黄风:《无期徒刑与引渡合作》,《法商研究》2017 年第 2 期。

25. 黄京平:《终身监禁的法律定位与司法适用》,《北京联合大学学报（人文社会科学版）》2015 年第 4 期。

26. 黄丽勤:《贪污、受贿罪终身监禁的司法适用问题》,《兰州学刊》2017 年第 2 期。

27. 黄永维、袁登明:《〈刑法修正案（九）〉中的终身监禁研究》,《法律适用》2016 年第 3 期。

28. 黄云波:《论终身监禁措施之宏观定位与实践适用》,《刑法论丛》2016 年第 1 期。

29. 季金华、王鹏珲:《论中国传统刑法文化的基本特征》,《河海大学学报（哲学社会科学版）》2001 年第 1 期。

30. 贾学胜:《论法教义学视阈下的终身监禁》,《暨南学报（哲学社会科学版）》2017 年第 11 期。

31. 姜涛、李谦:《死缓考验期满被终身监禁的五大证伪》,《江苏行政学院学报》2018 年第 4 期。

32. 郎胜:《我国刑法的新发展》,《中国法学》2017 年第 5 期。

33. 黎宏:《终身监禁的法律性质及适用》,《法商研究》2016 年第 3 期。

34. 李继红、肖渭明:《自由意志行为刑事责任论纲》,《法律科学·西北政法学院学报》1997 年第 2 期。

35. 李普、苏明月:《论英国终身监禁刑罚演变与中国终身监禁制度改革——以假释为切入点》,《刑法论丛》2017 年第 3 期。

36. 李淑兰:《报应抑或预防:国际刑罚目的反思》,《甘肃社会科学》2017 年第 1 期。

37. 刘仁文:《贪污受贿定罪量刑的修改与评析》,《江淮论坛》2017 年第 5 期。

38. 刘守芬、叶慧娟：《哲学对刑法文化之影响研究》，《政法论丛》2005年第4期。

39. 刘霜、吕行：《论〈联合国反腐败公约〉与我国最新刑事立法的衔接》，《河南社会科学》2017年第9期。

40. 刘涛：《刑罚研究中的社会理论：历史演进与运用前景》，《法制与社会发展》2018年第5期。

41. 刘晓山：《报应论与预防论的融合与分配——刑罚正当化根据新论》，《法学评论》2011年第1期。

42. 欧阳本祺：《论〈刑法〉第383条之修正》，《当代法学》2016年第1期。

43. 潘国和、严海军：《浅谈德国自由刑执行的主要制度》，《政治与法律》1996年第6期。

44. 逄锦温：《边沁的功利主义刑罚观探析》，《法学评论》1998年第6期。

45. 彭中遥：《我国终身监禁制度适用中的若干问题及其应对》，《湖南农业大学学报（社会科学版）》2018年第1期。

46. 钱锦宇：《法治视野中的现代国家治理：目标定位与智识资源》，《西北大学学报（哲学社会科学版）》2016年第6期。

47. 钱叶六：《贪贿犯罪立法修正释评及展望——以〈刑法修正案（九）〉为视角》，《苏州大学学报（哲学社会科学版）》2015年第6期。

48. 申柳华、李佩霖：《刑法文化对犯罪预防控制的影响——从四种刑法文化类型进行的分析》，《河北法学》2007年第8期。

49. 时延安：《死刑立即执行替代措施的实践与反思》，《法律科学（西北政法大学学报）》2017年第2期。

50. 时延安：《刑罚的正当性探究——从权利出发》，《法制与社会发展》2010年第2期。

51. 舒洪水：《论终身监禁的必要性和体系化构建——以恐怖主义、极端主义犯罪防控为视角》，《法律科学（西北政法大学学报）》2018年第3期。

52. 汪明亮、顾婷：《论传统刑法文化对刑事司法所带来的负面影响及其改进》，《河北法学》2005年第4期。

53. 王利荣：《为重构刑罚学说寻求新方法》，《法学研究》2013年第1期。

54. 王平一：《论十八大以来习近平同志的反腐倡廉思想》，《求实》2014年第10期。

55. 王齐睿：《终身监禁制度的评析与适用》，《江西社会科学》2017 年第 6 期。

56. 王秀梅、白路瑗：《中美白领犯罪之腐败犯罪刑罚适用比较研究》，《法学杂志》2017 年第 7 期。

57. 王学栋：《我国宪法司法适用性的理论误区》，《现代法学》2000 年第 6 期。

58. 王震：《刑罚敏感度论纲》，《学术交流》2018 年第 5 期。

59. 王志祥：《死刑替代措施：一个需要警惕的刑法概念》，《中国法学》2015 年第 1 期。

60. 王志祥：《贪污、受贿犯罪终身监禁制度的立法商榷》，《社会科学辑刊》2016 年第 3 期。

61. 王志祥：《终身监禁制度的法律定位及溯及力》，《吉林大学社会科学学报》2018 年第 2 期。

62. 王志祥：《终身监禁执行的刑法教义学思考》，《法商研究》2018 年第 4 期。

63. 吴雨豪：《论作为死刑替代措施的终身监禁》，《环球法律评论》2017 年第 1 期。

64. 吴玉萍：《终身监禁之立法解读、法律性质及溯及力》，《法学》2017 年第 10 期。

65. 吴真文：《论边沁的功利主义刑罚观的主旨及启示》，《湖南师范大学社会科学学报》2017 年第 6 期。

66. 武晓雯：《再议死刑之存废与替代——以欧美等国废止死刑的历史实践为切入》，《河北法学》2016 年第 11 期。

67. 夏吉先：《关于中华法系之刑法文化移植的探索》，《中国刑事法杂志》2000 年第 3 期。

68. 谢军：《边沁功利主义死刑观的伦理审视》，《广西民族大学学报（哲学社会科学版）》2007 年第 6 期。

69. 谢望原：《欧陆刑罚改革成就与我国刑罚方法重构》，《法学家》2006 年第 1 期。

70. 徐芳：《论终身监禁制度的适用及救济》，《刑法论丛》2017 年第 2 期。

71. 徐瑞苹：《雍正朝兄弟圈禁的赏与罚》，《中国档案报》2016 年 10 月 21 日。

72. 徐永伟：《终身监禁替代死刑之路径与实现》，《时代法学》2018 年第 2 期。

73. 许永强、贾爱英：《传统刑法文化的价值蕴涵》，《法学杂志》2001 年第 6 期。

74. 薛静丽、田吉明：《西方刑罚权限制的文化解读》，《广西社会科学》2010 年第 4 期。

75. 闫伟杰：《黑格尔的国家观探析》，《理论探索》2008 年第 4 期。

76. 杨珍：《皇子开释与圈禁高墙：康雍宫廷史事辨析》，《历史档案》2015 年第 1 期。

77. 于志刚、曹晶：《美国的死刑保留政策与新死刑保留主义——当前死刑存废之争的域外答案》，《政法论坛》2013 年第 1 期。

78. 袁彬：《我国民众死刑替代观念的实证分析——兼论我国死刑替代措施的立法选择》，《刑法论丛》2009 年第 4 期。

79. 袁建伟、夏朝晖：《死刑改革背景下的终身监禁法律适用疑难问题研究》，《广西大学学报（哲学社会科学版）》2017 年第 5 期。

80. 张锦、彭景理：《终身监禁的立法评述与司法适用问题研究》，《云南师范大学学报（哲学社会科学版）》2017 年第 2 期。

81. 张明楷：《死刑的废止不需要终身刑替代》，《法学研究》2008 年第 2 期。

82. 张明楷：《刑法目的论纲》，《环球法律评论》2008 年第 1 期。

83. 张明楷：《终身监禁的性质与适用》，《现代法学》2017 年第 3 期。

84. 张武举、苟静：《终身监禁型死刑执行方式的理解与适用》，《社会科学》2017 年第 2 期。

85. 张翔：《刑法体系的合宪性调控——以"李斯特鸿沟"为视角》，《法学研究》2016 年第 4 期。

86. 张智辉：《论贿赂犯罪的刑罚适用》，《中国刑事法杂志》2018 年第 4 期。

87. 赵秉志、商浩文：《论死刑改革视野下的终身监禁制度》，《华东政法大学学报》2017 年第 1 期。

88. 赵秉志、袁彬：《改革开放 40 年中国死刑立法的演进与前瞻》，《湖南科技大学学报（社会科学版）》2018 年第 5 期。

89. 赵秉志、袁彬：《中国刑法立法改革的新思维——以〈刑法修正案（九）〉为中心》，《法学》2015 年 10 期。

90. 赵秉志、郑延谱：《美国刑法中的死刑限制措施探析——兼及其对我国的借鉴意义》，《江海学刊》2008 年第 1 期。

91. 赵秉志:《〈刑法修正案（九）〉修法争议问题研讨》,《刑法论丛》2015年第4期。

92. 赵秉志:《论中国贪污受贿犯罪死刑的立法控制及其废止——以〈刑法修正案（九）〉为视角》,《现代法学》2016年第1期。

93. 赵秉志:《贪污受贿犯罪定罪量刑标准问题研究》,《中国法学》2015年第1期。

97. 郑丽萍:《中国刑罚改革的系统性思路与进路》,《法学评论》2010年第6期。

98. 周光权:《论刑法目的的相对性》,《环球法律评论》2008年第1期。

99. 周光权:《刑罚进化论——从刑事政策角度的批判》,《法制与社会发展》2004年第3期。

100. 曾哲、周泽中:《终身监禁刑的宪法学反思——以比例原则为分析视角》,《新疆社会科学》2017年第3期。

二、外文参考文献

1. Andrew Ashworth and Jeremy Horder, *Principles of Criminal Law,* Oxford University Press, 7th, 2013.

2. Ashley Nellis, "Life Goes On:The Historic Rise in Life Sentences in America", The Sentencing Project of United States of America, 23（1）, 2013.

3. Bryan A. Garner, *Black's Law Dictionary*, West Group, 2009.

4. Catherine Appleton and Bent Graver, *The Pros and Cons of Life without Parole*, British Journal of Criminology, 47th, 2007.

5. David Dolinko, *The Theoretical and Philosophical Foundations of Criminal Law*, Ashgate Publishing Limited, 2014.

6. Dirk Van Zyl Smit, "Abolishing Life Imprisonment", *Punishment Society*, Vol.8, No. 4, 2001.

7. Fleury-Steiner, Benjamin, "Effects of Life Imprisonment and the Crisis of

Prisoner Health", *Criminology & Public Policy*, Vol.14, No.2, 2015.

8. George P. Fletcher, *Basic Concepts of Criminal Law*, Oxford University Press, 1998.

9. Hassine, Victor, *Life Without Parolre: Living and Dying in Prison Today*, New York: Oxford University Press, 2010.

10. John Cyril Smith and Brian Hogan, *Criminal Law, 10thed*, Butterworths, 2002.

11. Jonathan Herring, *Criminal Law, 9thed*, Palgrave Macmillan, 2015.

12. K.C. Horton, "Life Imprisonment and Pardons in the German Federal Republic", Journal of the Society of Comparative Legislation, Vol.29, No.2, 1980.

13. Meritxell Abella'n Almenara and Dirk van Zyl Smit, *Human Dignity and Life Imprisonment: The Pope Enters the Debate*, Human Rights Law Review, 2015.

14. Milanovic, Marko, "Extradition and Life Imprisonment", *The Cambridge Law Journal*, Vol.64, No.2, 2009.

15. Nadia Bernaz, "Life Imprisonment and Prohibition of Inhunman Punishments International Human Righrs Law: Moving the Agenda Forward", *Human Rights Quarterly*, Vol. 35, No. 2, May 2013.

16. Rv Chapman, "Criteria for Life Imprisonment", *Journal of Criminal Law*, Vol.7, No.5, 2000.

索　引

（按汉语拼音音序排列）

后　记

本书是我独立撰写的第一本学术著作，对我个人的学术生涯意义重大，尽管还稍显稚嫩，但是，以初生牛犊之锐气，反而更具有突破既有思维模式和固有理论藩篱的学术勇气，我告诉自己，在今后的学术道路上一定要保住这两股"气"，不辜负自己的学术追求和信仰，勇于探索、大胆创新，不断攀登学术高峰，终成自己的一家之言。

对于刑法学这门学科，我一直怀着挚爱之情、探索之心。犯罪与刑罚是刑法学研究的核心，无行为无犯罪，犯罪是人的行为，而刑罚直接作用的对象也是人，因此，刑法的研究归根结底还是对"人"的理解，终身监禁和死刑这两种极端的刑罚手段之所以会引起巨大的关注和争议，究其原因，还在于二者都挑战了终身自由和生命这两项人之为人的基本权利底线。随着研究的逐步深入，我越来越认识到终身监禁与死刑一样，已不仅仅是一个刑法学问题，更是一个哲学、社会学问题，其学术探索的路径和价值既在法学之中，更在法学之外。

本书是在我的博士学位论文的基础上修改完成的，选择"终身监禁"作为自己的研究方向，最早源于我的博士生导师李永升教授的一次学术讲座，我清晰地记得是在西政图书馆的礼堂，当时人满为患，我作为老师的博士生有幸得到了前排的座位并作了提问发言，正是那次导师和几位教授之间关于终身监禁的精彩学术对话和思想碰撞启发了我，讲座结束后我的笔记本上记满了"收获"，也正是从那个时候起，开启了我研究我国终身监禁制度的学术征程。博士学位论文的写作是艰辛的，多少个不眠之夜，经历了多少次的痛苦挣扎，在学术研究的征程上"痛并快乐着"，作为本书基础的博士学位论文是在我的导师李永升教授的指导下完成的，在我博士学位论文的选题、写作的过程中，李老师不厌其烦地给予了悉心指导，仔细认真地对我的论文进行了审阅并提出修改意见，最终才有了现在的成果。在博士学位论文写作的过程中我也得到了很多师长、同窗、挚友和亲人的帮助和支持，为免挂一漏万，在此一并致以最诚挚的感谢。最后，要特别感谢人民出版社编辑茅友生老师！茅老师为本书稿的编辑、审定做了大量繁琐的工作，为本书的顺利出版付出了艰辛的劳动。同时，本书的出版也得到了河北经贸大学学术著作出版基金和河北经贸大学法学院的大力资助，在此，一并表示感谢。

回首往事，2011年作为最后一届从西南政法大学沙坪坝老校区毕业的硕士研究生，我走向高校、走上讲台，成为一名教书育人的教师，2016年重回西政渝北新校区攻读博士，又从老师变成学生。然而，不论身份如何变化，我始终保持着一颗求知的心。展望未来，我就职的河北经贸大学无论是在科研、教学还是在生活上，都给我创造了进一步发展的广阔天地，我将在新人生的起点上，满怀激情去实现自己所追求的学术梦想，不辜负这大好的年华。

赵　东

2020 年 11 月 18 日

责任编辑：茅友生

封面设计：胡欣欣

图书在版编目（CIP）数据

我国终身监禁制度研究／赵东 著．—北京：人民出版社，2021.9

ISBN 978－7－01－023159－4

I. ①我… II. ①赵… III. ①刑罚－司法制度－研究－中国

  IV. ① D924.124

中国版本图书馆 CIP 数据核字（2021）第 026022 号

我国终身监禁制度研究

WOGUO ZHONGSHEN JIANJIN ZHIDU YANJIU

赵 东 著

人民出版社 出版发行

（100706　北京市东城区隆福寺街 99 号）

环球东方（北京）印务有限公司印刷　新华书店经销

2021 年 9 月第 1 版　2021 年 9 月北京第 1 次印刷

开本：710 毫米 ×1000 毫米 1/16　印张：14

字数：298 千字　印数：0,001–5,000 册

ISBN 978－7－01－023159－4　定价：69.00 元

邮购地址 100706　北京市东城区隆福寺街 99 号

人民东方图书销售中心　电话（010）65250042　65289539